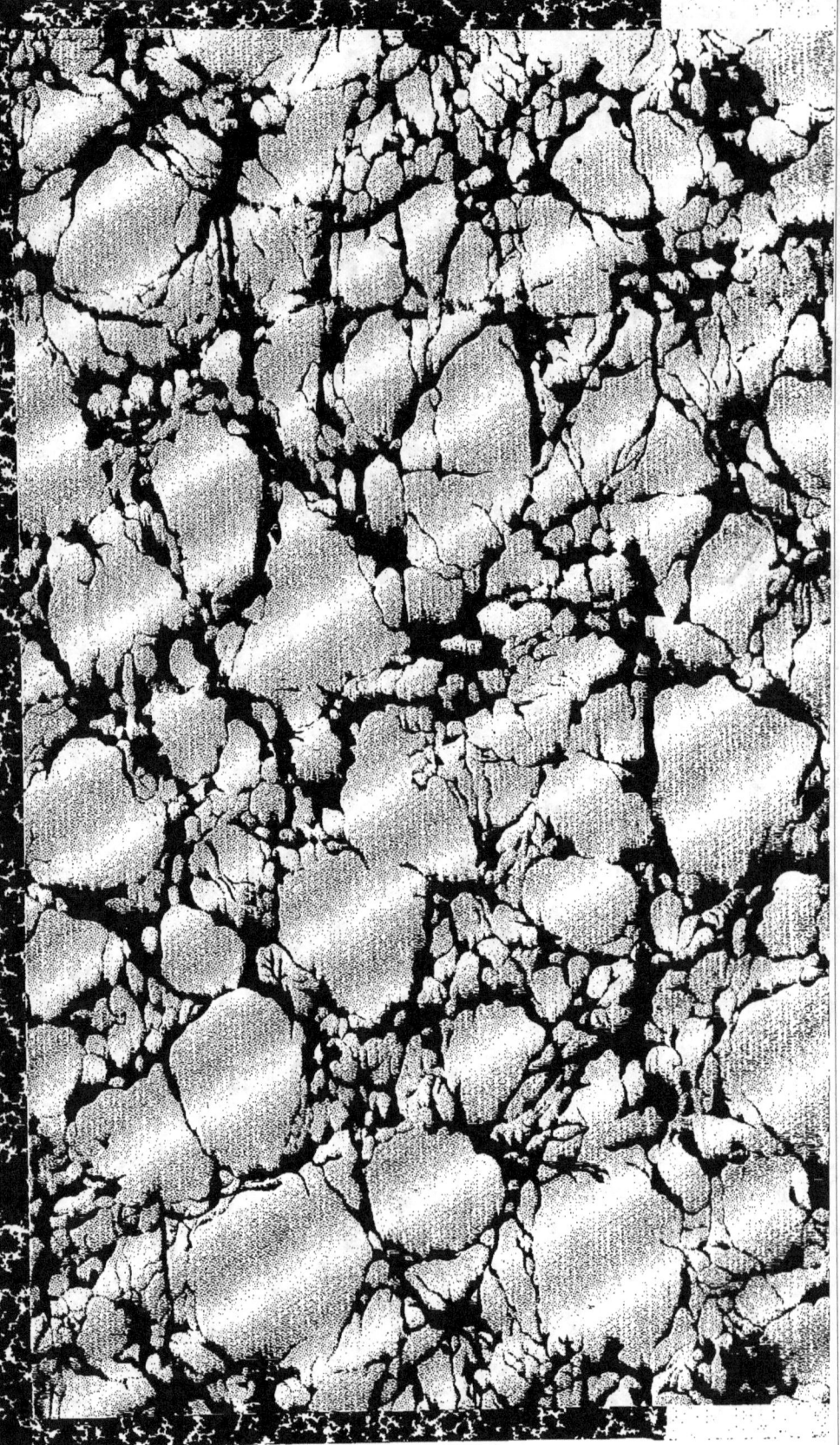

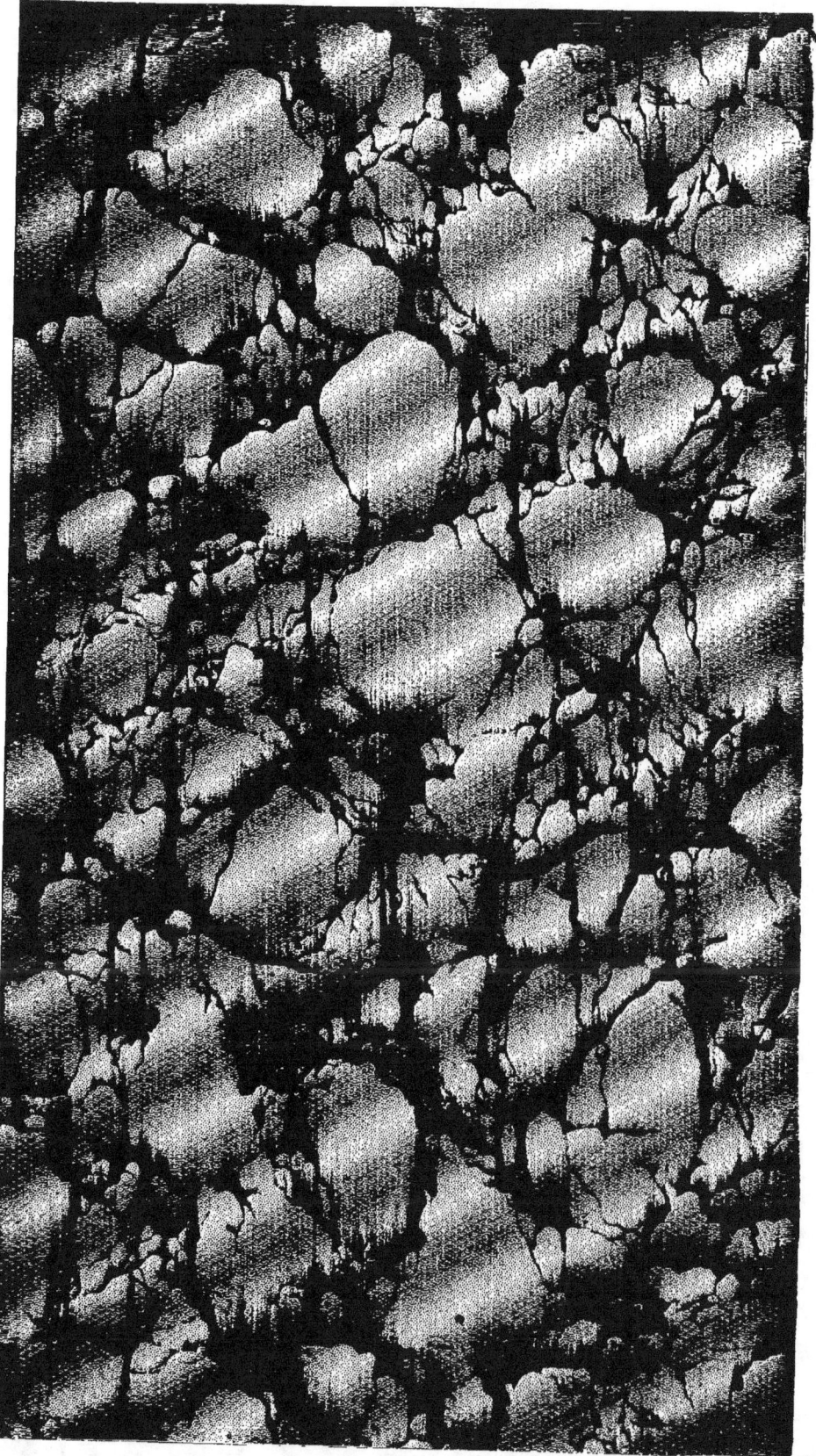

Notice historique
sur
Mère Symphorose Faivre
Religieuse hospitalière.

Très Révérende Mère ! (1)

Il y a long-temps déjà que vous m'avez prié, dans l'intérêt de la gloire de Dieu et pour l'édification de votre Congrégation, de vouloir bien, en rappelant mes souvenirs et en coordonnant mes notes historiques, de vous donner par écrit, sinon une longue histoire, du moins une Notice sur la vie et les œuvres pieuses de Mère Symphorose Faivre, Religieuse Hospitalière, Maîtresse des Novices et Directrice, Supérieure de votre Société pendant de nombreuses années.

J'ai hésité un instant à me rendre à vos pieux désirs par la considération que la Communauté étant encore composée d'un grand nombre de Religieuses formées par cette pieuse Mère, il était inutile de leur rappeler des leçons et des exemples qu'elles n'ont point oubliés.

(1) Mère Chambard.

Toutefois, considérant la chose de plus près, me rappelant d'une part, la fragilité de la vie et l'étonnante facilité avec laquelle on oublie les leçons et les exemples, et d'autre part, désirant ardemment conserver l'anneau traditionnel qui unit le présent au passé et maintenir inaltérable dans votre Congrégation, l'esprit primitif de renoncement au monde et à soi-même, le dévouement pour le soulagement des pauvres et des malades dont Sœur Symphorose, à l'imitation des anciennes Hospitalières, a donné de si grands exemples ; j'ai cédé volontiers à vos justes désirs, bien convaincu qu'ils vous sont inspirés par le respect et la reconnaissance pour celle qui fut votre Mère, et par l'attachement pour une Société qui vous est chère.

Puisse ce faible résultat de mes recherches, être utile à la gloire de Dieu et à l'édification des âmes !

3

Sœur Symphorose Faivre naquit à Besançon, le 26 Mai 1796, d'une famille honnête et religieuse, fort connue dans cette ville, pour son attachement aux principes catholiques, très considérée dans la Province et éprouvée par les troubles de la révolution.

Antoine Faivre son père était un homme d'une rare intelligence, plein de savoir et de talent, mais plus habile dans les choses littéraires et scientifiques que dans les affaires matérielles et administratives. Il a donné au public, comme fruit de ses veilles et de ses études, deux traductions remarquables et judicieusement annotées, la traduction des Catéchèses de St Cyrille, Patriarche de Jérusalem 2 vol. in 18, et la traduction des lettres de St François Xavier, Apôtre des Indes. 3 vol. in 18. Ces traductions claires, exactes et élégantes, sont une preuve de la grande connaissance qu'il avait des Langues, non moins qu'un monument de son zèle et de sa parfaite Religion.

Il avait épousé en 1795 Mademoiselle N. Belamy de Besançon; personne intelligente et généreuse, non moins recommandable que lui par sa famille, par sa Religion et sa solide piété.

De ce mariage naquirent plusieurs enfants, morts en bas âge; les survivants furent: M⁻ Déodat Faivre, qui fut un Médecin distingué, et mourut en 1838; M⁻ᵉˡˡᵉ Joséphine Faivre, pensionnaire retirée aujourd'hui, à l'Hôpital S⁻ᵗ Jacques de Besançon, auprès du tombeau de sa Sœur et vivant dans les exercices de la plus exemplaire piété; M⁻ l'Abbé Faivre, Prosper, Prêtre érudit d'une foi vive, animé d'un zèle intelligent et ingénieux, Aumônier Général de l'armée de Lyon et du Camp de Satonay; Auteur des Heures du Soldat, mort retraité en 1876; M⁻ᵉˡˡᵉ Henriette, morte en odeur de Sainteté à 23 ans; enfin, l'aînée des précédents, M⁻ Jeanne Baptiste Symphorose Faivre, objet de cette notice.

Rien ne manqua à l'éducation de ces enfants ni les leçons, ni les avis, ni les exemples. Malgré les agitations de cette époque tourmentée, les familles chrétiennes comprenaient encore le prix d'une éducation solide, et la nécessité d'inspirer de bonne heure aux enfants, les idées religieuses, le sentiment du beau, du juste et de l'honnête.

La futilité des connaissances, la mollesse et la sensualité dans les mœurs et les usages, les airs affectés, l'art de feindre des sentiments que l'on n'a pas, toutes ces vanités et ces misères n'avaient point encore envahi les familles et les maisons d'éducation.

De très bonne heure, la jeune Symphorose donna des marques de cette intelligence qui devait la distinguer. Promptement elle apprit à lire et à écrire à l'école de son père. Antoine Faivre savait mettre à profit la vivacité de cette jeune enfant active, curieuse, s'occupant de tout, voulant savoir le pourquoi et le comment des choses et surprenant souvent ses parents par des questions et des réflexions au dessus de son âge.

Le cœur de la jeune Symphorose était en harmonie avec son intelligence ; elle était fière par caractère, mais bonne et sensible dans son âme ; une parole vive, un signe de dédain, une réprimande même méritée l'affligeaient vivement, mais une parole plus douce, un témoignage d'intérêt et d'amitié la calmaient facilement et ramenaient bientôt la joie et la gaieté dans son cœur affligé.

Elle fit sa première Communion dans l'Église d'Aisnay sa paroisse, à la grande satisfaction du Curé qui témoigna plus d'une fois son contentement à Antoine Faivre. Cette action si importante dans la vie d'une jeune fille, fit passer Symphorose de l'enfance à l'adolescence, d'une vie d'amusements puérils, à une vie plus sérieuse et plus occupée.

La fortune d'Antoine Faivre avait été ébranlée par des pertes considérables et par des accidents indépendants de sa volonté; sans être précisément pauvre, on peut dire aussi qu'il n'était pas riche, surtout pour vivre lui et sa famille dans une grande ville. Il était obligé pour ajouter à ses revenus patrimoniaux, de se livrer au travail dans l'emploi que lui avait ménagé la Providence.

La jeune fille comprit parfaitement sa situation et celle de sa famille, et dès lors elle appliqua dans l'intérêt commun, tout ce qu'elle avait d'intelligence, de force et d'activité, elle devint l'appui de ses parents, et en quelque sorte, l'institutrice et la mère de son frère et de sa sœur.

Ce fut à cette époque, que, sans le savoir, et même sans y penser, elle fit l'essai de sa vocation d'hospitalière; son frère étant tombé gravement malade, elle voulut être son infirmière. Cette jeune fille de treize ans, resta constamment auprès du lit du malade pendant plusieurs mois, veillant attentivement à ses besoins, prévenant ses moindres désirs, le consolant par ses paroles et lui prodiguant tous les soins de la mère la plus tendre et la plus dévouée.

L'éducation de Symphorose était faite. Son intelligence s'était développée au contact des leçons et des conversations de son père; son esprit était vif, son imagination brillante; la lecture qu'elle aimait passionnément, avait enrichi largement sa mémoire.

Elle savait manier l'aiguille et le fuseau, confectionner et réparer le linge et les vêtements de la famille. Les arts d'agrément ne lui étaient pas inconnus; la musique et le dessin entraient dans ses goûts; elle savait artistement confectionner et monter les fleurs, pour former ces vases et ces corbeilles resplendissantes de couleurs variées, qui sont l'ornement des salons et des Autels; surtout elle excellait dans l'art du tapissier et du brodeur. Les ornements sacrés, qu'elle a laissés et brodés de ses mains, attestent hautement son talent en ce genre et son activité.

Les qualités du corps, les dons de l'esprit et du cœur, sont des biens précieux que nous départit la divine Providence dans l'intérêt de sa gloire et pour notre salut, mais, souvent par l'effet de la légèreté, de l'irréflexion et de l'inexpérience de l'âge, nous sommes exposés à en abuser pour notre perte et notre malheur; Symphorose devait être naturellement exposée à ce danger.

Née avec un esprit vif, douée d'un caractère impérieux et fort, entourée d'attentions, devenue l'âme et la joie de la famille, des parents et des amis qui visitaient son père, la jeune fille ne pourrait long-temps s'ignorer elle-même. Elle comprit bientôt qu'elle pourrait plaire et régner dans le monde. Cette première idée dont elle ne se rendait pas compte, ne faisait qu'effleurer son âme, et sans rien soupçonner, tout en restant parfaitement chrétienne, docile et pieuse, elle se sentait vivement et innocemment attirée vers les amusements et les sociétés mondaines. Le bruit des fêtes, des visites et des soirées, retentissait à ses oreilles, elle estimait heureuses celles de ses amies qui pouraient se procurer ces plaisirs et elle désirait elle-même y prendre part. Mais, tels n'étaient point les sentiments de son père Antoine Faivre. Convaincu que l'on ne peut convenablement servir deux maîtres, persuadé que les plaisirs bruyants du monde sont incompatibles avec la dévotion et la vraie piété chrétienne, il savait contenir sa tendresse paternelle pour refuser à sa fille des permissions qui pouraient être sinon nuisibles, du moins dangereuses.

La Bonté de Dieu qui ne se laisse jamais vaincre en générosité, récompensa bientôt la fermeté du père et la généreuse docilité de la fille.

En 1812, Antoine Faivre est obligé de faire un voyage en Franche Comté pour régler des affaires de famille. Il arrive à Besançon avec sa fille Symphorose âgée de seize ans; c'est dans cette ville que Dieu et sa grâce attendaient la jeune enfant.

Dès le lendemain de son arrivée à Besançon Symphorose se fait un devoir et un singulier plaisir de visiter sa nombreuse parentée, les familles des Faivre, des Belamy et plusieurs autres encore; ses visites l'occupent pendant un certain nombre de jours et de semaines; partout elle est admirée complimentée et cordialement accueillie, mais surtout à l'Hospice St Jacques. Symphorose visitait de préférence cette Maison où elle rencontrait quelquefois le bon Père de Chaffoy et toujours son aïeule et sa Tante, Religieuses Hospitalières.

Ces deux pieuses femmes portaient un grand intérêt à leur nièce, elles s'occupaient vivement de sa conduite, de sa vocation et de son avenir. Leurs bonnes paroles et leurs sages leçons soutenues par les avis de l'Abbé de Chaffoy, en portant la lumière dans l'âme de la jeune fille, la faisaient sérieusement réfléchir. Symphorose était heureuse et reconnaissante de leur sollicitude et de l'intérêt marqué qu'elles lui portaient. La vie religieuse lui paraissait bien belle, bien méritoire, bien digne d'être l'objet des désirs d'une âme généreuse, et tout en confessant son indignité, elle consultait le Seigneur, le priant humblement de lui faire connaître sa volonté et de l'appeler dans sa sainte Maison.

Enfin, Dieu exauça ses prières, la lumière se fit, la Voix divine se fit entendre; Symphorose fit part de sa détermination à sa Mère et, pendant que son père était absent, occupé à ses affaires de famille, dans la Province, la jeune fille accompagnée d'une ancienne domestique, se rendit à l'Hospice St Jacques où, en présence de sa Tante, elle supplia les Supérieurs de lui permettre de s'essayer à consacrer ses forces et sa vie au soulagement et des malades.

Que les voies de Dieu pour attirer les âmes à lui, sont admirables ! Sa Bonté se sert de mille moyens pour cela ; St Paul est appelé par une Voix du Ciel, St Antoine, St Augustin et St Ignace par une lecture, St Denys et Damaris par la prédication de St Paul, Ste Elizabeth par la vue du Christ dépouillé et attaché à la Croix, St Pacôme par la vue de la charité des chrétiens en Egypte, St Alphonse de Liguori par un échec en plaidant, et Symphorose par la conversation de ses tantes et les bons avis de son directeur. C'est le cas de méditer et de répéter une fois de plus, Ma Révérende Mère, ces paroles si connues de l'Ecriture : l'esprit souffle où il veut, vous ne savez ni d'où il vient, ni où il va, heureux ceux qui entendent la voix de Dieu et qui la suivent. St Jean ch. 3 v. 8.

C'était en 1812. La France était malheureuse ; sa population décimée par les désastres des guerres perpétuelles, gémissait dans la misè-re, chaque famille pleurait la perte d'un père, d'un frère, d'un époux ou d'un fils, tombés dans les combats, sur une terre étrangère. Les besoins étaient grands, et les vocations religieuses étaient rares à cette époque.

Depuis quelques années, la Congrégation des Religieuses Hospitalières, rappelée par les cris des pauvres et des malades, était rentrée dans ses fonctions. La charité véritable, le dévouement que l'Évangile peut seul inspirer, le zèle divin, la piété et la régularité des Hospitalières, remplaçaient le zèle intéressé, le dévergondage et les danses des infirmiers payés et des infirmières citoyennes que des Utopistes rêveurs, des hommes ennemis de Dieu, drapés dans leur bien-être et très peu soucieux de la misère des pauvres et des ma-lades, avaient introduits à l'Hospice St Jacques. Hélas, on le sait, pour les hommes sans Dieu, tout est bien, excepté le bien !

La Communauté était peu nombreuse. Beaucoup des anciennes Religieuses Hos--pitalières avaient été enlevées par la mort et le petit nombre de celles qui restaient, anciennes ou nouvelles, restreintes à Neuchâtel et a l'hôpital S.t Jacques, pouvaient à peine suffire au travail. (1)

Sœur Symphorose accueillie avec empressement par la Communauté, entra résolument dans la carrière du dévouement et du sacrifice, éclairée qu'elle fut, soutenue et dirigée par le Saint Prêtre que nous venons de nommer, ancien Vicaire Général de M.gr de Durfort, M.r l'Abbé de Chaffoy, devenu plus tard Evêque de Nimes.

Cet homme éminent, ce prêtre selon le Cœur de Dieu, rentré en France de la terre d'exil, avait refusé toutes les dignités et tous les honneurs que lui avait offerts l'ancien Evêque d'Ile et Vilaine, M.gr Lecoz devenu Archevêque

---

(1) La Communauté, à cette époque, se composait de vingt-cinq à trente Religieuses Professes; voici les noms que nous avons trouvés consignés dans les archives :

Mère Chère, Mère Faivre; Les Sœurs Faivre Bailly, Fougère, Bourgoin, Cougnon, Renaud, Garnier, Belon, Charin, Charlotte, Jacquin, Girardot-Roeddet, Boulangier, Mérandet, Jacoutot, Bournot, d'Aubonne, Guin, Berthet, Loye, Bourriot et Estreyer. Au Noviciat se trouvaient les Sœurs Lamy, Oudet, Leacellent et Symphorose Faivre.

de Besançon.

L'Abbé de Chaffoy retiré dans son hôtel, rue St Vincent, à Besançon, menait la vie d'un Séminariste, occupé à la prière, à l'étude et aux œuvres du zèle qu'il exerçait dans les Communautés renaissantes dans la ville. Les Sœurs des petites Ecoles, de la Sainte Famille, de St Vincent de Paul et surtout, les Religieuses Hospitalières, furent l'objet de sa sollicitude et de ses soins dévoués.

Chaque jour il se rendait à l'Hôpital, pour faire le catéchisme aux enfans orphelins et en même temps, pour aider de ses conseils et de ses encouragements, les Religieuses qui recouraient à ses lumières et à son expérience.

C'est lui-même qui avait examiné et dirigé la vocation de Sœur Symphorose. Dès ce moment jusqu'à sa mort, c'est-à-dire pendant plus de vingt-cinq ans, il fut sa lumière et son conseil, au moyen des lettres qu'il lui adressait, et dans lesquelles, à la plus noble simplicité se trouvent réunies les leçons de la plus haute sagesse.

Quelques mois après son entrée à l'Hôpital, Il lui adressa une lettre d'encouragement

dans laquelle, après lui avoir parlé du bonheur de la vie religieuse et des circonstances
providentielles qui avaient accompagné son
arrivée et son séjour à Besançon, il lui dit:
Livrez-vous à toute la joie que vous inspire la
grâce si distinguée et si spéciale que vous
venez de recevoir de Dieu.....
présentez-vous donc à J.C. pour le servir
dans ses pauvres et dans la pratique de ses conseils; portez-vous à lui par une forte volonté
de vous dévouer sans réserve à son service. Ah!
si l'entrée dans la vie spirituelle et religieuse
a quelque chose de si doux et si consolant, que
doivent être le bonheur qui la termine et la
récompense qui la couronne!

Se présenter dans une Maison religieuse
avec des intentions droites et pures, sentir, au
dedans de soi-même une volonté bien déterminée, un ardent désir d'être toute à Dieu et de
se dévouer corps et âme à son service, c'est
assurément beaucoup, mais ce n'est pas tout,
c'est le premier pas dans la carrière. Pour
arriver au terme, le chemin est long, la route
est rude et difficile, à raison des travaux qu'il
faut subir, des obstacles qu'il faut surmonter
et des sacrifices qu'il faut faire selon les temps,

les lieux, les personnes et les desseins de la Providence sur les différentes âmes..

La jeune postulante avait sans doute une idée de ces choses ; mais, comme il arrive toujours et à chacun de nous en entrant dans une vocation quelconque, elle ne voyait pas tout l'avenir et elle était loin de comprendre ce qu'il lui faudrait subir de travaux et de sacrifices, pour arriver au but.

Admirable et miséricordieuse Bonté de Dieu qui, dans l'intérêt du monde, pour attirer doucement à Lui les enfans qu'il s'est choisis et qu'il appelle, met un voile sur leurs yeux, pour leur cacher les difficultés et ne pas les rebuter, voile providentiel qu'il soulève peu à peu selon leurs forces et leurs vertus acquises, pour leur laisser doucement appercevoir la route qui reste à parcourir et le terme qu'il faut atteindre.

Après un an de Postulat, en 1813, Sœur Symphorose fut admise au Noviciat. Avec elle se trouvaient Sœur Lamie, Sœur Oudet, Sœur Bachent et quelques autres. La Providence qui voulait former ces jeunes Novices à soutenir plus tard de grands combats, leur ménagea l'occasion de montrer leur dévouement et leur fit faire un rude apprentissage de la vie hospitalière.

17

Après les batailles de Lutzen, de Dresde et surtout après la bataille de Leipsick, l'armée Française évacua ses blessés et ses malades vers la France. Dès le premier jour de Décembre, chaque jour vers le soir, on voyait arriver, partis de Mayence, dix ou douze fourgons chargés de blessés et de malades. L'hôpital et l'hospice des enfants orphelins, toutes les chambres, toutes les salles, tous les corridors et les couloirs, tous les vestibules et même les bureaux et les réfectoires étaient encombrés de malades, de morts et de mourants. Le typhus des armées régnait avec une violence extrême et faisait chaque jour un très grand nombre de victimes.

Les Hospitalières Professes et Novices qui se dévouaient, étaient jour et nuit, au chevet des malades. Vers la fin de Décembre, on fut obligé de tripler les lits; de nouveaux convois arrivaient plus nombreux, et les malades expiraient dans les fourgons ou couchés sur la paille. Onze Religieuses et trois Novices frappées par l'épidémie, furent conduites aux portes de la mort, et Sœur Symphorose fut de ce nombre.

Quel triste et navrant spectacle ! s'écrie l'abbé de Chaffoy, mais qu'il est consolant de voir le courage et le dévouement surhumain des Religieuses qui résistent, le calme et la Ste résignation de celles qui sont réduites à l'extrémité !

Dès le mois de Février 1814, l'épidémie disparut ; peu à peu les Hospitalières recouvrèrent la santé, et Sœur Symphorose, comme aussi ses compagnes, purent se livrer avec plus de calme et de liberté, aux exercices de leur Noviciat.

Qu'est ce qu'un Noviciat ? C'est une école de vertu, un gymnase où s'exercent les Athlètes pour se préparer à exécuter les desseins de Dieu, un laboratoire sacré où sont préparées et taillées les pierres qui doivent servir à la construction de la Maison de Dieu. C'est l'âme, c'est la source, c'est la vie, c'est l'avenir des Sociétés religieuses. Rien n'est plus important, plus nécessaire pour les Congrégations et les membres d'une Congrégation, qu'un Noviciat.

Le Directeur expérimenté et habile qui avait examiné la vocation de Sœur Symphorose, ne lui laissa pas ignorer cette importance, et surtout le but qu'elle devait se proposer d'atteindre pendant ces années précieuses. Les idées qu'il imprime dans une lettre qu'il lui adresse après la retraite du Noviciat, les avis qu'il donne sont trop sages, trop élevés au dessus des idées vulgaires qui ont cours aujourd'hui, pour que nous puissions les passer sous silence.

« Recueillez, pour fruit de votre Retraite, ma chère Sœur, l'avantage de vous faire une <u>idée juste de la vertu</u>, telle qu'elle convient à une Chrétienne et particulièrement à une Religieuse qui se dévoue à la pratique des Conseils de l'Évangile. Figurez-vous bien que la vertu ne consiste pas précisément, dans l'exercice des actes de la Religion. La prière, la méditation, les visites au St Sacrement, la réception des Sacrements et même, la Pénitence, l'Eucharistie, l'assistance au St Sacrifice, tous ces actes si parfaits, si grands, si saints, ne sont pas encore, à proprement parler, la vertu, mais, des moyens de l'acquérir ».

Dans le monde, et on pourrait dire dans la religion, on réduit trop la vertu à ces actes extérieurs; celui qui les pratique s'acquiert facilement la réputation d'une personne vertueuse; elle est bien portée elle-même à se croire, en effet, avancée dans la vertu. Hélas, et toute exacte qu'elle est à pratiquer les devoirs extérieurs de la Religion, elle fait bien peu de conquêtes sur elle-même et se réforme peu intérieurement; elle vit dans la dépendance de son caractère
propre

esclave, sinon de grandes passions, au moins de ses goûts, de ses penchants, se révoltant, au moins intérieurement, contre les contrariétés, remplie d'amour propre, contente d'elle-même, s'estimant au dessus des autres, sujette à l'humeur, à l'impatience, difficile avec les personnes qui l'entourent, ne supportant rien, molestant ceux avec qui elle a des rapports, n'aimant point à souffrir, voulant ce qu'elle veut, ne cédant en rien, contente de ce qu'elle fait, trouvant à redire à ce que font les autres ; Ce n'est là qu'un tableau trop fidèle de bien des personnes qui se regardent comme vertueuses.

Le Bon Dieu, ma chère Sœur, ne veut pas être servi par vous, de la sorte ; il veut que votre vertu soit bien vraie, bien sincère et que le culte que vous lui rendrez, soit une adoration en esprit et en vérité.

Appliquez-vous, pendant vos années de Noviciat, à devenir douce et humble ; toutes vos prières, vos dévotions, vos examens, la réception des Sacrements, doivent tendre à ce but. »

Le but indiqué par l'Abbé de Chaffoy, était le véritable but que beaucoup de Novices peuvent et doivent se proposer, mais qui convenait surtout à Sœur Symphorose. Née avec un caractère impérieux, douée d'une imagination très ardente, d'un esprit vif auquel rien n'échappait, active, prompte, entreprenante —,

portée même à l'indépendance, elle avait une rude
tâche à accomplir pour devenir humble, douce,
soumise et charitable.

Et, pour qu'elle ne se fît aucune illusion en
s'en tenant à des généralités ou à des mots, le
Directeur entrait dans les détails, il lui disait:
« La douceur doit vous rendre attentive, pleine
d'égards, de respect, de docilité envers vos Supérieures,
prévenante envers vos compagnes, accueillante, obli-
-geante envers toutes vos Sœurs, vous empressant de
les servir, prenant sur vous toutes les peines que
vous pourrez leur épargner, et ne leur en faisant
supporter aucune de votre part, réprimant surtout
les petits mouvements d'humeur, d'impatience,
tellement que vous ne leur laissiez jamais apperce-
-voir que vous êtes contrariée dans ce qu'elles vous
demandent ou vous prescrivent ; mais, qu'un ton
d'obligeance, d'amitié, se fasse remarquer dans
tout ce que vous faites à leur égard, et que tout cela
soit dirigé par la charité et offert à Dieu en té-
-moignage d'amour.

La douceur veut encore que vous repoussiez
de vous toute pensée, toute présomption, tout juge-
-ment défavorable au prochain, et que vous détour-
-niez votre imagination de toutes réflexions con-
-traires à la charité. A plus forte raison veut-elle

que vous vous absteniez de toutes paroles mordantes, piquantes, que l'honnêteté et la bonne éducation seules repoussent et qui tendraient à manifester à quelqu'un, le mécontentement que l'on aurait de lui, ou à se venger de quelques peines qu'il nous aurait faites. De même encore, elle proscrit les entretiens que l'on aurait sur leurs défauts et sur les torts du prochain; si Dieu permet qu'ils viennent à notre connaissance, la douceur se plait à les excuser, à supposer de bonnes intentions, et quand elle ne le peut pas absolument, elle couvre tout du manteau de la charité.

L'humilité qui accompagne la douceur, la soutient et la fortifie. On est docile, on reçoit volontiers les avis, on est facilement doux et charitable, quand on se regarde comme la dernière de toutes, comme la servantes de toutes les autres, comme la moins méritante.

Voilà, ma chère Sœur, en quoi consiste spécialement la vertu.

Pour être Religieuse hospitalière, ce ne sont pas les talents, les moyens naturels, la capacité, qui sont à rechercher; mais, la simplicité, la bonté, l'humilité, le renoncement à soi-même, le recueillement en Dieu. Ce n'est pas là ce qu'on appelle talent, mais bien, grâces surnaturelles

dons de Dieu, et qu'il ne refuse jamais aux
efforts qu'on fait pour les obtenir. »

Ce plan de conduite que l'on peut proposer
non seulement aux Novices, mais aux Professes,
et qui résume admirablement les devoirs de la
perfection religieuse, ne parut pas trop chargé
aux yeux de Sœur Symphorose. Elle se mit
résolument à l'œuvre, luttant sans cesse contre
elle-même, combattant son orgueil, sa prompti-
-tude et sa vivacité, faisant taire son esprit et son
imagination, réprimant ses jugements et cher-
-chant à mettre un frein de discrétion et de retenue
à sa langue. Souvent elle était victorieuse, mais
souvent aussi, emportée par sa vivacité, elle
manquait à ses résolutions. Elle reconnaissait
ses fautes, recourait à Dieu dans ses décourage-
-ments, implorait le secours divin par la prière,
les larmes et les gémissements, et s'efforçait, par
toutes sortes de moyens, de réparer les brèches
faites à son âme par sa vivacité naturelle et
l'esprit d'indépendance qui la tourmentait.

Ah ! rien n'est plus beau aux yeux de
Dieu et de ses Anges, que les désirs et les efforts
constants d'une âme qui aspire à Dieu et qui
veut par tous les sacrifices, arriver à Lui, son
centre et sa vie. C'est la perfection, ou du moins,

la voie de la perfection. C'est le spectacle émouvant d'un petit enfant qui, séparé de sa mère à une petite distance, s'essaie à marcher; il tremble, il chancèle, il tombe, il se relève, il fait quelques pas, il s'avance, il tend les mains vers sa mère en gémissant, jusqu'à ce que cette mère attendrie, le prenant dans ses bras, le presse sur son cœur.

Le Noviciat de Sœur Symphorose fut exceptionnellement laborieux par les combats intérieurs qu'elle livra, et aussi par les peines extérieures qu'elle eut à souffrir. Les réprimandes et les humiliations ne lui firent pas défaut. Si le bon Père de Chaffoy la soutenait par ses avis et ses encouragements et même, si l'on veut, comme le disaient les tantes de Sœur Symphorose, s'il la gâtait, elles-mêmes ne l'épargnaient guère. Sa Tante, Maîtresse des Novices, désireuse de l'avancement spirituel de cette Nièce, semblait n'avoir de rigueur et de sévérité que pour elle. La moindre parole, le moindre écart échappé à sa vivacité, la moindre infraction au Règlement ne restaient pas impunis.

Hélas! disait souvent Mère Symphorose, à la fin de sa vie, combien de fois je me suis vue reléguée, punie, et à genoux à la porte du Noviciat, tandis que mes compagnes, plus heureuses, écoutaient avec bonheur les leçons de ma Tante, notre Maîtresse commune !

Telle fut, Ma Révérende Mère, l'enfance, la jeunesse spirituelle de Sœur Symphorose et son initiation à la vie des Religieuses Hospitalières.

Les voies de la Providence vis à vis des âmes, sont différentes, selon les desseins différents de Dieu. Les âmes sont conduites, les unes par un chemin doux et facile, les autres marchent dans un sentier plus rude et plus pénible ; nous ne pourrons pénétrer ces mystères de la Providence, mais il est certain que toutes les voies de Dieu sont Justice et Miséricorde, et que tout arrive pour le bien de ceux qui aiment Dieu. Que sa Bonté soit bénie à jamais !

Sœur Symphorose Faivre fit profession le 3 Décembre 1816.

Au jour de cette Cérémonie mémorable, le pieux Abbé de Chaffoy ne manqua pas, selon sa coutume, d'adresser à la jeune Professe et à ses compagnes, une de ces allocutions appropriées aux circonstances du temps et des personnes, et dans lesquelles, comme on peut s'en convaincre par la lecture du recueil qui a été imprimé, il retrace si bien et avec une si douce éloquence, l'idée, les principes, le caractère de la vie religieuse; tantôt l'excellence et l'Apostolat de la vocation d'une Hospitalière, tantôt la nécessité de correspondre au bienfait de cette vocation, tantôt les vertus qu'elle exige et le dévouement qu'elle comporte, tantôt l'importance de la vie de foi et l'obligation d'imiter les vertus dont Jésus nous a donné l'exemple.

Le bon Père de Chaffoy se surpassa dans cette circonstance, il prit pour texte et il développa ces paroles évangéliques: <u>Venez et Suivez-moi</u>. Motifs pressants de marcher à la suite de Jésus; Bonté du Sauveur qui cache une partie de la Croix, pour ne pas rebuter notre faiblesse; Obstacles qui nous empêchent de suivre Jésus, il faut les surmonter.

La vie d'une Religieuse Hospitalière est une vie laborieuse, pénible et assez monotone, renfermée toute entière dans l'intérieur des murs d'un hospice. Ce n'est pas la vie purement contemplative du Cloître; ni la vie purement active, occupée exclusivement aux travaux et aux œuvres extérieures. C'est le mélange parfait de ces deux vies, l'union admirable des offices de Marthe et de Marie.

À part les moments consacrés à la méditation, à la lecture et à la prières nécessaires pour conserver et augmenter la vie spirituelle, la Religieuse hospitalière est employée, depuis les quatre heures du matin jusqu'à neuf heures du soir, dans les divers offices, les laboratoires et les infirmeries, au service des pauvres et des malades.

L'intérêt matériel, l'amour de la gloire ou des plaisirs n'ont et ne peuvent avoir aucune part dans son dévouement. La fin toute seule, l'amour de Dieu et du prochain, le désir d'être agréable à Dieu et de le servir dans la personne des pauvres, la soutiennent et peuvent seuls, la soutenir dans sa vie de sacrifices.

Elle est obligée de servir gratuitement, et de pourvoir elle-même à son entretien et à ses frais. Elle paie l'honneur et le bonheur, tout spirituel, d'être la servante des pauvres et des malades. La reconnaissance ! Elle ne peut pas y compter. Dieu seul est le mobile qui la fait agir, Dieu seul est le témoin de sa vie, Dieu seul sera sa récompense.

Cette vocation toute de foi, de travail et de dévouement, Sœur Symphorose la comprenait ; mais elle comprenait aussi la difficulté qu'elle présente, et la nécessité des leçons et des conseils pour la remplir dignement. Sentant sa faiblesse et défiante d'elle-même, elle eut recours aux lumières et à l'expérience de son Guide, et elle le pria de lui tracer quelques règles pour sa conduite particulière, de lui indiquer les ennemis qu'elle aurait à combattre et la tactique qu'elle devait suivre pour en triompher.

Nous aurons occasion de reproduire les avis si sages qui lui furent donnés.

L'année 1817 est commencée. Sœur Symphorose, dans la première ferveur de sa profession, se porte avec toute l'ardeur de son caractère, à la pratique des devoirs de la vie religieuse et à l'accomplissement de la règle et de ses fonctions. Son zèle est si grand, qu'il lui attire quelques petits ennuis, et qu'il faut que l'abbé de Chaffoy, parti pour Paris à l'occasion de sa nomination à l'Évêché de Nîmes, lui écrive pour la rassurer en tempérant son zèle.

« Vos intentions étaient bonnes, lui dit-il, c'est par trop de zèle et d'ardeur, que vous vous êtes compromise. Mais, je crois que le Bon Dieu qui veut faire quelque chose de bon de vous, a voulu vous donner cette leçon d'expérience et vous apprendre à faire le bien ; car ce n'est pas tout que de le vouloir, il y a encore bien des règles de sagesse à suivre pour l'opérer° .

Il est moins mal de pécher dans les commencements, par excès de zèle, d'ardeur et d'exactitude, que par défaut ; le feu sacré s'affaiblit par le temps, on se familiarise trop, par la suite, avec le service de Dieu, et très souvent, ceux-mêmes qui ont commencé par la ferveur, finissent par s'endormir dans la négligence et la tiédeur. »

Il était beau de voir cette jeune Professe pleine de sollicitude pour toutes choses, employant scrupuleusement ses moments, appliquée sans relâche à son emploi, attentive aux petites choses, craindre la moindre infraction, n'oser se permettre un petit mot dans le temps du silence et observer la règle, peut-être avec trop d'exactitude et de sévérité.

Dans les quelques premières années après sa profession, rien ne semble à Sœur Symphorose, impossible ou même trop difficile. Disposée et prête à tous les sacrifices, elle est tentée de s'écrier comme St Paul : Qui me séparera jamais de l'amour de mon Dieu !

Il me semble que, ni les afflictions, ni la faim, ni la soif, ni les maladies, ni les hommes, ni les Anges, ni la vie, ni la mort, que rien au monde ne pourra me séparer de l'amour que j'ai voué à Dieu mon Seigneur ». Rom. 8. Non, je le sens, je ne serai jamais ébranlée.

Pauvres âmes ! Chères enfants de Dieu, qui oublient souvent que la nuit succède au jour, l'affliction à la joie, et que le chemin de Béthanie où Jésus est acclamé, conduit promptement et directement à Jérusalem où Il est humilié, et au Calvaire où il meurt pour nos péchés !

Ne l'oublions pas, la terre qui n'est pas déchirée par le soc de la charrue, reste stérile, l'arbre qui n'est pas taillé par le ciseau, ne produit rien, et il faut que l'olive et le raisin soient broyés par la meule, pour donner leur odorante et salutaire liqueur. La pierre qui n'est pas taillée ne peut servir à la construction de l'édifice, surtout elle ne peut être placée au frontispice. Ainsi en est-il des âmes que Dieu destine à de grandes choses. N'est-il pas écrit : Celui qui n'a pas été éprouvé, que sait-il ?

Bientôt, celle qui avait dit avec le Prophète : « Je ne serai jamais ébranlée », éprouvera la vérité de ces paroles du même Prophète : « Vous avez retiré votre main et je suis tombée dans le trouble et la désolation. » <u>Abscondisti manum tuam et factus sum conturbatus.</u>

La nuit se fait autour de la Religieuse hospitalière, les ténèbres se répandent dans son âme, Sœur Symphorose ne voit plus ce qu'elle voyait, elle n'entend plus ce qu'elle entendait, elle ne sent plus ce qu'elle sentait. La prière et les exercices spirituels ne disent plus rien à son cœur, l'obéissance et la soumission lui sont à charge, elle éprouve une répugnance extrême pour tout ce qui la contrarie et qui la gêne ; sans cesse, elle est aux prises avec la vivacité de son esprit et de son imagination pour éviter les jugements peu charitables, les paroles vives, les reparties et les réflexions blessantes. Son caractère libre et fier, porté à l'indépendance, et assoupli par les exercices du Noviciat, se fait vivement sentir, il veut reprendre le dessus, comme un arbre jeune et vigoureux, plié par la main du jardinier, tend à se redresser et à reprendre son allure et son élan naturel.

Ne vous y trompez pas, s'écrie St Bernard, nos inclinations et nos passions ne meurent jamais tout à fait, ce qui est coupé peut renaître et le feu assoupi peut se ranimer.

Au milieu de ses peines et de ses perplexités, elle n'oublia pas de recourir aux lumières et aux conseils du pieux Évêque de Nîmes.

« Voilà huit ans que Dieu dans sa bonté, m'a appelée malgré mon indignité, à son saint Service, lui écrit-elle ; mais, où en suis-je ? Qu'ai-je fait jusqu'ici ? Où sont mes progrès dans la vertu ? Ah ! je le sens, j'ai un mauvais cœur, je ne sens plus le goût des choses de Dieu, tout m'est à charge, loin d'avancer dans le bien, il me semble que je recule. »

La réponse, ou plutôt, la correspondance de l'Évêque de Nîmes ne se fit pas attendre, car il lui écrirait :

« Je ne suis ni étonné, ni découragé pour vous, des peines que vous éprouvez. Non, ma chère enfant, ce n'est pas le trouble et l'agitation de l'enfer qui est dans votre âme, non, non, mais c'est le bon combat du Seigneur..... Accoutumez-vous au sacrifice..... Jusqu'ici, vous n'aviez eu, en quelque sorte, que les vertus de l'enfance, fruit de la pente qu'une éducation religieuse avait donnée à votre cœur. Naturellement susceptible de vives émotions, vous y complaisant, Dieu avait eu la Bonté de se présenter à vous pour en être l'objet. Il vous épargnait la peine de le chercher, il s'offrait de lui-même, et sans beaucoup de travail, vous en jouissiez ; vous possédiez par attrait, ce qu'il faut obtenir maintenant par renoncement.

.... portée ainsi par la main de Dieu, comme un enfant sur les bras de sa mère, il vous semblait que vous pouviez parcourir la sainte carrière de la vie religieuse sans fatigue et sans effort. Rien ne vous coûtait, en prenant l'habit, vous auriez pris aussi facilement, l'engagement de pratiquer tout ce qu'il y a de plus parfait dans la vertu. Il fallait cependant, qu'à mesure que l'âge venait, et que la raison prenait de la force, la vertu prît en vous un caractère plus mâle et plus austère, qu'elle se montrât plus ferme, et qu'elle opérât des effets plus solides, qu'elle eût, en un mot, plus de consistance et plus de vérité. Il fallait que la vertu d'une Religieuse, succédât à la vertu d'un enfant, que la réflexion opérât l'effet du goût, que le renoncement prît la place de l'attrait, et que vous donnassiez enfin à la patience, aux efforts, aux sacrifices, à la constance, les vertus que vous pratiquiez, pour ainsi dire, par instinct et sans vous en appercevoir. » Dans une autre lettre, il lui disait : « La vertu solide, telle qu'elle doit-être dans une personne qui en a fait une étude de plusieurs années, dans une Maison Religieuse, n'est plus pour elle, l'œuvre facile de l'imagination, du goût, de l'attrait, du sentiment, dont l'exercice remplit l'âme de contentement, de douces et vives émotions qui la soutiennent et l'encouragent. Non, la vertu, pour toute personne raisonnable, est l'œuvre laborieuse de la réflexion, d'une raison qui, éclairée par la foi, soutenue par l'espérance, animée par la charité, résiste péniblement à ses penchants, contrarie les vœux impérieux de la nature, tient avec effort, ses passions enchaînées, veille avec fatigue, sur elle-même, pour faire le bien et éviter tout ce qui pourrait déplaire à Dieu.

Rien ne se fait bien que ce qui se fait avec peine. Une vie chrétienne est un combat continuel; un acte de vertu est une victoire, et il faut bien que cela soit ainsi, puisque le Ciel est un triomphe.

Affermissez-vous, ma bonne sœur, et ne croyez pas que toutes les résistances de la nature soient des oppositions à la grâce et nous rendent coupables; il s'en faut bien. Je crois tout le contraire. La description que vous me faites de ce qui se passe en vous, loin d'être désagréable à Dieu, vous rend intéressante à ses yeux. Jamais vous ne m'avez paru dans une meilleure voie. »

Vers l'année 1823, Sœur Symphorose fut envoyée à l'hôpital de Salins, sous la direction de la Mère Guin. Si, sous le rapport des secours religieux, elle eut beaucoup à souffrir. Dieu du moins, lui épargna la peine et la terreur qu'elle eut éprouvées par le spectacle de l'incendie qui, en 1825, consuma quatre-cents maisons et deux Eglises, et réduisit à la dernière misère, des milliers d'habitants.

Bientôt, les besoins du service de la Maison principale, obligent ses Supérieurs de la rappeler à Besançon.

L'hôpital St Jacques, dès son origine 1667, a toujours renfermé des malades, des pauvres et des enfants trouvés ou assistés. Sœur Bournot, en 1825, était chargée de l'office de l'Hospice de la Charité. Sœur Symphorose devint sa compagne, la première était employée à l'éducation des petits garçons et Sœur Symphorose avait sous sa direction plus de soixante-et-dix petites filles.

Ceux-là seuls, qui ont exercé cette difficile fonction, peuvent comprendre ce qu'il faut, pour cela, de cœur, de dévouement, de renoncement à soi-même et de patience; combien il en coûte de travail, de soins, de sollicitude et de sacrifices incessants, pour instruire et élever, pour former au travail et à la pratique de la vie humaine et chrétienne, ces enfants délaissés, issus de familles pauvres, ou plutôt, de parents peu recommandables, entachés d'habitudes et de vices, quelquefois héréditaires, et qui apportent dans l'Asile qui les reçoit, les inclinations contractées dans leur première enfance, par l'effet des leçons perverses et des mauvais exemples.

Ce difficile, et souvent, rebutant ministère, Sœur Symphorose s'en acquitta, dans la circonstance et on peut dire, pendant toute sa vie, avec la sollicitude, l'empressement et la tendresse de la mère la plus dévouée. Elle aimait les enfants, elle savait les intéresser et les attirer, les instruire, sans trop les fatiguer, encourager leurs efforts, sans trop les flatter, les reprendre et les corriger sans les décourager; s'abaisser, se mettre à leur portée sans se familiariser, se faire aimer et respecter.

L'attachement que les enfants de la Charité avait pour elle, était très grand. Elle le savait et en était heureuse. Je ne sais pas ce qu'il y a en moi, disait-elle quelquefois en souriant, ceux qui se ressemblent, s'assemblent. Je suis aimée particulièrement, de deux sortes de personnes, des enfants et des insensés.

Sœur Bournot était devenue Maîtresse des Novices. Appesantie par l'âge, par les longs travaux de sa vie et par les souffrances, elle ne pouvait plus, malgré son zèle et son dévouement, suffire au travail et à l'accomplissement de sa

convenable de sa charge. Le Noviciat souffrait. Il fallait venir à son secours, et Sœur Symphorose, sa compagne, tout en conservant ses fonctions d'institutrice et de Maîtresse de la Charité, fut chargée d'aider Sœur Bournot dans ses fonctions de Maîtresse des Novices.

Ce nouvel emploi était difficile, entouré d'écueils contre lesquels pourrait se briser Sœur Symphorose. Il fallait aider Sœur Bournot, l'accompagner sans la précéder ; il fallait tout à la fois, parler et se taire, paraître et s'effacer, instruire et éclairer, diriger les Novices, mériter leur respect et leur confiance, mais, sans préjudicier en rien, au respect et à la confiance que méritait la Maîtresse principale. Sœur Symphorose était délicate et prudente, elle saurait se tenir à sa place. Une jeune postulante désirait vivement se mettre sous sa direction, mais elle ne put obtenir cette faveur ; ce n'est pas mon affaire, répondit Sœur Symphorose. Ce refus ne fit qu'augmenter dans l'esprit de la postulante, la haute estime et la confiance qu'elle avait pour Sœur Faivre.

Sœur Symphorose, placée dans cette difficile situation, sut admirablement, par son intelligence, sa modestie et son habileté, pendant plusieurs années, surmonter les obstacles, être utile aux Novices et procurer la gloire de Dieu et le bien des âmes.

C'est ainsi, Ma Révérende Mère, que Sœur Symphorose Faivre préluda aux travaux qui l'attendaient, dans la charge de Maîtresse des Novices et de Supérieure Générale de la Congrégation des Hospitalières.

Aucun emploi, dans une Communauté, n'est plus important que celui de former les Novices à la vie religieuse. Le Noviciat est le principe, la racine, la source, la vie d'une Congrégation; c'est de là que dépend son avenir. Mais aussi, aucun emploi ne demande plus de dons et de qualités, pour celui qui en est chargé.

Prendre les jeunes gens au sortir de la famille et du monde, les accueillir avec empressement et discrétion, et gagner peu à peu leur confiance par la bonté, l'affection et les services; connaître leur caractère et leur aptitude, étudier leurs qualités et leurs défauts, travailler sans cesse à fortifier, à développer les unes et à affaiblir les autres; instruire ces jeunes gens sur la religion et toutes ses parties, sur les devoirs de leur vocation, dissiper les préjugés, les erreurs et les faux points de vue;

reprendre, corriger avec justice et charité, savoir attendre avec patience, se taire et parler selon l'opportunité; stimuler la paresse et retenir l'empressement trop grand; expliquer exactement la règle sans l'exagérer ni l'affaiblir, être accessible sans être familier, mériter assez de confiance, pour recevoir les secrets du cœur et l'aveu des fautes contre la Règle; savoir d'un mot, dissiper les troubles et les inquiétudes de l'âme, rassurer les cœurs pusillanimes et leur donner la paix; être ferme sans raideur, bon, sans faiblesse, se donner à tous sans préférence, pouvoir refuser une demande sans humilier ni confondre; allier la simplicité avec la tenue et la dignité; en un mot, régler l'esprit, former le cœur, élever l'âme, façonner les Novices à une tenue digne et religieuse, pouvoir leur dire: Soyez mes imitatrices comme je suis l'imitatrice du Bon Maître. Tels sont en partie, les devoirs et les fonctions de la Maîtresse des Novices.

C'est ce que fut et c'est ce que fit pendant de nombreuses années, pendant vingt-deux ans, Sœur Symphorose Faivre. L'élévation et la vivacité de son esprit, l'ardeur de son âme modérée et dirigée par un jugement sain, l'étendue de ses connaissances, non seulement religieuses, mais, si on peut le dire, matérielles, profanes et usuelles sur différents arts, sur la medecine, la pharmacie et les remèdes ; Surtout, les épreuves qu'elle avait subies par la volonté de Dieu, et l'expérience qu'elle avait acquise à l'école du pieux Evêque de Nîmes, la rendaient propre à remplir dignement cette importante fonction. Son souvenir, ses leçons et ses exemples, sont encore vivants dans le cœur et la mémoire des Religieuses qu'elle a formées.

Il en est une surtout que la Bonté de Dieu bénit, que sa Providence éprouve et que sa grâce enrichit, et qui, après sa Mère et sa maîtresse chérie, fut elle-même Mère et Maîtresse des novices. C'est d'elle-même aussi, que nous tenons ces détails. Elle n'a point d'expressions assez vives, point de termes assez frappants, pour exprimer son admiration et les sentiments d'estime et de vénération pour sa Mère et sa Maîtresse. C'était, dit elle, une femme admirable, excellemment douée de toutes les qualités de l'esprit et du cœur, remarquable par un extérieur grave, une tenue toujours correcte qui, en attirant l'attention, inspirait tout-à-la fois, le respect et la confiance. Elle possédait à un haut degré, les vertus religieuses, la piété solide et vraie et en même temps, cette politesse, cette charité religieuse et douce, qui rend la vertu aimable. Son éducation était parfaite; son instruction étendue et développée, ne le cédait qu'à l'art et au talent qu'elle avait de communiquer ce qu'elle savait. Avec quelle ardeur et quelle pénétration, elle parlait des choses de Dieu. Sans cesse, elle insistait sur l'esprit de foi, sur le renoncement à sa volonté propre, sur l'oubli de soi-même et le détachement des choses créées, sur l'exactitude et la ponctualité, sur la pratique de la charité, dans les pensées, les paroles et les actions.

Elle était entourée de ses novices, qui toutes, lui témoignaient le respect et la confiance la plus grande, comme aussi, le plus vif attachement, non pas un attachement irréfléchi, cet attachement qui n'est que l'effet de la tendresse et de la mollesse, mais un attachement véritable, fondé sur l'estime et la haute idée qu'elles avaient de ses lumières et de ses vertus.

Sa direction était douce et maternelle, mais aussi quelquefois, forte, décidée et sévère; elle avait un talent admirable pour connaître les caractères et discerner les esprits, et en même temps, un coup d'œil assez sûr, pour désigner au moment, la voie qu'il fallait suivre et, assez de force pour y faire marcher. Sa parole douce, brève, franche et positive, savait calmer les âmes et dissiper les incertitudes. « Vous voulez raisonner, vous voulez philosopher, disait-elle quelquefois à certaines novices agitées, raisonneuses et inquiètes, ah! vous devriez rougir, obéissez! » Un jour, une nouvelle Professe avait des peines sur sa vocation d'hospitalière, il lui semblait qu'elle aurait mieux fait d'entrer dans une maison cloîtrée; déjà plusieurs fois, Mère Faivre avait répondu à ses peines, mais elle revenait sur la décision; comme la Professe insistait, elle la prit par le bras et, la mettant à la porte; l'office de Marthe et de Marie ne vous conviennent pas, eh bien! allez vous-en, je n'ai point de temps à perdre avec vous. C'en fut assez, toutes les inquiétudes de la Novice et de la Professe, furent dissipées à jamais, par cette maternelle sévérité.

Mère Symphorose s'appliquait à redresser les caractères, en les délivrant ou en les préservant de la mollesse et de la trop grande sensibilité qu'elle n'aimait point; souvent elle parvenait à briser les caprices de l'imagination et de la volonté propre, les répugnances de la nature, les désirs, ou les empressements trop prononcés pour un lieu, une fonction ou un office, en imposant des actes d'obéissance; des sacrifices pénibles et quelquefois héroïques. Elle savait ce que disent les Saints; que notre salut et notre perfection dépendent souvent d'une résolution généreuse que Dieu demande de nous en certaines occasions, quand il nous inspire de faire pour l'amour de Lui, un grand sacrifice, auquel nous avons beaucoup de répugnance; témoins: S.t Martin qui se dépouille pour revêtir un pauvre; S.t Jean Gualbert qui pardonne à un ennemi mortel, S.te Jeanne de Chantal, qui laisse son père et ses enfants, pour suivre la voix de Dieu. Une action héroïque pratiquée en certaines conjonctures, nous est plus méritoire et salutaire, devant Dieu, que mille autres, communs et ordinaires; elle affaiblit le démon et le déconcerte, elle nous gagne la bienveillance de Dieu, elle nous fortifie dans la grâce et elle attire sur nous l'abondance des bénédictions divines: Mère Symphorose le savait par sa propre expérience.

Pendant les années de son Noviciat et même, quelques années après sa profession, elle avait une profonde et vive blessure au cœur. C'était l'amour désordonné pour ses parents. La pensée, le souvenir de son père et de sa mère, obsédaient son âme et la troublaient; son martyre était si grand, que, chaque matin en prenant ses habits, elle les inondait de larmes, et que, pour combattre cette tentation, elle était obligée d'aller souvent méditer dans la chambre des morts.

Étant tombée malade, et sa Tante en la voyant à l'extrémité, lui ayant demandé si elle désirait que l'on fit connaître son état à son père et à sa mère. Non, répondit-elle, je ne veux pas, je veux mourir sans les revoir, je veux faire maintenant à Dieu, ce que jusqu'ici, je n'ai pas assez fait; le sacrifice absolu de l'attachement trop grand à ma famille. Sœur Symphorose guérit de cette maladie et se releva délivrée de la tentation qui l'avait jusqu'alors affligée. Tant il est vrai de dire, qu'il importe beaucoup de se vaincre par une action généreuse, pour obtenir la bénédiction de Celui qui ne se laisse jamais vaincre en générosité !

L'intelligente et dévouée Maîtresse des novices, ne pensait plus qu'à s'acquitter, de mieux en mieux, des devoirs de sa charge, lorsqu'un évènement, ou plutôt, une catastrophe vint la distraire de ses fonctions, et mettre à contribution, son activité et tout ce qu'elle avait de ressources et d'expédients.

Dans la nuit du dix Septembre 1840, le feu éclata à l'hôpital St Jacques, dans les bâtiments occupés par les ateliers des enfants de la Charité. En un instant, les flammes activées par le vent, s'élèvent et menacent de

consument tout le vaste et magnifique établisse-
-ment. Le canon d'alarme et les cloches de
la ville se font entendre. Les secours arrivent,
on sauve les enfants et les malades, mais, mal-
-gré la promptitude des secours et l'énergie des
efforts, le mobilier et les bâtiments occupés par
les ateliers, sont la proie des flammes et cent
cinquante enfants se trouvent en un instant sans
vêtements et sans asile.

 Ce fut un spectacle navrant quand, le len-
-demain matin, on vit Mère Faivre sur un
chariot, entourée des orphelins, traversant lente-
-ment les rues de la ville et conduisant à École, dans
la maison des Missionnaires, tous ces enfants qui
venaient d'échapper aux flammes. La maison
des Missionnaires, qui avait servi aux Écoles de
philosophie, était peu propre à recevoir les Enfants
de la Charité; tout était à créer ou à réparer.
L'activité et le zèle de Mère Faivre, trouvèrent
des ressources et des moyens, dans cette pénible
circonstance. De concert avec l'Administration,
elle y établit des ateliers de bonnetiers, de tailleurs
d'habits, de cordonniers et; ce qui était tout nou-
-veau et non moins utile, une colonie de jardiniers,
une École d'agriculture qui, après 39 ans, sub-
-siste et prospère encore aujourd'hui.

Nommée Supérieure Générale de la Congrégation, en 1841 jusqu'en 1847; réélue en 1853 jusqu'en 1859, elle déploya pendant les années de son gouvernement Général, pour le soin et la direction des Religieuses, le zèle et l'activité qu'elle avait montrés, pendant qu'elle était au Noviciat.

L'impression des œuvres de Mgr de Chaffoy, les manuscrits réglementaires qu'elle a laissés; la correspondance qu'elle entretenait, les lettres nombreuses qu'elle adressait aux Religieuses du dehors, de Vesoul, de Lucerne, de Neufchâtel, de Salins, de Poligny, d'Arbois et d'Ornans, sont un monument de son zèle, non moins qu'une preuve de la confiance qu'elle inspirait, comme aussi une preuve du respect et de la piété des Religieuses qui les ont soigneusement conservées.

Chose étonnante! ou, plutôt, effet merveilleux de la générosité et de la sensibilité de son âme! Elle n'oublia jamais les enfants des pauvres. Dès son entrée en religion, elle en fut occupée; leur abandon, leur âge et leur misère touchaient vivement son cœur; elle les aimait, s'intéressait activement à leur sort et l'on peut dire qu'elle était devenue leur mère.

Imitatrice fidèle de celui qui s'écriait en

voyant les pauvres qui le suivaient : « J'en ai pitié, voilà trois jours qu'ils me suivent, ils n'ont pas songé à manger et ils n'ont pas de pain. » Mère Faivre, après son dernier Supériorat, voulut en son nom privé, et en dehors des ressources de la Maison de la Charité, multiplier les pains, en créant un petit établissement pour recueillir, non plus les enfants pauvres et ordinaires, mais, les enfants des bas fonds de la Société ; maladifs, estropiés, disgraciés de la nature, sans pain, sans asile, dont personne ne s'occupe et destinés, à raison de leurs défectuosités, à mourir de misère.

Le projet était plein de hardiesse. Mère Faivre était sans ressources ; point d'argent, point de maison, point de matériel, point de personnel, tout manque, tout, jusqu'à l'approbation de son projet. On admire son zèle et ses intentions, mais on regarde comme impossible, l'exécution d'une pareille entreprise. Mère Faivre ne peut pas compter, ni s'appuyer sur les hommes, mais elle compte sur la Bonté de Dieu. Ma confiance est en Dieu, disait-elle à ses confidents. in domino fiducia mea.

Liée par l'obéissance, longtemps elle se tait. Mais enfin, pressée par son zèle et par sa confiance, elle communique son projet à Son Éminence le Cardinal Mathieu. Le pieux Prélat demande du temps, et enfin, après avoir prié et réfléchi, il permet à Mère Faivre de faire un essai.

L'essai n'est pas considérable. Au moyen de quelques aumônes, Mère Faivre réunit cinq ou six petites filles maladives et disgraciées, sous la conduite de deux maîtresses, dans une maison de St Ferjeux, au tombeau des Saints Apôtres de Besançon. Tout manque dans cette pauvre maison; c'est l'aumône qui donne le pain de chaque jour et le vêtement. Mère Faivre prie, elle ne perd pas sa confiance; les enfants augmentent en nombre mais, pas en ressources. Ces petites enfants s'occupent à quelque petit travail, il sert en quelque chose à l'entretien du ménage; Mère Faivre est souvent présente, elle instruit, elle encourage. Enfin, Dieu bénit sa confiance, son courage et son cœur. Au bout de quelques années, les dons et les aumônes arrivent, et Mère Faivre construit une vaste maison, un pieux asile pour l'instruction et l'éducation d'un grand nombre d'enfants qui repoussés de la Société et même de la famille, travaillent et vivent dans la joie et la pratique de la vertu, dans la Maison de Dieu.

Ce grand travail des dernières années de la vie de Mère Faivre, avait fini par absorber et affaiblir ses forces phisiques et morales. Pendant les deux dernières années de sa vie, elle ne fit plus que végéter. L'intelligence s'était affaiblie et la mémoire avait disparu, mais, dans cet état d'affaiblissement et d'affaissement, elle conservait toujours l'usage de ses pratiques de piété, l'esprit et les habitudes religieuses.

Oh! qu'il est beau ce témoignage rendu à Mère Faivre par l'excellente Mère d'Oussières si capable et si expérimentée, pour juger et apprécier les choses! « Nous aimions à nous réunir autour d'elle, écrit cette Mère Supérieure, nous aimions à la voir et à l'entendre encore. Nous nous disions: elle ne peut plus nous instruire, mais, elle pratique plus parfaitement que nous, ce qu'elle nous a souvent enseigné au Noviciat et dont elle nous a toujours donné l'exemple. »

Le 4 Février 1873, Mère Symphorose Faivre reçut les bénédictions et les Sacrements de l'Eglise, et mourut dans sa 77ième année, pleine de jours et de mérites. Sa mémoire vivra éternellement dans le cœur de ceux qui l'ont connue, estimée et aimée.

In memoria æterna erit Justus, ab auditione mala non timebit. ps. CXI.

Un visage régulier et agréable, une taille moyenne, des allures, une attitude un peu fières mais, rendues aimables par la simplicité, la franchise et la bonté cordiale. Un caractère ferme et assez prononcé, mais adouci et perfectionné par les vertus religieuses ; un esprit prompt, une imagination vive dirigée par un jugement solide ; une âme agissante et entreprenante, réglée par la soumission et l'obéissance ; une éducation soignée, des connaissances multipliées et étendues ; une aptitude à toutes les fonctions et à tous les emplois de sa vocation.

Une foi vive, très grande, non superstitieuse, mais éclairée et solide. Une dévotion moins fondée sur l'imagination et la sensibilité, que sur la raison et la réflexion. En elle, plutôt le Dieu de la Croix et du Calvaire, que Celui du Thabor. Une grande humilité, acquise par la connaissance de ses propres misères et des misères du prochain ; une remarquable fidélité à la Règle et aux exercices de piété qu'elle prescrit ; surtout, une constante et forte application pour renoncer à elle-même, à ses goûts, à sa volonté, dans l'intérêt de la gloire de Dieu, du bonheur de ses Sœurs et du bien des âmes. Telle a été Sœur Symphorose Faivre ; telle, Ma Révérende Mère, vous l'avez vue, connue, estimée, respectée et aimée.

La vie de cette humble et religieuse femme, n'offre rien de grand, rien de bien merveilleux aux yeux du monde qui ne connaît pas Dieu, mais, elle n'en est pas moins merveilleuse aux yeux de Dieu, des Anges et des Saints, aux yeux des âmes élevées qui connaissent le beau, le bien et la vertu.

Sœur Symphorose n'a pas vécu pour elle-même, elle a vécu pour le service de Dieu et du prochain ; si elle n'a pas trôné et régné dans les fêtes bruyantes et les solennités du monde, elle a secouru et assisté les pauvres ; si elle n'a pas excité l'admiration des mondains, elle a du moins, consolé ceux qui pleurent ; si les futilités et les joies terrestres lui ont manqué, elle a eu la joie de Dieu, le repos de la conscience et la consolation d'avoir été utile. Sa vie a été remplie, courageuse, pure, exemplaire ; sa mort précieuse, et, aujourd'hui, nous en avons la confiance, les œuvres de sa foi et de sa charité, font sa couronne et son bonheur.

18 Juillet 1879, Fête de Ste Symphorose.

J. B. Bergier.

Avis sur la manière de se conduire
et de combattre dans la vie spirituelle
pour arriver à la perfection.
(Lettre seulement indiquée dans la Notice, page 28, à S.t Symphorien)

Neufchâtel, 16 X.bre 1821

Ma chère Sœur.

Vous avez bien voulu me demander comment vous deviez vous y prendre pour dompter votre caractère, vous corriger de vos défauts et avancer dans la perfection: Voici mes observations que je soumets aux lumières et à l'expérience de M.r le Vicaire Général Cholin, votre père spirituel.

1.° Détruire ses passions est une chose impossible; et lors même qu'on le pourrait, il faudrait bien se garder de le faire, puisque ce sont les passions qui nous déterminent à la vertu, quand elles sont bien dirigées; comme ce sont elles qui nous portent au péché, lorsqu'elles n'ont de moteurs que la nature corrompue. On ne vous dira donc jamais de détruire vos passions, mais de les réprimer, de leur changer d'objet, de les faire servir par là, à votre sanctification.

2.° Changer sa nature, son tempérament, le fond de son caractère, est encore une chose impossible. On peut améliorer, perfectionner, dompter tout cela avec la grâce de Dieu, mais non le changer substantiellement, essentiellement. Ainsi, on ne vous dira pas de devenir St P. ou St J., on vous laissera St Faivre; mais seulement, on vous indiquera de faire servir votre tempérament, votre caractère à la vertu.

3º Prétendre que des caractères opposés, tels que: l'indifférent et l'ambitieux, l'avare et le prodigue, l'indolent et le passionné, le sensible qui aime et celui qui n'a point de cœur, le spirituel et l'ignorant, voient de la même manière, se servent des mêmes moyens, soient toujours édifiés des mêmes choses, est une absurdité, parceque il y a contradiction; vouloir les conduire par le même chemin, c'est ignorer les premiers principes de la vie spirituelle. De là s'en suivent deux conséquences. La première, qu'il ne faut pas s'inquiéter, se tourmenter, se croire mal avec Dieu; parcequ'on ne voit pas, on ne sent pas comme d'autres personnes qui ont la réputation de haute vertu; pourvu que la Religion ou un directeur éclairé nous disent que nous voyons aussi bien.

La seconde, qu'il ne faut pas prétendre que chacun voie, juge et sente comme nous, parceque chacun voit, dans bien des choses, suivant la tournure de son esprit, selon la mesure de grâces ou de talents que Dieu lui a donnés.

En général, ce qui n'est pas un péché ne doit être jugé, relativement aux individus, qu'avec la plus grande réserve; parce que, Qui connait le cœur de l'homme et les voies de Dieu? Choisissons parmi les moyens de salut et de perfection, ceux qui nous conviennent le mieux et laissons à d'autres, ceux qui nous répugnent et qui nous seraient par là même inutiles ou nuisibles.

Maintenant, pour en venir à la pratique, Ma chère Sœur, voici ce qu'il me semble que vous avez à faire. 1.º Vous croyez que vous avez de l'esprit, du jugement; remerciez-en la Providence, n'en tirez pas vanité, puisque c'est un don gratuit et duquel vous rendrez compte; et puis, faites voir dans toute circonstance, que vous avez réellement de l'esprit et du jugement. 2.º Vous croyez avoir des avantages phisiques; Eh bien, Ma chère Sœur, que cette pensée d'avoir à donner à Dieu plus qu'une autre, agrandisse votre âme, vous dispose à faire généreusement de moindres sacrifices et vous rende saintement fière d'avoir réservé pour Dieu seul et pour l'admiration des Elus dans l'Éternité, ce que le monde auroit pu ambitionner et ce que tant d'autres, pour leur malheur sourent, sacrifient à la créature.

3º Vous avez de la fermeté dans le caractère, une volonté forte; servez vous-en pour vaincre les difficultés, surmonter les obstacles, tenir vos résolutions, supporter les peines intérieures, les souffrances du corps. 4º Vous avez de la vanité; que ce soit pour être parfaite dans votre état, pour faire plus de bien, pratiquer plus de vertus qu'une autre. 5º Vous aimez vous rendre les cœurs tributaires; que ce soit pour les offrir à Dieu et non pas uniquement pour vous les attacher; pour les conduire à la vertu, pour les retirer du vice, pour les détacher du monde et de ses vanités, et non pas pour vous complaire dans votre victoire et jouir humainement de votre triomphe; parceque vous ne feriez par là, que devenir coupable et, malheureusement, sans contribuer au bonheur de qui que ce soit. 6º Vous avez peut-être des passions à combattre: Cela vous est commun avec le reste des enfants d'Adam, c'est là le sujet de vos mérites. Dieu ne permet pas que nous soyons tentés au dessus de nos forces, disait S¹ Paul : « Ma grâce te suffit » lui disait le Seigneur. 7° Vous n'avez peut-être pas de goût pour la piété ? Ce goût viendra un jour et puis, rappelez-vous que ce n'est pas précisément l'inclination, le goût ou le plaisir qui font notre mérite, mais la fidélité dans les exercices de piété, dans la pratique de la règle et des devoirs de la vie Chrétienne. Celui qui espère dans le Seigneur, ne sera pas confondu, nous dit l'Écriture sainte ; Celui qui demande recevra, la prière peut tout obtenir.

Enfin, Ma chère sœur, rappelez-vous que vous avez un cheval vif, impétueux et ombrageux à conduire ; ne le gourmandez pas mal à propos, sans quoi il se cabrera, reculera plutôt que d'avancer, il se jettera par terre et peut-être se cassera-t-il les jambes. « Mettez-lui une bonne bride : la raison et la Religion. Tenez-le ferme sans trop le serrer, par une volonté bien déterminée, mais toujours raisonnable ; faites le avancer en le flattant, par l'honneur et l'avantage de se vaincre par l'espoir des récompenses à venir. Ne lui donnez pas d'avoine : flatteries, louange, qu'on écoute avec trop de plaisir ; complaisance en soi-même, pensées d'amour-propre, vanité humaine. Donnez-lui de temps à autre, quelques légers coups d'éperons, par la crainte d'abuser de la patience des hommes et de celle de Dieu ; faites-le passer et repasser proche des objets dont il s'effraie : les actes extérieurs d'humilité, de soumission, de renoncement, de sacrifice, de patience ; il finira par s'y habituer. Conduisez-le quelquefois au manège pour le faire examiner par des connaisseurs : vos Supérieurs et Directeurs ; son port, ses qualités et ses défauts. Et vous finirez, Ma chère sœur, par avoir un beau coursier, bien souple, bien docile, de belle tenue, agile à la course, qui vous servira parfaitement, qui vous fera plaisir et honneur. »

Pardonnez-moi cette métaphore et agréez l'assurance de l'intérêt bien particulier que prend à votre bonheur et à votre avancement dans la perfection, celui qui sera toujours,

Votre très humble et
affectionné Serviteur.

Entretien sur la Mortification
sa nécessité et ses pratiques.

Qu'est-ce qu'un bon Chrétien ? C'est celui qui étant baptisé, se renonce lui-même, et porte sa croix tous les jours.

Qu'est-ce qu'une âme fervente ? C'est celle qui est sans cesse appliquée à mortifier ses désirs, ses volontés, ses penchants.

Qu'est-ce qu'une bonne Religieuse ? C'est celle qui tend continuellement à assujettir ses goûts, ses pensées, ses affections, sous le joug de la règle par une mortification habituelle.

Que faut-il conclure des réponses à ces questions ? sinon que rien n'est plus utile que la pratique de la Mortification. Deux pensées peuvent aider à nous en convaincre.

1°. La joie de l'âme prend sa source dans la mortification, la foi et notre propre expérience nous le font voir tous les jours.

2°. On ne peut prendre le titre de bon chrétien, qu'en s'attachant à la pratique de la mortification.

1ᵉʳ. Pour approfondir la première idée, sachons que sous l'empire des passions, on goûte bien l'apparence de la joie, mais ce n'en est absolument que l'apparence. Jésus lui-même nous l'apprend lorsqu'il dit à ses Apôtres : « Le monde se réjouira et vous serez dans la tristesse, mais cette tristesse se changera en une joie que personne ne vous ravira. » L'allégresse du monde ne saurait être réelle, puisqu'elle n'est pas durable, et que

la seule pensée de ce qui peut si facilement la détruire, en empêche la jouissance, d'ailleurs, ce
faux bonheur qu'il présente sans cesse à celui qui
croit le saisir, ne laisse qu'un vide affreux dans les
cœurs; on peut appeler en témoignage, les gémissements de ceux que la grâce a désabusés de ces prétendues joies et qui, s'étant lassés de courir après
le bonheur mondain, ont enfin compris qu'on ne
peut le goûter réellement, puisque sa vaine jouissance ne passe pas dans le cœur sans blesser la
conscience. Les joies de la mortification, au contraire, amères en apparence, sont constantes et pures,
elles résistent aux revers, aux chagrins les plus dé-
chirants. Quel spectacle plus admirable que celui
que présente un chrétien éprouvé par toutes sortes
de peines, et conservent le calme, la paix, la résignation aux volontés du Ciel. La sainte habitude
de se contraindre, de se refuser des satisfactions
même permises, lui fait accepter les croix avec
tranquillité; et ce n'est pas seulement pendant
quelque temps, car le S.t Esprit ne fait pas dans
son cœur un séjour de passage; il y demeure constamment, soutient son courage et conserve en
ordre, toutes les passions de l'âme.

La paix marche avec l'ordre; l'amour de la
règle, maintient l'harmonie, tandis que l'esprit

déréglé est à lui-même son propre tourment, comme l'assure St Augustin après en avoir fait la triste expérience. Voyez cette âme médisante qui, dans la conversation qu'elle vient d'avoir, s'est laissée aller au plaisir de raconter une histoire scandaleuse ou a satisfait une petite jalousie en opposant des résistances à l'éloge qu'elle a entendu faire du prochain; croyez-vous que son intérieur soit tranquille et que le déréglement de sa langue n'en ait pas troublé la paix ?.

Examinez cette âme vaniteuse qui convoite un mot flatteur, qui se repait d'une folle joie en croyant à la sincérité des compliments qu'elle reçoit; son contentement est-il durable, et la paix remplit-elle son cœur lorsqu'elle comprend la fausseté de ces satisfactions passagères ?. L'âme sensuelle, l'âme paresseuse, sont-elles plus heureuses en s'abandonnant à leurs penchants? L'inquiétude, le remords qui accompagnent toutes leurs actions, n'empoisonnent-ils pas toutes leurs jouissances? Qui est-ce qui a résisté à Dieu et qui a pu trouver la paix ? s'écrie Job.

Remarquons que l'on ne commet le péché que pour éviter une peine ou se procurer une satisfaction; or, l'âme mortifiée qui est habituée à souffrir, qui se prive courageusement de ce qui peut la satisfaire, même dans ce qui est permis, doit nécessairement éviter beaucoup de fautes. Ce n'est pas qu'il en faille conclure que la pratique de la mortification rende impeccable; hélas! le juste tombe sept fois le jour, mais il se relève et ses chûtes, en l'humiliant ne l'abattent point. L'Écriture Ste nous le dit: Les justes courront sans se fatiguer.

2^{ent} On ne peut prendre le titre de bonne Religieuse, sans la pratique de la mortification. Cette vertu est absolument nécessaire au Salut, puisque sans elle on s'abandonne bientôt au péché. Les sens de l'homme sont enclins au mal dès sa jeunesse, nous dit l'Auteur de l'imitation, et s'il ne comprime de bonne heure ses penchants, il s'appercevra bientôt qu'il n'en peut plus être le maître. Vous vous sentez portée à parler légèrement de la conduite de votre prochain, si vous n'imposez pas silence à votre langue, dans les choses mêmes qui ne sont pas criminelles, vous vous laisserez bientôt entraîner à des péchés graves de médisance; il en est ainsi de tous les vices. Les philosophes payens eux-mêmes, avaient compris qu'il est impossible d'être sage, si l'on ne sait s'abstenir et souffrir. Comment des Chrétiens éclairés des lumières de la grâce et marchant à la suite d'un Chef qui n'a mené sur cette terre qu'une vie de mortification et de souffrances, refuseraient-ils de s'abstenir et de souffrir pour ne pas tomber dans le péché !

Mais, ce qu'il est important surtout de connaître, c'est la manière de pratiquer la mortification ; les moyens se réduisent à quatre :

1.° L'acceptation volontaire des croix que la Providence nous envoie : les maladies, les revers de fortune, la perte des personnes qui nous sont chères et tant d'autres afflictions dont la vie est semée. Nous ne sommes pas maîtres d'éloigner de nous ces peines et cependant, le Seigneur daigne nous faire un mérite de les recevoir avec soumission.

2.° Le soin de mortifier ses sens. C'est par eux que le péché entre dans notre âme. Un regard trop curieux de David, lui fit perdre son innocence ; c'est ce qui lui faisait dire plus tard : mettez Seigneur, une garde à ma bouche et une porte à mes lèvres, afin qu'elles ne s'ouvrent que par votre ordre ; c'est aussi ce qui a engagé l'Église à demander à Dieu, en donnant la dernière onction à ses enfants : le pardon de tous les péchés qu'ils ont commis par chacun de leurs sens.

3.° Mettre un frein salutaire aux folies de l'imagination, la retenir dans ses écarts et s'appliquer à retenir sans cesse son ardeur.

4.º Mortifier ses volontés particulières en sacrifiant son goût et sa façon de penser, aux goûts et aux opinions des autres, dans ce qui n'est pas contraire à la loi de Dieu, s'étudiant à renoncer sans cesse dans l'intérieur de sa famille, à ce qui ne tend qu'à se satisfaire et pour cela, supporter avec patience et douceur, un caractère pénible, s'appliquer à un ouvrage qui déplait, sortir ou rester selon que l'obéissance le prescrit. Ces pratiques se présentent mille fois le jour et sont des sources de mérites, dont il faut profiter sans négligence, nous y excitant par cette parole de St. Paul, qui achèvera de nous convaincre des précieux avantages de la vertu de mortification : « Nous sommes morts par notre consécration ; mais, nous vivons quand nous sommes morts et cette vie est cachée en Dieu. »

Explication de la Règle

Par Mère Faivre.

En entrant en religion, ou plutôt en faisant profession, nous avons dû comprendre que nous étions appelées à une vie plus parfaite que le commun des fidèles; nous avons reçu les clefs de la maison, comme les clefs du Ciel, le livre de notre sainte Règle comme le contrat de notre alliance avec Dieu et la croix comme l'anneau de nos noces avec le Divin Époux.

En quittant le monde et nos familles, nous avons cru faire un grand pas dans les sentiers de la perfection, et en lisant notre sainte Règle et en l'observant extérieurement comme nous la voyons observer, nous croyons que cela suffit. Nous n'étudions pas assez profondément cette Règle, où se trouve renfermée toute la perfection à laquelle nous devons tendre, ainsi que les secrets de la vie spirituelle ; cette règle qui, sans être surchargée d'une multitude de pratiques, nous en offre assez pour alimenter nos âmes et les soutenir contre les dangers de la dissipation.

Notre Règle nous fait envisager notre vocation sous deux points de vue, dont l'un regarde nos devoirs envers Dieu et notre consécration à son service par les vœux de religion; et l'autre nous attache au prochain par les services que nous lui rendons.

Fixons d'abord notre attention sur la formule de nos vœux : <u>C'est de bon cœur, volontiers, et très librement, que nous avons promis à Dieu de le servir dans la pauvreté, la chasteté, l'obéissance et la pratique de notre Ste Règle</u>; c'est en sa présence et devant une assemblée nombreuse, que nous avons demandé, comme une faveur et en suppliant, d'être admises au nombre <u>des Servantes de Dieu et des pauvres</u>. Nous avons promis de persévérer toute notre vie si on avait la charité de nous recevoir; pour gage de cette alliance, nous avons reçu : le voile comme la marque de notre séparation avec le monde, de notre modestie, et de notre union avec Dieu; la couronne, qui est l'avant-goût de celle qui nous est réservée dans le Ciel, si toutefois nous sommes fidèles à nos saints engagements; puis, la Croix qui nous rappelle sans cesse que nous avons épousé un Dieu souffrant sur le Calvaire, que sa Charité nous presse et que le Cœur de Marie percé de douleurs, nous a choisies pour ses enfants.

De là il résulte que nous ne nous appartenons plus, que nos corps, nos cœurs, nos esprits, notre mémoire, que tout notre être en un mot, est à Dieu, et que tout ce que nous reprenons dans la suite, par notre lâcheté, notre tiédeur, est un larcin, et que, tant que nous vivons, nous devons marcher dans le chemin de la perfection à laquelle nous sommes appelées, sans nous relâcher jamais.

Nous gémissons souvent sur notre peu d'avancement dans la perfection, sans en rechercher la cause principale qui ne tient qu'à un esprit trop superficiel qui:

1° Nous empêche de nous connaître nous-même
2° Fausse notre jugement,
3° Favorise notre inconstance dans le bien,
4° Nous fait bâtir l'édifice de notre perfection sur le sable, et non sur le roc, en ne l'appuyant pas sur l'instruction religieuse que nous avons reçue dans notre jeunesse. De là suit l'esprit de routine, la piété d'habitude, le sensualisme de la dévotion, le défaut de

vigilance sur soi-même, l'infidélité journalière pour les petites choses, les vues incomplè-
tes sur les devoirs de sa vocation, qui prend
plutôt la teinte du caractère et de la nature, que
celle de la grâce qui doit réformer la Religieuse.

J'ai dit en premier lieu que notre esprit superficiel, était un obstacle à la connaissance de nous-
même. Cette connaissance est la première
pierre de l'édifice spirituel, la base de notre
sanctification, la science par excellence; mais
comme elle n'a rien d'attrayant pour la nature,
on s'en distrait, on se borne à des généralités
plutôt que d'entrer sérieusement dans le fond
de son cœur. On voit ses défauts les plus saillants
on les avoue même quelquefois, par un motif d'a-
mour propre, pour que les autres les excusent, ou
pour avoir la réputation d'être franche et droite,
mais on ne les voit pas par rapport au Cœur de
Dieu qui est blessé par les fautes qu'ils nous
font commettre et nous privent de la lumière
d'en haut; par rapport à nos âmes qui en sont
souillées, par rapport au bien qu'ils nous empêchent de faire.

Je dis en second lieu, que l'esprit superficiel fausse notre jugement en le rendant
incomplet, ce qui fait que nous avançons notre

manière de voir comme une règle infaillible, ne nous appuyant que sur les apparences, sans aller au fond des choses, ce qui nous fait souvent condamner dans les autres ce que nous faisons nous-même, sans la moindre attention.

C'est encore la même cause qui favorise notre inconstance dans le bien, parceque l'on n'a pas soin de s'appuyer assez profondément sur les vérités fondamentales de la Religion, qui nous apprendraient à vivre de la foi, et à baser notre sanctification sur la fin de l'homme, la haine du péché, la brièveté de la vie, la nécessité du salut. Ces sortes de méditations n'ayant pas assez d'attrait pour l'imagination et pour la tendresse du cœur, on préfère se livrer aux douceurs de la piété, ce qui cause ordinairement des illusions qui faussent la conscience et dessèchent le cœur, quand la dévotion sensible vient à manquer.

En méditant notre Règle et en la pratiquant avec plus d'esprit intérieur, nous y trouverons les leçons des maîtres de la vie spirituelle, et nous marcherons d'un pas ferme dans l'accomplissement des volontés de Dieu sur nous.

Essayons de faire quelques réflexions sur la manière de la pratiquer avec plus de fidélité et d'esprit de foi.

Chapitre 1.er

Le chapitre premier de notre Règle, traite: 1.° De la réception des postulantes, des novices et de la forme de leur admission à la prise d'habit et à la profession; 2.° De la rénovation des vœux. 3.° De la défense des conversations inutiles et des rapports avec les étrangers. 4.° De la satisfaction à donner aux Médecins, pour la nourriture des malades, pour le soin de bien faire les médicaments et de les administrer avec exactitude.

1.° De la réception des novices; elle dépend de chaque particulière; puisque toutes sont appelées à donner leur voix au scrutin; les Supérieurs n'ont le droit que de les recevoir au postulat, à l'habit de postulante, et de les présenter aux suffrages de la Communauté pour la prise d'habit et la profession. C'est un abus de penser que, parceque les Supérieurs présentent un sujet, il est admissible. Les Supérieurs se chargent bien d'une vocation qui offre toutes les garanties d'admission, comme aussi de renvoyer celles qui donneraient des craintes sérieuses pour l'avenir; mais quant aux vocations douteuses, la Communauté seule a le droit de prononcer, et la Règle le juge ainsi;

puisqu'elle nous recommande d'instantes prières, pour obtenir les lumières d'en haut ; qu'elle nous défend toute espèce de cabales, de tripotages et de considérations humaines, dans une action si grave, si importante pour la gloire de Dieu et le bien de la Communauté. Examinons donc ce qui peut et doit former notre jugement, dans ces circonstances.

La vocation, c'est l'appel de Dieu, or, cet appel peut être vrai, douteux ou faux. Il est vrai lorsqu'il n'est mélangé d'aucun motif humain, d'aucune considération mondaine et qu'il y a, dans le sujet proposé, esprit de sacrifice ; il ne faut pas confondre cet esprit de sacrifice et de piété réel, avec un certain entrain d'imagination qui vient de la jeunesse, ou qui peut être le fruit d'une éducation pieuse; dans ce cas, l'appel devient extrêmement douteux, ainsi que pour celles qui, n'ayant pas de fortune, choisissent cette position par une combinaison de raison mélangée avec de la piété, qui ne leur permet pas même de distinguer leurs propres sentiments, ni les motifs qui les ont déterminées. Enfin, il est faux, lorsque le sujet se présente avec un esprit détourné, des vues et des intentions peu droites.

Les sujets à refuser sont : les caractères retords, dissimulés et flatteurs, ceux qui ont une volonté propre trop forte et trop prononcée, les esprits faux ou manquant de jugement.

La Règle nous défend toutes cabales et toutes communications pour donner nos voix au scrutin. Souvent j'ai entendu dire : Comment connaîtrions-nous les novices, nous ne sommes pas en office avec elles ? La Règle y pourvoit en nous recommandant l'instante prière, et j'ajouterai, le dégagement de toutes vues humaines et de toutes prétentions mondaines, ne regardant que le bien de la Communauté, l'honneur de la Religion et la gloire de Dieu, qui ne permettra pas que nous nous trompions, si nos esprits et nos cœurs sont purs de toutes affections ou antipathies naturelles reçues d'autrui ou communiquées par une parole, un geste, un regard.

La seconde chose dont la Règle nous parle dans le premier chapitre, c'est la rénovation des vœux, à laquelle nous avons l'habitude de nous préparer par quelques exercices, qui sont pour toutes, une consolation. Cette rénovation n'est pas un engagement nouveau, puisque nos vœux ne cessent pas au jour où nous les renouvelons, et où ils nous obligent tout le temps que nous portons le St habit, et que nous faisons partie

de la Congrégation. C'est donc un renouvelle-
-ment de ferveur que la Règle demande de nous,
et un temps que nous devons consacrer d'une manière plus spéciale au silence, au recueillement,
à la prière et à l'examen de nos fautes, de nos
manquements dans nos devoirs envers Dieu à qui
nous sommes consacrées; envers le prochain à qui
nous devons le bon exemple, les soins corporels et
spirituels; et enfin, envers nous-même qui, ayant
embrassé une vie plus parfaite que le commun des
fidèles, devons nous travailler sans relâche, pour
avancer dans la pratique des vertus religieuses.

 La troisième chose que la Règle nous prescrit
dans le 1.er chapitre, c'est la défense de toutes les
conversations inutiles; car en nous recommandant
la politesse avec les étrangers, elle ne nous permet
d'entretien avec personne, qu'après en avoir de-
-mandé et obtenu la permission. Plus loin, dans
le chapitre de la vie intérieure, elle nous dit: Que
la grâce et la vertu se conservent par le silence;
Cette règle est beaucoup plus importante que nous
le croyons; dans un autre endroit, elle nous dit
encore: Elles parleront peu et à basse voix, et
n'envisageront pas fixement, les séculiers qui
fréquentent l'hôpital. L'esprit de la Règle
est donc un esprit de silence. Tous les maîtres

de la vie spirituelle le recommandent; l'Écriture Sainte est remplie de sentiments qui condamnent les défauts qui sont occasionnés par l'intempérance de la parole, elle y revient à toutes les pages. Notre bon Père de Chaffoy nous l'a tant recommandé, sans avoir la consolation de l'obtenir. Nous nous plaignons d'être distraites, dissipées; comment ne pas l'être? Quand on laisse les portes de son âme constamment ouvertes, qu'on s'informe de tout, qu'on veut se mêler et juger de tout, dire son mot sur tout, même sans se le reprocher; qu'on ne prend pas garde à ne point parler le soir après la récréation, et en tous temps au dortoir; en sortant de l'Église, en ôtant le réfectoire, en coupant le pain; qu'on ne pense pas au temps que l'on perd et que l'on fait perdre aux autres, soit à la pharmacie, soit à la cuisine ou ailleurs, par des courses réitérées et inutiles; par les racontages que l'on fait de ses fatigues, de ses peines, de ses malades, de ses domestiques et même de ses compagnes.

On ne fait pas attention à l'inconvenance des éclats de rire et de voix, qui retentissent sur les corridors, au sortir de la récréation; on s'applique peu à l'étude de la prudence et de la discrétion, disant tout ce qui vient à l'esprit, même ce qu'on ne sait pas, ce qui est souvent très nuisible au prochain et bien plus encore à la vie intérieure et à soi-même. Ce défaut ruine l'intelligence de la sanctification, et met l'âme dans un vide et un vague, dont elle ne peut plus sortir. Si quelqu'une plus réfléchie, veut s'astreindre à une vie plus silencieuse et plus sérieusement vraie, on la plaisante, on la traite de taciturne, on lui dit qu'il faut que la vertu soit aimable, on relève ses moindres fautes, on blâme son attrait et, pour peu qu'elle soit encore sous l'empire du respect humain, on l'entraîne, ainsi que celles qui avaient le projet de l'imiter, dans cette vie ordinaire de dissipation et de lâcheté.

La quatrième chose que la Règle recommande dans le 1er chapitre, c'est le soin des malades et la satisfaction des médecins, soit pour la nourriture, soit pour les médicaments.

Nous devons nous conformer à la Règle pour le soin des malades, et cette Règle nous oblige à nous conformer à la volonté des Médecins; elle est expresse sur l'article des médicaments et de la nourriture; Donc, toute négligence, tout retard et toute économie parcimonieuse, dans la composition des remèdes, est une faute; toute insouciance à s'instruire, de la part des Sœurs employées à la pharmacie, est aussi une faute;

et, pour la Sœur qui en est chargée en chef, c'en est une, que de ne pas donner à ses compagnes, les explications nécessaires pour leur instruction et pour les empêcher de travailler par routine, comme des manœuvres qui ne savent ce qu'ils font. C'est une faute pour la Sœur en chef de la cuisine, de ne pas donner tous ses soins à la préparation des aliments des malades, et de les leur préparer d'une autre manière que les médecins les ont demandés, ou bien encore, de leur en donner que ces derniers désapprouvent.

Je crois que N. S. qui nous défend de faire nos actions pour être vues et applaudies des hommes, n'est pas content de voir préparer les remèdes et les aliments de ses membres souffrants, d'une manière différente, lorsqu'on attend un Inspecteur ou une Autorité, ce qui expose souvent à mentir et ce qui fait que l'on trompe toujours. Faisons bien ce que nous faisons et nous ne craindrons pas les regards des hommes. D'ailleurs, notre Règle ne nous recommande-t-elle pas de n'avoir que deux choses en vue: le service de Dieu et celui des pauvres, et l'éloignement de tout respect humain?

Une cinquième chose qui nous est recommandée dans ce chapitre, c'est la ponctualité à nous rendre aux Exercices de la Communauté ; ici comme ailleurs, ce ne doit pas être la routine qui nous rende ponctuelles ; la crainte d'être remarquées, si on arrive trop tard, qui nous excite à être exactes ; le désir d'être applaudies et bien jugées si nous y arrivons des premières ; c'est l'amour qui doit nous y conduire: Le Maître est là, et il nous appelle. Cet amour nous donnera la diligence nécessaire pour que cette exactitude ne nuise en rien à nos devoirs d'office et d'emploi ; il nous donnera la prévoyance, la précision nécessaires, pour qu'un devoir ne nuise pas à l'autre ; il nous rendra économe de notre temps, de nos pas, de nos paroles ; car, si nous sommes de bonne foi avec nous-même, nous verrons que nos retards ne sont le plus souvent, que la suite d'une infidélité, comme par exemple: une conversation prolongée, de l'empressement naturel, un peu de laisser-aller au sujet des recommandations faites par les Supérieurs ; ce qui entraîne toujours du désordre.

Chapitre 2ᵐᵉ
De la réception des malades.

L'admission et la réception des malades dans l'Établissement, n'est point notre affaire, c'est celle de l'Administration séculière qui doit et peut seule statuer sur le mode d'admission, et sur le genre des maladies traitées dans les hôpitaux que nous desservons. Ce qui nous regarde seulement, c'est de nous conformer sur ce point, à la volonté des Administrateurs, de leur donner connaissance des difficultés et des inconvénients que peut occasionner le contact de maladies contagieuses, au moral et au phisique; comme aussi des difficultés que l'on rencontre pour le service ou la surveillance des malades.

 Cette attention à simplifier le service, doit fixer notre esprit pour le maintien du bon ordre, qui doit donner plus d'extention à notre charité; prenons garde à ne témoigner de la répugnance à recevoir certaines maladies, qu'autant qu'il y aurait un danger pour les autres malades et un défaut d'appropriation dans la Maison; ce qui en rendrait la surveillance difficile et souvent impossible.

 Le second chapitre de la Règle revient

encore sur la nécessité de satisfaire les médecins, pour la nourriture et les médicaments qu'on donne aux malades ; toute négligence à ce sujet est donc répréhensible.

La Règle nous parle, dans ce même chapitre, des exercices de piété des malades, qui sont: les prières avant et après les repas, la prière du matin et celle du soir. Il me semble que ce point est plus important qu'on ne le pense ; il faudrait, pour entrer dans l'esprit de la Règle, inspirer aux malades, le respect pour la prière, par la modestie avec laquelle on prie ; s'étudier à prononcer distinctement les paroles, à ne pas faire des fautes de latin, à ne pas les réciter trop vite et à montrer dans tout son extérieur, qu'on est pénétré de ce que l'on dit ; ce qui deviendra facile si on pense que l'on prie pour et au nom de ses malades, qui ne savent ou ne veulent pas le faire ; et que nous sommes, en quelque sorte, leurs médiatrices auprès de Dieu.

Le soin et la propreté dans tout ce qui sert aux malades, est une chose à laquelle nous devons donner la plus grande attention.
Il est tout à fait contre l'esprit de la Règle et contre les usages de nos Sœurs anciennes, de laisser aux domestiques le soin de changer de linge

aux malades qui arrivent, comme je l'ai vu faire. Les domestiques ne doivent, ni débarrasser les pauvres de leur vermine, ni faire leurs lits quand ils sont bien malades, sans avoir une Sœur avec eux; ils ne doivent non plus, ni les peigner, ni leur laver le visage et les mains, ni leur rendre aucun service de ce genre; c'est un point important. Lorsque la Règle nous recommande l'ordre et la propreté, ce qu'elle ne peut pas trop faire, elle n'entend pas cette propreté vétilleuse qui gêne tout le monde, qui trouble la paix et scandalise souvent plus qu'elle n'édifie, qui n'est que l'effet d'une sotte vanité qui nous porte à faire des plaintes contre un malade malpropre et dégoûtant, à faire des démarches pour s'en débarrasser en faveur d'une de ses sœurs, ou à le recevoir avec hauteur et dédain, et à lui faire sentir combien il nous est à charge. Cette propreté-là est produite par la nature, elle n'a aucun mérite devant Dieu; elle est opposée à la charité.

L'ordre vient de Dieu, qui est l'ordre par essence; mais l'ordre de Dieu apporte la paix et ne la trouble pas, il s'allie avec toutes ses perfections, il sait supporter le désordre de nos têtes, sans s'émouvoir.

La prudence pour l'instruction religieuse de nos malades, nous est recommandée dans ce chapitre de la règle ; la bonne, la solide instruction que nous pouvons leur donner, c'est le bon exemple. Nos paroles ne seront qu'une matière de critiques sur la Religion. S'ils nous voient impatientes, peu attentives, exigeantes, légères dans nos manières, imprudentes dans nos paroles, peu modestes et peu charitables dans nos actions. La modestie et la vertu sont les prédicateurs les plus éloquents.

Le soin des agonisants nous est recommandé dans plusieurs endroits de notre règle ; en effet, c'est le moment le plus important pour les pauvres qui nous sont confiés. Il ne suffit pas d'observer matériellement ce qu'elle nous prescrit, mais il faut que nos prières, nos actions, soient offertes pour procurer à nos mourants, une bonne et sainte mort et pour nous préparer nous-mêmes à ce moment suprême, par un redoublement de ferveur et de charité qui rejaillisse sur le prochain.

Chapitre 3ᵐᵉ
Du Chapelain

La manière de traiter avec Messieurs les Ecclésiastiques, n'est pas une des moins importantes. Nous ne manquerons à rien de ce qui convient à leur égard, si l'esprit de foi nous guide ; cet esprit de foi, en nous inspirant une haute estime du caractère sacerdotal, nous tiendra en la présence d'un Prêtre, comme en celle de Dieu : simples dans nos manières, droites dans nos procédés, prudentes et humbles dans tous nos rapports, parceque, si le Prêtre est élevé à une haute dignité, il est homme, nous devons prendre garde pour cela, de ne pas l'abaisser à quelque chose de naturel et d'humain, en nous permettant des manières trop libres, sous prétexte de candeur ; des conversations légères et trop prolongées, des attentions fades et ridicules qui prêtent à la critique. Parlons toujours avec respect d'un Prêtre, sans emphases, évitant les superlatifs, n'établissant aucun degré de comparaison pour élever l'un et abaisser l'autre ; défions-nous du penchant féminin qui nous porte à canoniser ceux qui nous portent de l'intérêt, et à blâmer ceux qui nous montrent de l'indifférence et du dédain. Évitons surtout de vouloir tracer à MM. les Aumôniers, leur plan de conduite et de porter la main à l'encensoir, en les blâmant de ce qu'ils ne font pas au gré de nos désirs, soit pour les confessions, soit pour l'administration de nos malades; notre devoir se borne à les tenir au courant de l'état de santé des malades, des dispositions bonnes ou mauvaises dans lesquelles ils sont, de l'esprit qu'ils manifestent dans leurs conversations, des abus qui se glissent par la lecture des mauvais livres etc. Il faut aussi tenir au courant MM. les Aumôniers, de la conduite des domestiques, parcequ'ils en sont chargés, et suivre leurs conseils dans la manière de les conduire, afin d'éviter l'inconvénient très grave de deux directions qui ne profitent à personne.

Nous ne devons pas dédaigner les avertissements que ces Messieurs nous donnent, soit sur nos manières extérieures, soit sur notre caractère dont les défauts peuvent être nuisibles au bien que nous pouvons et que nous devons faire; ce serait une marque d'orgueil insupportable que de se froisser de ces avertissements, qui peuvent si fort contribuer à la gloire de Dieu et à la correction de nos défauts, personne n'étant plus à même qu'eux de nous les donner avec connaissance de cause.

Chapitre 4.
De la Supérieure Générale.

Notre règle n'ayant pas été faite pour une Communauté en Congrégation, mais pour une Maison isolée et indépendante, Mgr le Cardinal Mathieu y a suppléé par une addition à la Règle, qui regarde l'élection de la Supérieure. La Supérieure Générale seule, est élue par les suffrages de toutes les Sœurs professes de la Congrégation, à la majorité absolue et confirmée par Mgr l'Archevêque de Besançon. Les Supérieures locales sont simplement envoyées par le choix du Supérieur et de la Supérieure Générale, qui nomment également ensemble l'assistante, la maîtresse des novices et envoient les Sœurs dans les différents établissements de la Congrégation. Par conséquent, il importe extrêmement, que la Supérieure générale réunisse, autant que possible, les qualités que demandent les fonctions qu'elle doit remplir. Il faut la considérer sous deux points de vue : 1° Sous le rapport des administrations séculières avec lesquelles elle a à traiter, et, ne pas oublier que celle de Besançon a le droit de la rejeter, si elle ne lui convient pas. Il faut donc que la Supérieure générale soit au courant de la comptabilité, ou tout au moins, apte à l'étudier ainsi que les règles administratives ; sans quoi, elle aura beaucoup d'ennui avec les Receveurs, Économes, Inspecteurs et Autorités. Il faut en outre, qu'elle ait un jugement juste, droit ; un esprit posé, souple sans faiblesse, peu impressionnable, aimant l'ordre sans raideur ; ne se laissant pas circonvenir par les préventions favorables ou défavorables ; exempte de susceptibilité, d'ombrage et de jalousie, connaissant le cœur humain et particulièrement le sien.

Elle doit, outre cela, avoir une idée bien juste de notre Ste Vocation et allier avec la pratique extérieure de nos devoirs, l'esprit intérieur qui en doit être l'âme, pratiquer la règle et ne parler qu'au nom de la règle, sans la changer ou l'interpréter de son autorité privée.

En envoyant les Supérieures locales dans les différents établissements, la Supérieure génle doit les instruire de leurs devoirs, soit pour la conduite matérielle de la Maison, soit pour la conduite spirituelle de la Communauté, soit pour celle qu'elle doit tenir à l'égard de l'Administration, des Médecins et des personnes de la localité. Elle doit recommander l'exacte observance du Coutumier de la Communauté et de la Maison ; tenir à ce que les domestiques soient soignés et surveillés.

Elle doit faire de la visite des Maisons, un acte sérieux, ne se bornant pas à procurer un peu de plaisir à ses Sœurs ou un peu de consolation passagère, mais bien plutôt à voir les choses à fonds, tant pour la tenue des inventaires et celle des livres de comptabilité, que pour le régime alimentaire des malades et pour le soin de la pharmacie. Qu'elle se fasse rendre compte des rapports de la Mère et des Sœurs, avec les Confesseurs, Aumôniers et Ecclésiastiques de la ville ; des dispositions des Sœurs à l'égard de leur Mère, du degré de confiance qu'elle leur inspire ; et, elle doit laisser ses observations par écrit. Il serait même à désirer qu'il y eût, dans chaque maison, un livre pour y insérer les procès verbaux des visites, dont tous les arrêtés seraient signés et approuvés par la Supérieure générale et la Supérieure locale; ils auraient alors force de loi et on ne pourrait pas les changer.

Il me parait aussi très important que la Supérieure g^{ale} s'occupe beaucoup de la conduite soit extérieure, soit intérieure, des Supérieures locales, parce que, de la Supérieure dépend la Communauté. Il serait à propos que les Supérieures locales écrivissent chaque mois à la Supérieure g^{le}, pour lui rendre un compte exact de leur maison et de leur Communauté, et qu'elles se rendissent fidèles aux recommandations ci-après.

En passant, je dirai qu'il m'a toujours été pénible de voir la manière peu différente des jeunes Supérieures vis-à-vis les Sœurs anciennes.

Chapitre 5ème
De la Maîtresse des Novices.

Le choix de la Maîtresse des Novices dépendant de la Supérieure, il est nécessaire qu'il y ait entr'elles une entente parfaite, dans la manière de conduire les jeunes Sœurs, qu'on doit élever dans le véritable esprit de leur vocation. La Règle indique les qualités que doit avoir la Maîtresse des Novices; elle doit les instruire et pour cela, elle doit être instruite elle-même; les débarrasser de l'esprit du monde, il faut qu'elle en soit elle-même bien dégagée. Leur apprendre à entrer dans leur cœur pour y voir, non leurs vertus, mais leurs défauts, et, tout en leur inculquant les premiers principes de la vie intérieure, il faut qu'elle les forme à la pratique des œuvres extérieures qui doivent remplir leur vie. Il est très essentiel que la Maîtresse des Novices ait un jugement bien sain, bien impartial, exempt de préventions et nullement impressionnable, pour ne pas se tromper dans la conduite de ses jeunes élèves. Il est à désirer qu'elle ne fasse qu'un avec la Supérieure, et, quelque soient la sagesse et et la pureté de ses vues, elle ne doit jamais laisser paraître la moindre marque d'opposition à ses volontés. La Règle lui enjoint de voir ses novices en particulier et en direction toutes les semaines et recommande à celles-ci une grande ouverture de cœur à l'égard de leur Maîtresse, chose nécessaire pour leur instruction et leur avancement ; mais, cette ouverture de cœur dépend de l'estime et de la confiance que la Maîtresse saura inspirer à ses élèves ; si elle la recherche qu'elle en soit jalouse, elle ne l'aura pas ou ne l'aura qu'à moitié, ou bien elle sera jouée par celles qui ont du penchant à la flatterie ; sans qu'elles s'en rendent compte, les novices sont comme les enfants qui saisissent le côté faible des personnes pour les subjuguer.

La direction, pour être utile, doit être instructive, éclairée, précise, pratique et détaillée. La Maîtresse ne doit pas se borner à écouter leurs plaintes, mais les conduire à la suite de N. S. dans la voie du renoncement, de la mortification, de l'éloignement du monde, de son esprit, et dans celle d'une vraie et sincère humilité.

La Maîtresse doit inspirer à ses novices, une piété vraie et sincère, qui s'accorde avec leurs devoirs extérieurs ; elle doit les former à l'esprit de mortification en leur en faisant pratiquer des actes; à la fidélité à tout ce qui leur est recommandé, soit par leur Supérieure, soit par elle même, soit par leurs chefs d'offices. Elle doit en outre, leur inspirer une grande horreur du péché et des moindres fautes, en les éclairant sur la différence du péché grave, du péché véniel et des imperfections, afin de les préserver du scrupule. Elle doit surtout les aider à se voir défectueuses sans trouble et sans découragement; leur apprendre à vaincre les tentations et à se relever quand elles sont tombées. Il faut qu'elle sache alimenter leur piété et leur ferveur, par des petites pratiques, variées suivant le temps et les circonstances. Pour leur faire rendre compte de leurs dispositions intérieures, elle peut se servir de la méthode suivante:

Manière de rendre compte de ses dispositions intérieures.

Art. 1ᵉʳ Oraison.

Si on a eu soin de préparer le soir, le sujet de son oraison, si on y a pensé le matin à son réveil; comment on passe le temps de son oraison, si on y est recueillie ou dissipée ou ennuyée; quelle est la cause de nos distractions; si on a de la facilité ou de la difficulté à réfléchir, quels sont les sujets qui nous touchent davantage;

Art. 2ᵉ Examen.

Sur quoi l'on fait son examen, comment on le fait; y éprouve-t-on de la difficulté, du dégoût, de l'ennui, de la paresse; comment le termine-t-on?

Art. 3ᵉ Prières Vocales.

A-t-on eu soin de se recueillir, d'élever souvent son cœur à Dieu, de se tenir en sa présence; répond-on à la prière, en prononce-t-on simplement les paroles du bout des lèvres, pense-t-on à ce que l'on dit en priant? Consent-on aux distractions ou les éloigne-t-on?

Art. 4ᵐᵉ Visites au St Sacrement.

Comment entre-t-on à l'Église, est-ce modestement, posément, ou avec précipitation, dissipation; y est-on bien unie au Bon Dieu ou bien distraite, ennuyée, pourquoi? Y dort-on?

Art. 5ᵐᵉ Office.

En prononce-t-on les paroles de manière à s'entendre soi-même; le dit-on avec attention, dévotion, en méditant sur chaque mystère, ou bien le dit-on précipitamment, machinalement, pour s'en débarrasser?...

Art. 6ᵉ Confession.

Comment s'y prépare-t-on, repasse-t-on le catéchisme sur ce qu'il dit des dispositions à y apporter; met-on plus de temps à s'examiner qu'à s'exciter à la contrition, quels en sont les motifs; quels effets produisent nos confessions; éprouve-t-on de la gêne, de la crainte, de la répugnance à se confesser ?

Art. 7: Communions.

Comment s'y prépare-t-on, avec quelles dispositions, y est-on recueillie en Dieu, heureuse de le posséder; ou bien tiède, distraite, dissipée; a-t-on du goût pour la Ste Communion, la désire-t-on, pourquoi ? La fait-on par routine et habitude ?

Art. 8: Antipathies, Sympathies.

Y a-t-il quelques unes de ses sœurs qu'on préfère, lesquelles, pourquoi ? Y en a-t-il pour lesquelles on se sentirait de l'éloignement, de l'aversion; pourquoi, lesquelles ?

Art. 9: Goûts. Répugnances.

Quels sont ses goûts par rapport aux offices, quels sont ceux pour lesquels on se sentirait le plus d'attrait; quels sont ceux pour lesquels on a de la répugnance, pourquoi ?

Art. 10: Tentations.

Si on a des tentations, de quel genre; si elles sont fortes, fréquentes, ou seulement passagères; depuis quel temps; y consent-on, y a-t-on donné occasion; comment les combat-on ?

Art.= 11.º Consolations, Attraits.

Si on a du goût, de la ferveur dans le service de Dieu, quel est son attrait, est-ce pour une vertu, pour le travail, etc. et comment y correspond-on?

Art.= 12.º Dégouts, Sécheresses.

Qu'est-ce qui fait peine, fatigue, ennuie; est-ce le travail ou bien les exercices de piété, comment supporte-t-on les sécheresses ?

Art.= 13.º Mortification. Sensualité.

Quelles sont les mortifications habituelles que l'on fait, comment supporte-t-on la peine, la fatigue; en quoi consistent ses mortifications ?

Art.= 14.º Esprit de Soumission.

Comment obéit-on à ses Supérieurs, à ses chefs d'office, est-ce par crainte ou par esprit de foi; par respect humain, par amour propre, ou parce que c'est Dieu qui commande ; a-t-on de la peine à obéir en général, ou si c'est seulement à quelques unes de ses Sœurs, lesquelles et pour quel motif; est on indépendant, fait-on les choses à son idée, sans demander, ou demande-t-on parce qu'on ne peut faire autrement sans être reprise ?

Art.= 15.º Des motifs qui nous font agir.

Au commencement de ses actions, quels en sont les motifs, les vues; redresse-t-on ses intentions

fait-on ses actions en vue de plaire à Dieu
ou par habitude, par routine, parce qu'il faut
les faire, ou par amour propre, parce qu'on est
sous les yeux de ses Supérieurs, de ses chefs d'office,
ou enfin par la crainte d'être grondée ou humiliée.

Il faut que la Maîtresse fasse tous ses efforts
pour insinuer à ses novices, l'éloignement du
monde, de l'esprit du monde, pour les attacher
à l'esprit de N. S., à la règle et à l'esprit de la
règle, afin de leur inspirer une grande estime
pour les moindres usages, et leur faire apporter
toute l'application possible à la perfection de
leurs actions les plus ordinaires et aux plus petites
choses. Il faut poursuivre en elles l'esprit de
curiosité, de bavardage; la sévérité et promptitude
du jugement, leur donner de l'estime et du res-
-pect pour toutes leurs sœurs et prendre garde de
faire en leur présence, ce qu'on leur recommande
de ne pas faire.

Recommandations aux Novices de l'Hôpital St Jacques.

1° Fermer les portes doucement.
2° Saluer ses sœurs en les rencontrant.
3° Faire peu de bruit en marchant surtout au dortoir.

4° Fermer la porte de l'escalier du dortoir.
5° Ne pas se toucher en parlant ou en plaisantant.
6° Etre prévenantes envers ses compagnes, pour leur éviter de la peine.
7° Ne jamais sortir de son office sans permission.
8° Etre prévenantes, attentives au réfectoire, à la récréation, surtout envers les sœurs anciennes.
9° Garder le silence en ôtant le réfectoire.
10° Ne point faire de conversations à la chambre du pain.
11° Avoir grand soin du pain.
12° Garder le silence en allant et en sortant de l'Eglise.
13° Ne pas marcher trop vite en allant à l'Eglise.
14° Mettre ses clefs dans sa poche lorsqu'on va communier ou se confesser.
15° Décrocher sa robe à l'Eglise et en communauté.
16° Ne rien laisser traîner dans son office, ni dans son lit, ni dans sa chambre, au dortoir.
17° Tenir propres les commodes du dortoir, du Noviciat et n'y pas jeter de l'eau.
18° Se lever et se coucher habilement.
19° Plier ses habits en se couchant.
20° Ranger son lit, sa chambre avec propreté; soigner son linge, ses habits; être propres, mais économes par esprit de pauvreté.

Chapitre 6ème
Des Offices des Religieuses.

Dans ce chapitre, la règle désigne deux sœurs dans chaque office et elle en suppose l'une en chef, l'autre en second. Celle qui est en chef doit étudier l'art de bien commander et celle qui est en second, celui de bien obéir. Celle qui est la première ne peut ni ne doit s'enfler d'être à la tête de son office, parce que si elle commande mal et ne montre pas l'exemple, elle s'attirera bien de la peine et ne fera que peu ou point de bien ; l'amour propre est un mauvais conseiller, et c'est celui qui conduit toutes les religieuses qui sont peu attentives sur elles-mêmes et qui exigent des autres ce qu'elles ne font pas. Toutes les qualités naturelles pour la direction d'un emploi, pâlissent, si le bon exemple ne les accompagne. Donc, le premier devoir d'une sœur en chef, est de montrer par sa propre application, ce qu'elle désire de ses inférieurs et de ses compagnes. Elle ne doit pas gérer son office d'après ses idées particulières, mais d'après les usages et pour cela, s'appliquer à étudier le Coutumier de son emploi afin de s'y conformer, le faire lire et étudier à ses jeunes compagnes et leur en donner une juste et haute idée; la règle n'entrant pas dans le détail des offices, le Coutumier y supplée. Il faut qu'une Sœur en chef regarde comme son principal devoir, celui de former ses compagnes, non seulement au travail matériel, mais à la tenue d'une salle, si elles y sont; à la conduite et à la surveillance des domestiques, à la direction du travail pour elles et pour les autres, à l'attention et aux soins à donner aux différentes maladies; à l'économie et au soin du linge et du mobilier, à la manière de traiter avec les médecins, Messieurs les Aumôniers, les parents des malades, les étrangers, et à donner à leurs compagnes, pour leur instruction, la raison de ce qu'elles disent et font dans leurs offices, devant regarder ces dernières, comme une partie d'elles-mêmes et non comme des manœuvres simplement destinées à avancer la besogne.

Les Sœurs qui ne sont pas dans les salles et qui sont employées à la cuisine, à la pharmacie, à la lingerie, à la dépense, à la sacristie, etc. ont les mêmes devoirs à remplir à l'égard de leurs compagnes; elles doivent aussi les former au travail et à la conduite de ces offices, c'est le premier but; il faut pour cela de la patience, de la constance, de l'application de la part de la sœur en chef, de la soumission, de la docilité, de la bonne volonté, du côté de la seconde qui doit être convaincue qu'elle a tout à apprendre et qu'elle est obligée d'apporter toute son intelligence pour se rappeler les leçons qu'on lui donne et les mettre en pratique.

Il serait à désirer que dans l'arrangement des ouvrages extraordinaires, on ne fasse rien sans consulter la Supérieure, parcequ'on peut contrarier les autres sœurs et occasionner des froissements peu édifiants.

La tenue de l'inventaire de l'office, est un point de la règle très important ainsi que l'exactitude à rendre ce que l'on a emprunté.

Chapitre 7ème
Section 1re
Des occupations extérieures pendant la journée.

Il serait bien à souhaiter que nous nous formassions à une plus sévère exactitude et ponctualité, ce qui aurait lieu si nous avions l'habitude de nous reprocher une course inutile, une conversation trop prolongée ; un peu de curiosité, d'empressement naturel, de lenteur, de manque de calcul dans nos ouvrages, qui, pour l'ordinaire, sont la cause de nos retards ; un peu de délicatesse de conscience sous ce rapport serait si agréable à Dieu, attirerait sur nous ses grâces et serait un sujet d'édification pour toute la Communauté.

La règle, en nous permettant de prendre quelques moments de récréation, nous recommande la retenue et la modestie ; les récréations ne peuvent être un temps de délassement, qu'autant que nous y garderons les règles de la politesse, qui reposent sur la charité, l'humilité et la mortification. La charité exclut la médisance, la critique et toutes les plaisanteries qui peuvent blesser ou froisser. L'humilité nous fait rester à notre place, nous rend affables, honnêtes, complaisantes ; elle nous fait éviter le ton sec et tranchant, les paroles qui ressentent la vanité, le désir de se faire valoir en parlant de ses peines, de ses travaux, de son savoir faire dans son office ; de ses antécédents, de sa famille et de tout ce qu'on se persuade qui donne un petit relief.

La mortification nous fait céder aux goûts de nos sœurs, nous porte à réprimer, ou l'excès de la tristesse ou celui de la gaieté ; nous fait laisser aux autres le temps de parler, nous fait supporter les plaisanteries qui pourraient nous froisser, et éviter les conversations mondaines.

Une bonne Religieuse doit, de temps en temps pendant la récréation, élever Son cœur à Dieu, et elle ne la quittera jamais sans faire un retour sur elle-même, pour voir et déplorer ses manquements.

Ce même chapitre nous recommande la modestie, et la mortification dans les repas. Sans chercher des mortifications extraordinaires et des privations peu en harmonie avec les fatigues de notre vocation, attachons-nous à nous assujétir à celles que nous offre la vie commune, comme de ne pas se plaindre de la nourriture ordinaire, du pain un peu sec, du vin un peu moins bon ; mangeons proprement, sans laisser des restes dégoutants, ne choisissons pas nos portions, coupons notre pain sans en rechercher la croute.

On peut encore pratiquer la mortification, les jours où l'on donne du café, en ne remplissant pas son écuelle de manière à en arroser le réfectoire, en ne le prenant pas trop fort et en n'y mettant pas du sucre à profusion, en se tenant modestement à table ou, pour mieux dire, poliment, sans appuyer les coudes ou étendre les jambes ; en ne faisant pas de bruit, en ne mangeant pas avec avidité, précipitation. Tout cela, sont des actes de mortification qu'il faut faire avant de passer à d'autres.

Section 2ème
De la conduite intérieure des Religieuses

Ce chapitre est, pour ainsi dire, le fond, l'âme de notre règle, dont chaque mot doit être réfléchi, pesé, médité ; car en effet, que sont nos œuvres extérieures, sans les vertus religieuses qui doivent les animer, sinon le métier d'une servante ? Pénétrons-nous donc profondément de ce que ce chapitre renferme de substantiel pour la vie de notre âme, et faisons-en la règle de notre conduite.

La règle revient souvent sur ce point important que nous devons être unies à Dieu par l'oraison et l'esprit intérieur, et au prochain par les œuvres d'hospitalité ; elle répète les deux seuls motifs qui doivent être dans notre intention : <u>Dieu</u> et les <u>pauvres</u>, et demande que nous réglions l'extérieur par l'intérieur ; elle nous recommande la prière pour obtenir le véritable esprit de notre vocation et le dégagement des créatures.

La règle veut que nous soyons religieuses et foncièrement religieuses ; elle entre à cet effet dans le détail des vertus qu'elle désire de nous et nous explique la manière de les pratiquer.

La première vertu qu'elle nous recommande et qui est le fondement de toutes les autres, c'est l'<u>humilité</u>. On veut bien la désirer, l'estimer, en savoir la théorie, mais, la pratiquer, c'est autre chose. On veut être humble, on dit à qui veut l'entendre, qu'on n'a ni talent, ni mérite, à condition que ceux à qui nous le disons, n'en croient rien ; on dit qu'on aime entendre la vérité ; mais il ne faut pas que quelqu'un soit assez sot pour nous la dire sans la pallier d'un compliment. Si quelqu'un, soit domestiques, malades ou médecins, a la maladresse de se plaindre de la manière dont nous dirigeons notre office, et dont nous conduisons nos inférieurs, nous crions à l'injustice, à la persécution. Si la Supérieure nous donne à entendre qu'elle a reçu quelques plaintes sur notre compte, nous ne craignons pas de transgresser les articles 34, 35 et 36 du règlement des novices, qui dit : « Elles « recevront de bon cœur les avertissements et les « corrections qui leur seront faites, tant en particu- « lier qu'en général. Elles ne feront point de « reproches et ne témoigneront point de chagrin, « aux personnes qu'elles soupçonneront avoir don- « né connaissance des défauts dont on les aura re- « prises et pour lesquels elles auront été mises « en pénitence. » Si donc la règle l'exige d'une novice, n'a-t-elle pas plus de droit de l'exiger d'une professe ?

Nous voulons être humbles et nous ne pou- vons supporter une observation, sans faire une foule d'excuses ; dès que nous avons le bandeau sur le front, nous nous croyons issues du sang des rois et irréprochables dans notre conduite. Malheur à celui ou à celle qui n'aura pas d'é- gards pour cette nouvelle Divinité ! Nous disons que nous n'en exigeons aucun, cependant nous sommes mécontentes lorsqu'on n'a pas pour nous, les attentions que nous pensons nous être dues.

La seconde des vertus que la règle nous recommande, c'est la Chasteté, cette vertu angé- lique qui nous rend les épouses de N. S. et que le moindre souffle peut ternir. La modestie, la vigilance, la mortification et la prière, doivent être en nous les gardiennes de la pureté de nos cœurs et nous mettre à l'abri des dangers que nous avons à courir; car, le soin que nous devons avoir de conserver le précieux trésor de la chasteté, doit être d'autant plus grand que nous sommes plus exposées à le perdre. La fidélité à la prière obtient tout de Dieu; c'est donc par la prière que nous pourrons obtenir cette vertu qui est un don du Seigneur et que nous ne sommes pas capables de conserver, sans une grâce spéciale; mais la prière ne suffira pas, si nous n'avons soin de garder nos sens par la modestie; nos esprits et nos cœurs par la vigilance et la mortification.

La modestie est une vertu qui règle nos sens et les tient dans le devoir; elle est un exercice continuel de mortification, la Règle nous en trace quelques pratiques, comme de parler peu et à voix basse; de ne pas envisager fixement les séculiers qui fréquentent l'hôpital, d'avoir les yeux baissés.

Tous les livres qui traitent de la vie religieuse, entrent dans plus de détails encore et recommandent d'éviter de lever trop la tête en marchant, de la tourner de côté et d'autre par une vaine curiosité, d'élever la voix en parlant, de rire aux éclats, de croiser les jambes étant assises, d'avoir des mouvements trop précipités, soit en marchant, soit en agissant. Cependant il ne faut pas confondre la modestie d'une hospitalière avec celle d'une Carmélite ; la nôtre doit être ronde, sans affectation, évitant tout ce qui peut fixer les regards. C'est ce que produira en nous l'esprit de la règle qui nous dit de réformer l'extérieur par l'intérieur et pour cela, vigilance sur l'esprit, le cœur et les sens. Ne laissons pas à notre esprit la liberté de penser à tout ce qui se présente ; prenons garde de nous complaire dans ces romans d'imagination, si naturels à notre sexe, dans lesquels le désir de plaire, la sotte vanité, les rêveries sur les épanchements du cœur qui l'affadissent et l'énervent, nuisent singulièrement à l'âme et y donnent une entrée favorable à l'ennemi.

Si nous sommes obligées de veiller sur notre esprit, nous ne le sommes pas moins de veiller sur notre cœur. Défions-nous de ces sentiments trop affectueux, que nous sommes sujettes à éprouver pour des personnes d'un sexe différent qui manifestent de la religion et de la piété, qui ont de belles qualités. Défions-nous aussi de ceux que nous pourrions avoir pour certains malades, que nous aurions soignés et à la conversion desquels nous aurions peut-être contribué; comme aussi, d'une affection trop tendre pour un Supérieur, une Supérieure, un confesseur, qui nous témoignent de l'intérêt et qui, peut-être trop complaisants, écouteraient nos peines, nos plaintes qui prennent leur source dans le désir de nous rendre intéressantes. Ayons peur de toute affection trop fade envers nos sœurs pour lesquelles nous sentons une sympathie naturelle, qui est bien différente de la charité qui doit nous unir dans le Cœur de Notre-Seigneur.

Exerçons aussi notre vigilance sur nos sens, ne prêtons jamais l'oreille à des discours licencieux; ne rapportons pas les choses indécentes que nous aurions vues ou entendues; ne touchons personne et ne nous laissons pas toucher sans utilité ou nécessité par qui que ce soit, ne nous laissons embrasser que par bienséance et charité, et n'embrassons que par le même motif, mais jamais des personnes d'un sexe différent, à l'exception d'un père, d'un frère après une longue absence.

N'écoutons aucun prétexte pour laisser croître

nos cheveux, les cheveux étant la parure d'une femme; il faut éviter tout ce qui peut nous assimiler avec le monde que nous avons quitté: de même dans la manière de nous habiller, fuyons tout ce qui sent la vanité et la parure; n'oublions pas que nous portons un habit de pénitence et que l'esprit de pénitence doit nous le faire revêtir. Ne permettons pas que l'on change quelque chose à la forme des robes, des souliers, des corsets, qui nous donnerait un air plus gracieux; ne soyons nullement exigeantes envers les ouvrières qui nous habillent ou raccommodent notre linge; ne soyons pas difficiles pour le repassage de ce qui sert à nous vêtir et néanmoins, faisons nos efforts pour bien repasser lorsque nous le faisons pour les autres, sans y mettre cependant une prétentieuse vanité.

Mais, si nous devons éviter la vanité et la recherche dans nos vêtements, nous devons aussi y éviter la malpropreté et le désordre; car le saint habit que nous portons, quoiqu'étant un habit de pénitence, est sanctifié par la bénédiction de l'Église; nous devons donc le respecter et le faire respecter par les libertins et les impies. C'est ce saint habit qui est notre forteresse contre tous les dangers que nous avons à courir.

Si la modestie, la prière, la vigilance, sont des moyens de conserver le précieux trésor de la Chasteté, la mortification n'est pas moins nécessaire ; la modestie et la vigilance offrent déjà un vaste champ à parcourir à la mortification ; qui les observe bien aura déjà fait un long chemin dans la voie de la pratique de cette vertu, qui n'est autre que de ramener l'homme à sa fin en le dégageant des objets sensibles. Il me semble que la mortification est une des vertus sur lesquelles il est le plus facile de se faire illusion, en se repaissant d'idées de pénitences extraordinaires qui nous répugnent ou qui flattent notre amour propre, et, en s'amusant ainsi avec ses dégoûts et ses attraits, on finit par n'en pratiquer aucune. Essayons d'en tracer quelques unes qui, sans nuire à la santé, nous rendraient plus agréables à Dieu, plus utiles au prochain et plus paisibles dans le fond de l'âme :

Ne pas faire de questions indiscrètes ou inutiles.
Ne pas se mêler de ce qui ne nous regarde pas.
Être attentives pour éviter de la peine à nos sœurs.
Savoir se gêner pour rendre service.

Ne pas donner à ses parents, un temps qu'on doit à ses devoirs.

Ne pas se livrer au plaisir, mais seulement s'y prêter.

Prendre sur soi la peine qu'on peut éviter à d'autres.

Bien faire ce que l'on fait.

Ne pas dire son sentiment qu'il ne soit demandé.

Ne juger qu'avec une pleine et entière connaissance.

Ne pas se plaindre de la nourriture et manger proprement.

Ne pas s'occuper à l'Église de ce que font les autres, si elles arrivent trop tard, si elles communient ou non, si elles sont habiles ou longues à se confesser.

Ne pas rechercher les aises et les commodités de la vie.

Se surmonter dans les antipathies, se modérer dans les sympathies, etc.

La troisième vertu qui nous est recommandée par la règle, c'est la **Pauvreté**.

Le vœu de pauvreté tel que nous le faisons, nous laisse la propriété de nos biens et ne repose, pour en disposer, que sur une permission demande et obtenue de la Supérieure, le confesseur même ne peut en donner, ou celles qu'il donnerait ne seraient pas valides.

La règle nous permet de disposer entre nous, des choses de peu de conséquence, sans une permission expresse et sans spécifier jusqu'où cela peut aller; mais le bon Dieu voit toujours avec plaisir, la délicatesse avec laquelle on demande les moindres permissions soit pour donner, soit pour recevoir. Ces permissions demandées et obtenues peuvent être, ou générales, ou présumées, ou expresses. Les permissions générales ne doivent être demandées que par nécessité et non pour se mettre plus à l'aise. Très rarement on doit présumer des permissions quand on peut les demander, car, ce sont des actes de soumission et de dépendance qui plaisent à Dieu et humilient l'esprit; d'ailleurs, la règle nous fait bien sentir qu'elle désire cette dépendance, puisqu'elle donne le droit à la Supérieure, de visiter tout ce qui nous appartient et d'en soustraire ce qui ne serait pas en rapport avec la pauvreté que nous avons vouée et qui ne nous permet que l'honnête nécessaire. Mais notre règle va plus loin encore et nous dit:

Que pour être parfaites, nous devons désirer tant pour nous que pour nos emplois, ce qu'il y a de plus vil et de moins précieux ; c'est à dire, qu'elle veut de nous l'esprit de pauvreté. Or, cet esprit de pauvreté qui diffère de l'essence du vœu, ne peut que nous conduire à une plus grande perfection si nous sommes fidèles, et nous faire entrer plus avant dans la pratique des conseils évangéliques. L'esprit de pauvreté est la base de l'état religieux, c'est le détachement des richesses, la désappropriation. Cet esprit est difficile à acquérir et la perfection de notre pauvreté est plus ardue que nous le pensons. Nous possédons et nous les possédons du fond du cœur ; si, faisant des bonnes œuvres avec nos revenus, nous les faisons de notre choix, et nous en réservons la jouissance ; si, demandant des permissions, nous sommes froissées qu'on ne nous les accorde pas ; si nous sommes heureuses de pouvoir suffire à nos dépenses et, au contraire, humiliées et chagrines de dépendre d'autrui ; si nous aimons mieux nous passer de quelque chose que de nous exposer à avoir un refus ; si nous nous complaisons dans la propriété des choses qui sont à notre usage ; si, en donnant, nous voulons de la reconnaissance, car alors nous ne suivrons pas le conseil de N. S. qui ne veut pas que notre main gauche sache ce que fait notre main droite.

L'esprit de pauvreté nous défend d'avoir honte de la pauvreté de nos parents, et, faisons attention que cet esprit, pour être véritable, ne fait qu'un avec l'humilité, la mortification, le renoncement à soi-même, à son jugement, à sa propre volonté. Oh! l'humilité! Qui est plus dans le cas de la pratiquer que les pauvres et même de le faire avec facilité; ils ne s'étonnent pas si l'on ne fait pas attention à eux, si on ne leur témoigne ni confiance, ni amitié; si l'on n'a pas pour eux des égards, des prévenances, si on ne les salue pas; ils savent qu'ils sont pauvres et que cette raison seule les exclut de tous les droits qu'ils pourraient avoir à ces sortes de choses. Ils se tiennent dans le rang où le Ciel les a placés et n'ont pas la sotte vanité de vouloir se mettre de niveau avec les grands. A leur exemple, tenons-nous en garde contre un sentiment d'amour propre, qui nous fait croire que c'est une dette pour nous que d'être en chef dans un office, après un certain nombre d'années passées en religion; comme si l'âge donnait du talent et de la tête.

Travaillons à nous établir dans cette indifférence religieuse, si recommandée par les saints; elle nous procurera une paix profonde; indifférence pour les maisons, pour les emplois, pour la santé ou la maladie, pour le bien être ou la privation, pour le travail ou le repos etc. Quand nous entrons dans un office, étudions-en les devoirs et cherchons à les pratiquer; ne nous imaginons pas que nous les remplissons bien, parce qu'on nous y a mises sans étude et sans réflexion; servons-nous de la vue des défauts du prochain pour corriger les nôtres et ne pensons pas que, parce qu'ils nous déplaisent dans autrui, nous en soyons exemptes. Il n'est pas rare de blâmer dans les autres ce que l'on fait soi-même.

Servons-nous pour acquérir l'humilité, d'une pratique bien simple et bien utile; c'est d'accepter devant Dieu, comme juste, le mépris réel ou imaginaire qu'on peut faire de nous.

<u>Mortification</u>! — Les pauvres ne peuvent se donner que le nécessaire, n'ayant pas le moyen de se procurer aucun des adoucissements que les riches s'accordent. Ils sont obligés d'être

sobres, de ne faire usage que de mets grossiers et souvent mal apprêtés, de n'avoir rien de superflu dans leurs meubles, de porter des habits simples et communs, de se lever de bon matin pour gagner leur vie à la sueur de leur front; d'être économes pour ne pas manquer du nécessaire; en un mot, de se refuser tout ce dont ils peuvent se passer. — Voilà le modèle que nous avons à suivre.

Nous devons également porter cet esprit de pauvreté dans nos maladies et n'être ni difficiles, ni exigeantes à l'infirmerie. Le bon exemple que nous devons aux domestiques qui nous soignent, est un motif de plus pour nous engager à nous vaincre sur ce point. Combien de fois nous est-il arrivé de nous plaindre de l'exigeance de nos domestiques, lorsqu'étant malades à la salle, elles trouvaient qu'on n'avait pas pour elles, des attentions et des soins particuliers, qu'elles témoignaient du mécontentement de leur nourriture, de leurs tisanes, de l'incommodité qu'elles souffraient des autres malades; nous ne manquions pas alors de les reprendre de leur délicatesse; nous ne nous gênions même peut être pas d'en faire le sujet de nos plaisanteries. Et nous, religieuses, pauvres volontaires de J.C., nous n'avons pas honte de nous laisser servir par ces mêmes domestiques, comme si nous étions des femmes du monde. Nous nous plaignons devant elles, de la moindre incommodité, d'un défaut d'égard, d'attention; d'un bouillon trop salé ou trop fade, d'un morceau de pain trop cuit ou trop dur, d'une sœur infirme qui trouble notre repos et dont le caractère ne sympathise peut être pas avec le nôtre. Est-ce là être justes? Est-ce là être pauvres?

Renoncement à soi-même, à sa propre volonté, à son jugement. Ah! combien de renoncements l'état de pauvreté n'oblige-t-il pas...

Faute de moyens, un pauvre est obligé de se refuser une foule de petits plaisirs permis; souvent, sa volonté est contrariée; il ne peut satisfaire ni ses désirs, ni ses projets, il n'ose pas même en former, parcequ'il sait que l'exécution en est impossible. Il faut qu'il soumette sa volonté à celle d'autrui aussi bien que son jugement, parcequ'il est sous la dépendance et qu'il doit obéir, quoiqu'il puisse lui en coûter; souvent, lorsqu'il aurait envie de faire mauvaise mine, il faut qu'il prenne un air gracieux, doux et honnête, modeste et charitable, dans la crainte de blesser les personnes avec lesquelles il doit vivre, de les malédifier, de les peiner.

De là il faut conclure qu'en prononçant le vœu de pauvreté, nous nous sommes engagées à embrasser l'état de pauvreté et à pratiquer ce que l'indigence offre de bas, d'humiliant, de contraire à la volonté et au jugement propre, de quelque genre que ce puisse être. Ce que les pauvres font par nécessité, nous devons le faire par vertu. À quoi serviraient les engagements que nous avons pris à cet égard, si nous n'avions que le nom d'en avoir fait vœu ?

L'esprit de pauvreté nous fera acquérir une qualité essentielle dans notre vocation, qui est l'ordre et l'économie, pour le bien de la Maison : Ne pas salir trop de linge pour soi personnellement, n'en pas salir inutilement dans son emploi ; avoir soin de ne pas se servir de bon linge pour les malades qui peuvent le tacher ou le pourrir, séparer celui qui peut gâter une lessive, compter celui qu'on donne à laver avant et après, afin de ne pas l'exposer à être pris. Ne pas mettre au linge de pansement, celui qui peut encore servir à un autre usage.

Prendre garde de ne pas brûler de l'huile inutilement. Ne pas laisser plus de bois au feu qu'il n'en est besoin, pour donner un degré de chaleur suffisant ; ne pas se faire des feux de salon ; ne pas chercher le meilleur bois, avoir le soin de le couvrir quand on peut ; Ne pas brûler ou laisser brûler de la braise et du charbon, lorsqu'on peut faire autrement, et savoir se gêner pour être aussi économe qu'on le serait dans une famille peu aisée. Faire attention à ce que les domestiques n'emploient pas trop d'eau chaude pour les ouvrages qui leur sont confiés. Veiller à ne pas laisser perdre des aliments, des tisanes, des médicaments en en faisant faire une trop grande quantité et en ne les employant pas à temps. Veiller aussi à ce que les ustensiles qui peuvent se casser, ne soient pas entre les mains de tout le monde et soient rendus, quand ils ont été empruntés.

 Ces choses, quoique minimes en apparence, sont bien plus graves qu'on pourrait le penser et peuvent apporter un grand préjudice dans une maison. Ce n'est pas seulement contre l'esprit de pauvreté qu'on faillit alors, mais contre la justice, puisque le bien de la maison ne nous appartient pas et que nous n'en sommes que les économes. Ce doit être un devoir d'autant plus essentiel pour nous, de former nos jeunes sœurs à cet esprit d'ordre et d'économie, que, venant ici jeunes, sans avoir manqué de rien et sans avoir pris part aux peines et aux sollicitudes de leurs familles, elles se trouvent dans un établissement où rien ne manque et où, n'ayant pas le soucis de l'administration, elles usent de ce qu'elles trouvent sans penser d'où cela peut venir.

La quatrième vertu que la règle nous recommande, c'est l'Obéissance.

L'Obéissance telle que nous l'avons vouée, est la pierre de l'angle de l'édifice religieux ; attachons nous y donc d'une manière toute particulière, rappelons nous ce que nous avons promis aux pieds des autels, qui est d'obéir non-seulement à la Supérieure qui nous a reçues, qui nous a élevées, mais encore à toutes celles qui, légitimement, seront établies de Dieu pour nous conduire et nous diriger. N'oublions pas que nous devrons obéir, non seulement aux Supérieures que nous aimons et pour lesquelles nous sentons une inclination particulière et naturelle, mais à toutes celles que la Providence nous destine, soit qu'il y ait sympathie ou antipathie.

Approfondissons ce que la règle nous dit à cet égard : « L'obéissance doit être prompte, « sans excuses, ni murmures sur la justice ou « l'injustice du commandement, n'étant pas « à la personne qui obéit d'en faire la discussion « mais bien l'exécution. Il faut que cette « obéissance soit soumise de volonté et de ju- « gement, et que la religieuse s'unisse à l'in- « tention de la Supérieure ou de celle qui a droit « de lui commander, sans examiner la difficulté « l'utilité, l'inégalité, la fréquence ou la mul- « tiplicité des commandements ; mais elle « doit s'y porter de tout son cœur et gaiement, « avec une ferme créance que ce qui est ordonné « vient de Dieu, qui en saura tirer sa gloire « et le salut de celle qui obéit. »

« Les négligences aux choses qui dépendent « de leur office, sont autant de fautes contre la « vertu d'obéissance, parce qu'elles doivent esti- « mer que chaque chose qu'elles sont obligées de « faire, particulièrement envers les pauvres, ne se « peuvent omettre sans contrevenir à la règle. « Ce n'est pas seulement dans les grandes choses « que paraît l'obéissance, mais dans les moin- « dres ; celles-ci donnent des preuves plus fré- « quentes de la fidélité de l'âme, lorsqu'elle

« correspond à la première connaissance qu'elle a
« des volontés supérieures. »

D'après cela, une religieuse remplie de l'esprit de son état, doit se reprocher ces demi-mots qui font comprendre qu'elle n'obéit que par contrainte, par politesse et sans esprit de foi; ces détours dont elle se sert souvent pour faire parvenir sa Supérieure à ses fins; ces murmures faits quelquefois, avec un ton dévot et bénin, et qu'on se pardonne si facilement, parce que l'amour-propre nous fait penser que les personnes qui nous entendent, prendront encore cela pour une preuve de notre soumission.

Par rapport à l'obéissance, une chose contre laquelle il faut nous prémunir, ce sont les permissions que l'on demande et qui sont en opposition avec l'esprit de la règle. On s'appuie facilement sur la permission demandée et obtenue, soit par nous-mêmes ou par nos parents, tandis que la Supérieure ne l'aura accordée, contre son gré, que pour éviter un plus grand mal, pour satisfaire un caractère intraitable de qui on pourrait craindre un scandale.

Ne désirons pas nous soustraire à l'obéissance, quel que soit notre âge et le rang que nous aurons occupé dans la Communauté; prenons pour règle de notre obéissance, celle que nous exigeons des personnes auxquelles nous avons à commander.

Les domestiques doivent obéir parce que telle est leur condition; mais des religieuses ne doivent-elles pas le faire d'une manière plus parfaite; ayant voué obéissance à Dieu, elles ont dû comprendre que la rédemption du genre humain ne s'est opérée que par l'obéissance d'un Dieu qui s'est rendu obéissant jusqu'à la mort et à la mort de la croix.

La cinquième vertu qui nous est si spécialement recommandée par la règle, c'est la Charité. Nous la devons d'autant plus pratiquer, que nous y sommes obligés par devoir et par état; — elle doit animer toutes nos actions. Écoutons ce que nous en dit la règle:
« La charité donne le prix à toutes les vertus,
« sans son impression, toutes les autres lan-
« -guissent et sont comme immobiles; les
« religieuses doivent posséder cette vertu, dans
« sa perfection. De l'amour de Dieu, dé-
« -rive celui du prochain; les religieuses doi-
« -vent l'exercer entr'elles, s'aimer cordialem.t

« supportant les défauts les unes des autres;
« s'honorant, se respectant ; entretenant
« une union mutuelle, comme si elles n'avaient
« qu'une même âme, et n'agissant que par
« la même impulsion.
« Elles prendront garde de ne s'échapper ja-
« -mais, soit en public, soit en particulier, en
« paroles de murmure et de chagrin, l'une
« contre l'autre ; elles s'abstiendront soigneu-
« -sement entr'elles, de parler des défauts de
« leurs sœurs ; au contraire, elles les excuseront
« autant qu'il sera possible, considérant
« qu'elles font ou sont capables de faire de
« plus grandes fautes, si elles avaient d'aussi
« fortes occasions de tomber. »

  Nous aimons-nous cordialement ? quand, pour satisfaire notre amour propre froissé, ou notre envie de causer, nous parlons de ce que telle ou telle sœur nous a donné à souffrir ; en faisant revivre des travers qui sont passés peut-être depuis 10, 15, 20 ans, en les augmentant encore... ? Nous aimons--nous lorsqu'en changeant de maison ou d'office, nous relevons près de nos compagnes nouvelles, les défauts de celles que nous avons quittées ? Lorsque nous nous plaignons de ce que nous avons pu avoir à souffrir de la part des sœurs ou de la Supérieure ? Nous aimons-nous lorsque, pour faire ressortir notre savoir faire, nous décrions les manières de faire de celles qui nous ont devancées ? Nous aimons-nous lorsque nous passons huit, quinze jours, sans aller voir nos sœurs à l'infirmerie ? Nous aimons-nous quand nous avons l'air fatiguées d'avoir dans une maison, des sœurs âgées ou infirmes, qui ne peuvent plus travailler et que nous faisons retentir jusqu'aux oreilles des domestiques, nos plaintes sur leurs exigences et les défauts que nous leur remarquons ? Nous aimons-nous lorsque nous parlons à nos sœurs qui ont vieilli dans le service de Dieu et des pauvres, qui nous ont précédées et servies, avec ce ton impérieux et dédaigneux qui leur fait sentir ce qu'elles portent déjà avec tant de peine, que leurs bras et leurs jambes ne pouvant plus servir, leurs personnes deviennent à charge ? Ne nous abusons pas, nous deviendrons âgées ou infirmes, et Dieu permettra que l'on nous traite comme nous aurons traité les autres, c'est-à-dire, celles que nous devions aimer et respecter jusqu'à leur dernier soupir.

 Rien n'est plus facile en communauté, que de confondre la charité, la politique et la flatterie; ces deux derniers défauts sont odieux et cependant, par irréflexion, on les confond souvent avec la plus belle des vertus. Nous allons essayer de tracer les caractères de la vraie charité, tirés des épîtres de S.t Paul.

Il ne faut pas confondre la charité avec les élans d'un bon cœur, ils peuvent servir à l'acquérir, ainsi qu'une pierre sert à l'architecte pour la construction d'un édifice, après qu'elle a été taillée par le marteau ou le ciseau. Le cœur, naturellement le plus beau, le plus grand, le plus généreux, est toujours sujet à ses écarts, ou bien, il se replie sur lui-même, alors la charité seule peut l'en faire sortir. Mais, la charité est une vertu, ce qui suppose que, pour l'acquérir, il faut livrer combat contre soi-même.

La première disposition pour arriver à cette fin, c'est de s'en faire une idée bien juste. Ici, je voudrais qu'il me fût possible de définir ma pensée et d'expliquer clairement ce qu'il me semble que je comprends.

La charité me paraît être un assemblage de connaissance de soi-même, de toutes ses misères spirituelles et temporelles; d'humilité, de mortification habituelle; en un mot, de toutes

les vertus chrétiennes, car elles prennent toutes
leur source dans la charité. Elle ne peut s'é-
-tablir dans notre âme, que par la vigilance
sur nous-mêmes, qui nous donne cet œil atten-
-tif, qui fait apercevoir tout ce qui, dans nos
paroles, dans nos pensées, dans nos actions,
n'est pas en rapport avec les préceptes de l'É-
-vangile, qui devraient être la règle de notre
conduite journalière et auxquels nous devons
conformer nos vues, notre manière de voir, et
toutes nos actions ; car il ne suffit pas d'aimer
le bien parceque notre esprit nous le présente
beau, aimable et agréable.. Ce n'est pas
seulement pour les admirer, que nous devons
lire ces passages : « Aimez vos ennemis ;
« faites du bien à ceux qui vous haïssent ;
« priez pour ceux qui vous persécutent et vous
« calomnient ; aimez-vous les uns les autres
« comme je vous ai aimés moi-même, c'est-à-
« -dire jusqu'à la mort. Ne jugez pas et vous
« ne serez pas jugés ; soyez miséricordieux com-
« -me votre Père céleste est miséricordieux.. Vous
« serez pesés dans la même balance que vous
« aurez pesé les autres.. Pardonnez et l'on
« vous pardonnera..»
    Toutes ces choses qui sont en opposition

avec les inclinations naturelles, demandent de notre part, pour être pratiquées, de longs et pénibles combats; car nous y avons de la répugnance par notre nature et nous en trouvons encore souvent, dans l'exemple qui même nous entraîne.

Il y a dans toutes les réunions, des défauts de corps; ceux de notre Communauté sont: d'avoir trop bonne opinion de la Congrégation, de se donner trop de licence pour juger les choses dont on n'est pas chargé, de parler trop facilement des défauts des autres, de se pardonner à soi, des travers qu'on ne veut pas tolérer dans les autres; de critiquer, de censurer la conduite d'autrui; de parler sans réflexion, de tout ce qui se présente; de n'attacher de prix, dans les sœurs, qu'à la fortune, à l'esprit, à la santé; de ne pas savoir sacrifier son esprit propre à celui du prochain; d'où il résulte que la charité qui règne parmi nous, doit plutôt s'appeler politesse, politique, que Charité.

La Charité, dit l'Apôtre St. Paul, est patiente. La patience suppose la souffrance. Si le prochain était sans défaut, nous n'aurions rien à souffrir et notre charité ne pourrait pas porter le caractère de la vertu. Mais, quels sont les défauts sur lesquels peut s'exercer notre

patience ? La brusquerie de l'une, l'intolé-
rance de l'autre, le défaut de jugement, l'ignorance de quelques unes, les exigences et les répéti-
tions de quelques autres... Mais, mettons tous
ces défauts en comparaison avec ceux qu'on peut
nous reprocher, et voyons si nous n'avons pas
quelques raisons de les supporter ; car enfin,
réussissons-nous toutes les fois que nous le
désirons, à triompher des nôtres ? Si ceux que nous
voyons dans le prochain, exercent notre patience,
les nôtres ne lui rendent-ils pas le même office ?
Enfin, y a-t-il de la Charité possible, s'il
n'y a pas de la patience ?

 <u>La Charité est douce et bienfaisante.</u>

 La douceur est une vertu qui gagne tous
les cœurs et la bienfaisance est la qualité précieuse d'un cœur grand et généreux.

 Beaucoup sont bienfaisants par plan, par
intérêt, par amour propre ; peu sont généreux
sans espoir de retour et sans attendre, au moins,
la reconnaissance que semble exiger le bienfait.

 La Charité a bien un autre caractère,
elle aime pour aimer et n'attend de récompense
que de Dieu seul. Ainsi donc, toutes les que
l'on ressent de la peine d'une ingratitude, qu'on
l'exprime au dehors ; qu'on manque d'attention,

de complaisance, de prévenances, on peut
penser que l'on manque à ce caractère de
la Charité; elle est bonne.

La Charité n'est point <u>envieuse</u>.

On a peine à s'avouer à soi-même ce
vilain défaut et cependant, dans combien
de circonstances ne paraît-il pas ? Combien
de sentiments intérieurs qu'on n'aperçoit presque
pas et qui se manifestent au dehors par des réflexions malignes, par des paroles piquantes, par
l'attention avec laquelle on relève le moindre
travers, le moindre geste d'une personne dont
on envie la place, l'influence ou les talents.
Un cœur charitable, content de ce que Dieu lui
a départi, ne se permet pas le moindre retour
sur la position d'autrui; il veille sur ses
sentiments, ses pensées, ses paroles et ne se
fait point un triomphe de découvrir des défauts
dans le cœur de son prochain.

La Charité ne s'enfle point d'orgueil.

L'orgueil a pour base l'ignorance de soi-
-même et l'oubli de Dieu. L'orgueil a
toujours les yeux ouverts sur de prétendus avan-
-tages que l'amour propre imagine et grossit,
pour en faire le portrait flatteur où l'orgueilleux
se contemple. La Charité, bien loin de s'enfle

d'orgueil, ne soupire qu'après les mépris et les outrages. L'homme charitable se connait lui-même, se méprise beaucoup et sait gré à ceux qui ne font aucun cas de lui; il cherche l'occasion de manifester ses défauts, ses imperfections, ses faiblesses, afin d'être traité comme le rebut du peuple.

Examinons si, dans le détail de notre conduite, l'orgueil n'est pas la cause de tous nos manquements à la charité. Ainsi, lorsqu'on entend parler d'une faute commise et que l'on dit : je n'aurais pas fait comme cela, dans telle circonstance, j'ai fait de telle manière ; que l'on soutienne son avis avec opiniatreté, qu'on se sente piqué lorsqu'il n'est pas suivi ; que dans les conversations, on cherche à faire ressortir sa manière adroite de conduire les affaires, en établissant des degrés de comparaison avec celles qui réussissent moins bien ; qu'on relève les gaucheries de l'une, l'inconsidération de l'autre, et qu'on laisse voir par toutes ses expressions que l'on préfère son jugement, son opinion et son savoir faire à celui d'autrui ; peut on dire que l'on possède ce caractère de la vraie charité ?

La Charité n'est point ambitieuse.
Cette qualité de la Charité peut signifier

que l'homme animé de la vraie charité, ne fait voir dans sa conduite ni faste, ni arrogance, ni manières choquantes. Si on y prenait garde et qu'on se connut bien soi-même, on conviendrait que c'est là un des plus grands défauts dont on est généralement atteint. On désire l'honneur, la distinction, l'éclat; on peut reconnaître cela en soi, si intérieurement, on est flatté des louanges qu'on reçoit, si on s'arrête à y penser, si on les croit justes, si dans la conversation, on les fait ressortir, si l'on estime ce que le monde regarde comme beau, grand et agréable, si on désire fixer l'attention et les regards des grands de la terre, et si on est froissé quand on ne reçoit pas les honneurs et les hommages qu'on se croit dûs. En cherchant de bonne foi dans le fond de son cœur, on y trouve de la mauvaise humeur, lorsqu'on se figure n'être pas placé selon son mérite; on y trouve de la préférence pour une position honorable, plutôt que pour celle qui nous laisse caché et ignoré. Les plaintes que l'on fait quand on est dans un emploi distingué, sont souvent une marque dont on se sert pour cacher l'ambition et pour montrer au public, que si on est placé là, c'est par dévouement et dans la seule vue de faire le bien.

L'ambition est dans tous les cœurs et peu de religieuses en sont exemptes. Voilà les marques auxquelles je l'ai toujours reconnue, qui sont : de parler des honneurs et des distinctions avec une certaine estime, de relever avec critique les défauts des personnes en place, ce qui ne se fait guère sans penser dans le fond de son cœur qu'on ferait mieux qu'elles ; de se déplaire dans un emploi obscur et caché ; de se livrer à la désolation lorsque l'attention ne se fixe pas sur les peines, les fatigues, le dévouement que l'on a ; d'éprouver du chagrin et de l'exprimer, lorsqu'il échoit à quelqu'un, une place qui avait fixé nos regards et que nous croyions mériter ; d'attacher une certaine importance à être en second ou en chef dans un office ; d'être paralysé sous le joug de l'obéissance ; d'être gai, vif, actif, empressé dans le commandement.

<u>La charité ne cherche point ses propres intérêts.</u>

Notre Seigneur nous dit dans l'Évangile : aimez votre prochain comme vous-même ; si on médite attentivement ces paroles, si on en comprend l'étendue et qu'on les mette en parallèle avec ce qui se passe dans notre cœur, quel abîme profond de misères ne trouve-t-on pas en soi ?

Le caractère d'un cœur grand est d'être généreux, mais il n'y a point de générosité véritable sans le sacrifice de son intérêt propre.

L'égoïsme est un des défauts de Communauté; on le confond souvent avec la recommandation qui est faite, de ne se point mêler des affaires d'autrui; cependant, l'un est un défaut détestable et l'autre un moyen de conserver la charité.

L'égoïsme fait que nous rapportons tout à nous-même, que nous témoignons de l'affection aux autres, pour qu'on nous en témoigne. Malheur à celle qui ne répond pas à nos avances. Nous voulons que l'on supporte nos dé   qu'on excuse nos négligences, qu'on remarque les efforts que nous faisons pour les corriger, qu'on soit attentif à nos besoins, qu'on ne relève pas nos travers quand on les voit et qu'on n'en parle pas. Nous n'aimons ni donner ni prêter, et, pourvu que nous soyons établies dans un office, comme dans notre royaume, nous nous embarrassons peu des fatigues de ceux qui nous entourent. Nous ne voulons pas que les autres nous aiment pour eux, mais bien pour nous; nous ne voulons rien supporter dans les autres, chacun devrait être parfait pour nous complaire ; nous relevons les moindres négligences dans le prochain, sans remarquer qu'il lui en coûte autant qu'à nous de se corriger ; nous ne sommes prévenantes pour personne et, à nous entendre, chacun est trop exigeant ; malheur à celle qui refusera de nous prêter quelque chose dont nous croyons avoir besoin. Nous parlons sans cesse de nos fatigues, de nos peines et il semble que la croix ait été taillée pour nous seules. Nous disons volontiers que nous avons un bon cœur, que nous aimons nos sœurs, mais à cette condition que nous ferons peu de chose pour leur rendre service et qu'elles nous rendront tous ceux qui sont en leur pouvoir. On se plaint où une sœur marche trop fort, qu'elle fait du bruit avec sa chaise ou avec les portes, qu'elle tousse, qu'elle est exigeante à l'infirmerie et on a soin d'ajouter : moi, je ne ferais pas comme cela ; et, celle à qui on le dit, pense : vous faites de même et vous ne vous connaissez pas. On a peine à se déranger pour faire place à une sœur qui est en retard pour la récréation ; on blâme celles qui tiennent à leurs voiles, à leurs effets, à leur chambre, qui aiment à faire des voyages ; qui ne peuvent pas supporter une observation ; et cependant, on tombe dans tous ces défauts.

Un caractère et un cœur charitable, ne se mêle pas sans nécessité, des affaires des autres ; mais il est attentif, prévenant, complaisant, toujours prêt à céder, sans faire valoir toutes ses qualités, il s'effacera, au contraire, autant que possible.

La charité ne s'irrite point.

La colère vient de l'orgueil et la charité est humble. Deux maux excitent la colère : les maux phisiques et les moraux ; nous sommes plus sensibles aux derniers qu'aux premiers, parce que notre amour propre en est beaucoup plus blessé ; mais je crois qu'avec de la réflexion, on peut parvenir à ne s'irriter ni des uns ni des autres.

Il me semble qu'on se fâche souvent par habitude et quelquefois même, pour se donner un air important, sans faire réflexion à la privation de lumière dont cette irritation est cause, au ridicule qu'elle nous donne aux yeux des autres et à l'offense que Dieu en reçoit. On traite assez légèrement les impatiences et on ne pense pas, qu'en se laissant dominer par cette irritation, on se réduit à la condition des aliénés, qui ne savent ce qu'ils font. Et mon avis, le plus grand bonheur où l'homme puisse atteindre sur cette terre, c'est d'être maître de lui-même, de commander à ses passions et de régner sur tout son être ; ce qui ne peut être que le fruit de la Charité. Cette vertu qui nous fait aimer Dieu, nous fait aussi aimer tout ce qui vient de lui, nous rend soumises à tous les maux phisiques et moraux, qui partent de sa main, pour nous sanctifier et nous corriger. Elle nous fait aimer le prochain et nous aide à supporter, de sa part, l'ingratitude, la calomnie, les faux rapports, les imputations odieuses, la jalousie, la perte même de l'honneur ; et nous fait conserver au milieu des plus violentes tempêtes, la paix intérieure, qui est le plus grand de tous les biens.

La Charité ne pense point de mal.

C'est-à-dire qu'elle n'est pas soupçonneuse. Le soupçon est un défaut de notre sexe et donne lieu à un grand champ de réflexions ; il prend sa source dans la mobilité de notre imagination ; l'amour propre vient encore lui prêter son secours ; nous sentons que la finesse nous a été donnée en partage par le Créateur, et nous voulons user de ce don dans toute son étendue. Nous nous croirions bornées, ineptes, si nous ne faisions pas des conjectures, si nous ne cherchions pas à lire dans la pensée d'autrui, à interpréter malignement ses paroles et ses actions ; si nous ne faisions pas valoir un certain savoir-faire, qui nous tient en garde contre la malignité réelle ou supposée du prochain. De là, ces exagérations dans le récit de ce que nous avons vu ou entendu, ou peut-être cru voir ou entendre ; car il arrive souvent aux femmes de rêver éveillées. De là encore, dans les rapports, cette fausseté qui suppose toujours une intention peu droite aux choses qui ont été faites avec le plus d'innocence, ces conjectures sur le compte du prochain, qui nous font prendre pour des vérités, ces fantômes d'une imagination pleine d'orgueil et d'amour propre.

La Charité ne se réjouit point de l'injustice.

Se réjouir de l'injustice, c'est, à proprement parler, le caractère du méchant, dont le plaisir est de faire naître des troubles, des soupçons, des divisions et des rivalités ; il semble d'une

religieuse devrait être exempte de telles misères. Cependant les illusions de notre amour propre, l'amour de nos aises et de nos commodités, un défaut de grandeur d'âme et de générosité, nous rendent souvent coupables de médisances, de jugements exagérés et téméraires, et nous empêchent de traiter notre prochain comme nous désirerions être traitées nous-mêmes. La religieuse pleine du divin amour, bien loin de vouloir profiter des écarts et de l'infortune de ses sœurs, les redresse, les console et les remet dans la voie du bonheur.

La Charité n'est ni <u>téméraire</u>, ni <u>précipitée</u>.

Il n'est pas rare de prendre pour du zèle, l'empressement, l'activité naturelle et le désir de faire. L'un prend sa source dans l'amour de Dieu et en porte tous les caractères; l'autre est l'enfant de l'amour propre et du tempérament. Le véritable zèle est pieux, doux, éclairé, actif, sans empressement, prudent, humble, calme; l'autre est ardent, inconséquent, empressé, toujours prêt à se mettre en avant, cherchant à paraître et se déconcertant dans le défaut de réussite.

Sans une idée approfondie de son cœur, on ne découvrira jamais les nuances qui peuvent se trouver dans le détail de sa vie; et on se laissera emporter par l'humeur, pensant qu'on est mue par la vraie charité. Ainsi, on croit que c'est par zèle qu'on découvre les défauts du prochain, qu'on en parle, qu'on donne des avertissements, qu'on fait des reproches et des réprimandes ; et l'on n'examine pas : 1° si on est chargée de veiller sur le prochain ; 2° s'il y a utilité ou nécessité de ses défauts ; 3° s'il y a opportunité de le reprendre ; 4° si on a soin de se servir d'expressions capables de le convaincre de ses torts, sans le froisser. 5° si le cœur est ému, piqué, contrarié ; et si les réprimandes ne sont le fruit que du caractère et de l'humeur. On ne pense pas que le zèle doit s'exercer premièrement sur soi-même, avant de l'exercer avec fruit sur les autres ; d'où il résulte, qu'on veut tout corriger, hors soi-même.

La Charité se réjouit de la vérité.

Il est difficile d'expliquer les caractères de la vérité ; ils sont si grands, si puissants, si étendus, si lumineux, qu'on les remarque partout. Quand la charité s'élance vers Dieu, tout est lumière et vérité, nulle crainte d'illusion, de fraude, d'excès dans l'amour de Dieu, tout y étant vrai et infiniment aimable ; aussi, notre malheur est de n'avoir pas assez d'amour, ce qui provient de notre peu de zèle et d'ardeur pour la vérité.

Sainte vérité de Dieu, qui vous connaîtrait bien, s'attacherait à vous irrévocablement et son âme jouirait d'une douce paix.

Les hommes n'ont point la paix, parce qu'ils sont faux, trompeurs, artificieux, vicieux; fouillez dans leurs âmes, vous y verrez les traces qu'y a laissées le mensonge et sa suite, qui est le trouble. Le courtisan, après s'être bien acquitté de sa fonction pleine d'appareil, de dissimulation, de contre vérité, est-il bien content? S'il aimait la vérité, il dirait que non, parce que la fausseté n'a jamais tranquillisé l'âme; c'est à la vérité qu'appartient ce privilège.

La charité démêle le vrai du faux; elle sépare les beaux traits de la candeur, de la simplicité, des nuances hideuses du mensonge et de la duplicité.

La charité se contente de tout.

La religieuse que la charité anime, n'est ni aveugle, ni insensible; elle voit et sent tout, apprécie tous les genres de travers auxquels sont exposés les gens de bien; elle sait à quels excès peuvent porter les passions, cependant, elle ne se plaint de rien, elle paraît contente de toutes les situations que prennent les affaires ; elle ne s'irrite point, quand les orages grondent, quand les flots s'élèvent, car alors, elle conserve l'égalité d'âme et de sentiments, n'accuse personne et n'emploie aucun système pour donner un tour plus avantageux aux affaires publiques et particulières. Pourquoi la charité en use-t-elle ainsi ? C'est qu'elle voit en tout, la volonté de Dieu ; et, comme c'est à Dieu seul qu'elle veut plaire, c'est en Dieu seul qu'elle répand ses désirs !... Faut-il donc être surpris qu'elle se contente de tout ?

La Charité croit tout.

Soit qu'on envisage la charité comme amour de Dieu, soit qu'on la considère comme amour du prochain ; on voit qu'en effet, elle croit tout ; dans le premier rapport, la charité fortifie, vivifie la foi. Cette foi n'est point une connaissance historique des mystères de notre. C'est un sentiment intime de la vérité de Dieu et des merveilles qu'il a opérées pour nous ; c'est une admiration presque continuelle de ses grandeurs et une connaissance soutenue de ses bienfaits. Il ne s'agit plus alors de croire simplement, ni d'aimer de cet amour, qui est bien la charité ; mais qui est faible encore et souvent troublée par les tempêtes de l'imagination, par les soulèvements de l'amour propre, par les craintes humaines. La charité que J.C. nous inspire en nous parlant intérieurement, a une force, une lumière, une générosité, une grandeur d'âme, une noblesse de pensées et d'actions, qu'il est impossible à la langue d'exprimer; et la foi qui s'allume en nous dans ces divines communications, est véritablement la conviction de ce qu'on ne voit pas. La charité n'est pas seulement l'amour de Dieu, c'est encore l'amour du prochain; et, dans ce sens, il est également vrai de dire que la charité croit tout; ce qui signifie que lorsqu'on aime véritablement son prochain, on croit de lui, le bien qu'on lui désire soi-même et celui que les autres en disent. On n'espère pas seulement qu'il rentrera dans la voie de la justice, quand il a eu le malheur de s'en écarter, mais on se persuade que cela arrivera; on met une telle confiance en la protection du ciel, dans les prières qui se font pour cette âme égarée, qu'on ne doute pas de sa conversion. Loin de se plaindre des écarts du pécheur, d'invectiver contre son endurcissement, la cha--rité se place dans des points de vue plus consolants, elle a sans cesse à l'esprit, la grandeur de la miséricorde du Seigneur ; elle espère et même, croit tout en fait de bien ; aussi, est-elle persuadée que plus tard, ce pécheur sortira de son triste état ; ainsi, la foi et la confiance s'entretiennent par la charité.

La charité espère tout.

L'espérance est la ressource de l'homme dans ses maux, c'est un bien que nulle traverse, nulle catastrophe ne doivent arracher de son cœur ; mais ce qui fait l'illusion commune des malheureux, c'est qu'ils mettent leur espérance dans des chimères ; leur imagination forme des plans d'évènements qui n'arriveront jamais et d'autres qui contredisent tous les principes du bon sens.

Ce n'est pas ainsi qu'en use la charité, sa vue ne se porte pas aux consolations de la terre, elles sont trop frivoles et trop passagères. Il y a une autre vie où les biens sont éternels et immuables ; l'espérance fixe là le cœur du chrétien ; mais elle ne le fixe ainsi, que lorsque la charité en gouverne les mouvements.

Il y a bien une espérance chrétienne, surnaturelle et persévérante dans l'âme du pécheur, lors même qu'elle est séparée de l'amour ;

mais outre que cette espérance est faible, les embarras et les peines de la vie, l'impétuosité des passions, le poids des péchés, la tyrannie de l'habitude, affaiblissent cette espérance et l'empêchent d'être ferme, active et généreuse.

Qu'il y a de différence entre un juste et un pécheur, qui espèrent l'un et l'autre, les biens futurs ! Le premier a dans lui, une sorte de consolation, de témoin, de garant, qui ne lui permet pas d'être inquiet sur la possession de ces biens ; l'autre au contraire, éclairé de la foi, est capable de former l'acte d'espérance qui le soutient encore et l'empêche d'abandonner son salut ; mais il est tourmenté par la crainte des évènements de la vie qui peuvent lui faire perdre la couronne de gloire. L'un, sans cesser de veiller sur lui-même, sans perdre de vue son extrême fragilité et la force des ennemis qui l'environnent, vit néanmoins, dans une sorte de sécurité par rapport à son salut ; sécurité fondée sur la miséricorde et les promesses de son Dieu, sécurité qu'il doit à cette ancre solide qui l'attache à la croix de J. C.. L'autre sent que pour rendre son espérance ferme et inébranlable, il faut qu'il change absolum.^t

de vie; car il ne peut se dissimuler que, sans cette démarche essentielle, le don de l'espérance qui lui a été fait, s'élèvera contre lui au jour des vengeances.

La Charité supporte tout.

Je médite ce caractère de la charité, en voyant J.C. attaché à la croix, couvert de plaies, rassasié d'opprobres, mort entre deux voleurs, puis enfermé dans le tombeau et caché aux yeux des hommes, comme s'il n'avait jamais existé.

Après de semblables témoignages d'amour de mon Dieu, je me demande à moi-même, s'il est encore quelque chose dans le ciel et sur la terre, qui puisse ébranler ma confiance et ma résolution de tout souffrir pour mon Dieu. Je sonde mon cœur, je l'interroge, j'examine s'il est touché de l'amour de Dieu, s'il possède la charité ? Hélas ! qu'il y a de langueur en moi ! J.-C. meurt d'amour pour moi, et je ne sais si j'aime ce divin Bienfaiteur !.. Aussi, ne puis-je dire que je suis prête à tout souffrir pour lui. O abus de mes pensées, de mes actions, de mes affections ! O illusion de mes sens ! O dureté de mon cœur !...

Cependant, voici la charité qui me presse,

voici l'amour immolé qui me commande, voici toutes les traverses de la vie qui se préparent, voici toutes les saintes compagnes de J.C.: la pauvreté, l'humilité, la douceur, qui m'entraînent; résisterai-je à leur empressement ? Non, mon Dieu, votre sainte charité vous fait tout souffrir pour moi, je veux aussi qu'elle me fasse tout souffrir pour vous !

Quelle position que la mienne ! Je sens, tout à la fois, et l'aiguillon de la chair et la touche sacrée de la charité ! Je ne puis me dissimuler qu'il est temps de vivre totalement pour Dieu, et l'amour propre me fait redouter le moment de cette conversion.

Je dois être ressuscité avec J.C. et mener une vie nouvelle avec lui ! Mais, par où commencerai-je ? Qu'entreprendrai-je ?.. Je ne dois connaître que les croix, que l'amour et être prête à tout souffrir pour Jésus.
(Réflexions tirées de Berthier)

Section Troisième
Des exercices de dévotion

Ce chapitre de la règle en est l'âme. C'est la fidélité aux exercices de piété qui peut donner du prix et du mérite à toutes nos actions ; c'est ici surtout où il faut mettre toute notre application, non seulement pour nous en acquitter ponctuellement, mais encore pour les bien faire.

Nous devons craindre la piété d'habitude et de routine, qui devient une sorte de pharisaïsme, qui honore Dieu du bout des lèvres et qui fait que le cœur est bien loin de lui ; qui sert Dieu comme il l'entend et non comme il veut être servi.

Ce chapitre de la règle nous recommande : 1° l'Oraison, 2° l'Examen. 3° l'Assistance à la Ste Messe. 4° la fréquentation des Sacrements de Pénitence et d'Eucharistie. 5° la Lecture spirituelle. 6° la visite au St Sacrement. 7° les Retraites annuelles.

1° L'Oraison. C'est la vie de l'âme religieuse ; c'est Dieu qui abaisse le ciel et qui élève la terre pour converser avec sa créature lui intimer ses ordres et ses volontés ; c'est le Tabernacle où Moïse allait puiser lumière et force.

Dans l'oraison et par l'oraison, nous apprenons à connaître Dieu, à nous connaître nous-mêmes ainsi que nos devoirs. La méditation des mystères, des leçons et des exemples de N.S., qui sont offerts à nos réflexions journalières, sont un livre toujours ouvert pour y puiser la science du salut et de notre sanctification. Jésus, Maître qui enseigne ; Jésus, modèle qui pratique ; voilà ce que nous devons aller chercher dans l'oraison.

Je me suis souvent demandé, comment il se fait qu'après avoir médité N.S. pendant plusieurs années, on le connaisse si peu et que l'on reste toujours les mêmes ?

Je ne puis en trouver d'autre cause que la légèreté avec laquelle on fait oraison. Les unes y cherchent leur consolation et les douceurs de la dévotion ; les autres le repos ; d'autres y dorment et la plupart y apportent un esprit dissipé et distrait ; de sorte que, les unes et les autres en sortent souvent sans avoir pris une résolution positive, qui;

s'accordant avec l'examen particulier, nous ferait remporter des victoires sur nos penchants vicieux et nos défauts.

Sans nous restreindre d'une manière fatiguante, aux méthodes de méditations tracées par les maîtres de la vie spirituelle, servons-nous-en afin d'éviter la divagation de l'esprit et la perte du temps. Ne négligeons pas la préparation éloignée, ni la prochaine et l'immédiate. Le St Esprit dit que celui-là tente Dieu, qui va prier sans préparation.

Les moyens de préparation à la prière sont: le silence, le recueillement, la mortification; sans silence, il n'y a point de recueillement; sans recueillement, il n'y a point d'oraison possible.

2º L'Examen. C'est de tous les exercices, le plus nécessaire; car, sans examen il n'y a point de connaissance de soi-même, point de distinction des mouvements de la nature d'avec ceux de la grâce, point de pureté d'intention, point de pureté de cœur. La règle nous prescrit d'une manière parfaite, la méthode de le faire et si nous y étions fidèles, nous avancerions beaucoup dans la correction de nos défauts et dans l'acquisition des vertus.

Il y a sans doute, des difficultés à vaincre, mais, sommes-nous venues en religion pour n'en point rencontrer ? Toutes, nous y avons apporté des dons de Dieu gâtés par le péché, un esprit faussé par les idées du monde ; de l'inclination à l'orgueil, à la vanité, à la jalousie, et beaucoup d'autres misères qui déplaisent à Dieu et que nous ne pouvons détruire sans les connaître, et que nous ne pouvons connaître sans l'examen. On arrive en religion, comme des petites divinités, des modèles de piété d'une paroisse, d'une famille ; l'oracle d'une conférence, le bras droit de Mr le Curé ou du Vicaire pour les bonnes œuvres ; aussi, est-on fort étonné d'entendre en religion, un autre langage que celui que nous entendions dans le monde où on nous louait sans cesse ; l'examen est le seul moyen d'apporter remède à cette illusion. Il faut donc mettre à cet exercice, le plus grand soin pour s'instruire de la manière de le faire, puis, pour s'appliquer sérieusement à le bien faire.

3º L'Assistance à la Ste Messe. La Messe, c'est la religion toute entière, le seul sacrifice digne de Dieu, le sacrifice éternel ! Ce sont les fontaines du Sauveur, qui se répandent sur le monde entier pour le féconder et le vivifier ; quel soin ne devons-nous pas avoir de puiser dans ces fontaines sacrées, pour nous d'abord, pour nos familles, pour nos pauvres, pour nos domestiques, pour les employés de la maison, pour les Supérieurs, pour l'Église, pour les pécheurs, pour les infidèles, pour les hérétiques etc.

Prenons garde d'y perdre notre temps et de laisser à d'autres le don de Dieu et l'eau vive qui jaillit jusqu'à la vie éternelle. La méthode du bienheureux Léonard de Port-Maurice me paraît la plus convenable pour entendre avec fruit la S.te Messe; ainsi que la méditation de la passion de N. S. sans exclure les autres méthodes. Surtout, n'omettons jamais de renouveler à la Messe, nos résolutions prises à l'oraison et d'y faire la communion spirituelle.

4.° **La fréquentation des sacrements.**

L'usage du sacrement de pénitence est peut être une des choses sur lesquelles il est le plus facile de se faire illusion. Autant la confession est pénible pour les hommes et les grands pécheurs, autant elle est douce et consolante pour les personnes pieuses et les religieux qui finissent souvent, par l'usage qu'elles en font, par en faire un régal d'amour propre dont elles tirent peu de fruits.

Le sacrement de pénitence, institué pour la rémission des péchés, exige des dispositions pour le recevoir; et parmi ces dispositions, la contrition qui est la seule indispensable, est celle à laquelle on s'applique le moins. Nous ne sommes obligés que de confesser nos péchés mortels; l'intégrité de nos confessions n'en est donc pas la partie essentielle, puisque, par la grâce de Dieu, nous ne l'offensons guère mortellement. Mais l'humilité, la componction, la simplicité, le ferme propos, voilà ce que nous devons porter au St Tribunal. Il me semble donc que, pour profiter de la réception de ce Sacrement, nous devrions nous pénétrer de cette pensée que l'absolution est le sang de J. C. qui purifie et lave nos âmes. Nous ne devons donc pas oublier que nous allons à confesse, corrompues, coupables, que c'est à N.S. lui-même que nous nous accusons, qu'il voit le fond de nos cœurs et qu'il ratifie selon les dispositions qu'il voit en nous, le pardon qui nous est accordé; que la morale que le Prêtre nous fait en son nom, est celle que N. S. lui met sur les terres pour le bien de nos âmes, et que la charité qu'il a pour nous, est la charité du cœur de Dieu qui est tout amour; parconséquent, toutes ces préoccupations sur l'intérêt ou la froideur d'un confesseur, sont des misères de femmes, qui nous privent de bien des grâces; Ces détours pour se rendre intéressantes par des démonstrations exagérées, par de prétendues difficultés de s'exprimer, par des peines imaginaires qu'on se fait prier d'articuler; sont autant de misères, qui empêchent le fruit qu'on doit tirer de ses confessions.

Un abus encore de ce Sacrement, c'est de parler de ce que le confesseur nous a dit; du temps que nous ou d'autres sont restés au confessionnal; de la préférence que l'on a pour certains confesseurs et de la répugnance qu'on a pour d'autres.

Ne voyons, en général, notre confesseur, qu'au St Tribunal et défions-nous de ces désirs de directions, qui sont souvent une envie de trouver dans la direction, des épanchements de cœur plus nuisibles qu'utiles à l'âme.

Quant à la Communion, elle est de

tous les moyens de no... unir à Dieu, le plus efficace et le plus sûr ; mais il me semble que, pour communier trois fois dans la semaine, il faut un désir bien soutenu et une vigilante attention de détacher son cœur de toute affection au péché véniel. Il m'a souvent paru que l'on communiait par habitude, par respect humain et pour faire comme tout le monde ; dispositions peu propres à nous faire jouir des précieux avantages que les âmes ferventes trouvent dans l'usage de cet aliment divin.

Les points principaux qui me semblent devoir nous éloigner de la Communion fréquente sont : les manquements habituels à la charité, à l'obéissance, à l'humilité ; cette avidité avec laquelle on recherche le plaisir, les satisfactions du cœur, toutes les aises et les commodités de la vie. Si toutes ces inclinations ne sont pas combattues avec énergie et constance, si on ne gémit pas sous le poids de pareilles misères, il est bien à craindre que nous ne recevions en vain la grâce du Bon Dieu qui nous demandera compte des fruits qu'elle n'aura pas produit en nous. Rien n'est plus facile, quand on est en religion, que de fausser sa conscience, de se faire des scrupules sur des choses qui n'en valent pas la peine et de passer sur des choses plus graves.

5.° Attachons beaucoup d'importance à notre Visite au S.t Sacrement. Ce moment doit se passer en épanchement de notre cœur dans celui de notre divin Époux. C'est là où nous pourrons parler librement et sans danger, de nos tentations, de nos doutes, de nos misères, de nos chagrins, de la difficulté que nous avons à combattre nos défauts, du peu de succès que nous obtenons dans le combat. C'est encore dans ce moment que nous pouvons parler à Dieu de nos parents, de nos amis, de nos sœurs, de nos malades, de toutes les personnes et de toutes les choses qui nous intéressent. On peut appeler en quelque sorte le régal du cœur, le temps que nous passons à nous entretenir avec notre divin Sauveur.

Ayons une tendre dévotion envers la S.te Vierge et, puisque nos occupations ne nous permettent pas de multiplier, envers elle, nos pratiques, acquittons-nous de toutes celles que prescrit la règle, avec une ferveur toute filiale, qui dédommage cette bonne Mère, du temps que nous ne pourrons pas lui donner.

Récitons notre office et notre Chapelet avec le désir sincère d'honorer tous les mystères de sa vie, d'imiter tous les exemples de vertus qu'elle nous a donnés. En récitant notre office, unissons-nous à l'Église entière qui loue Dieu et offrons-le toujours pour notre Congrégation.

6º <u>La lecture</u> qui nous est prescrite, doit être faite sur des livres connus, simples, instructifs et toujours approuvés par la Supérieure. Ceux qui sont unanimement trouvés préférables, sont: la perfection chrétienne, par Rodriguez, les œuvres du Père de Chaffoy, les conférences, par Bassinet. Ces livres doivent être le pain quotidien des religieuses, et, bien qu'on en lise d'autres, il faut y revenir principalement pour la lecture spirituelle, qui doit être faite avec réflexion et qu'on ne doit jamais finir sans prendre une résolution pratique.

Dans nos lectures de loisirs, évitons deux choses: la première, de nous lancer dans les auteurs mystiques; la seconde, dans les auteurs profanes. Rien ne paraît plus inconséquent, qu'une religieuse, qui a peu de moments à sa disposition, et qui les emploie à lire des historiettes, ou qui, par esprit de vanité, cherche dans des livres savants, à remplir sa tête de choses qui lui sont souvent plus nuisibles qu'utiles. La vie des saints et d'autres lectures instructives, qui peuvent nourrir l'esprit et le cœur, sont les seules qui doivent remplir nos loisirs.

7º __Les retraites annuelles__. Dans la retraite, dit St Bernard, le ciel est plus ouvert, l'air plus serein et Dieu plus familier. Notre divin Sauveur qui a voulu être, en tout, notre modèle, nous a lui-même tracé le chemin du désert, en commençant sa vie publique par une retraite de quarante jours; il n'en avait pas besoin, d'abord parceque son humanité était unie à la Divinité; puis, parceque'il avait passé dans la solitude et la vie cachée, les trente années qu'il avait passées sur la terre. C'est donc pour nous frayer la route que le St Esprit poussa N. S. dans la solitude la plus profonde. Quand, après avoir prêché en parcourant les villes et les bourgades, faisant du bien à tous, il montait sur une montagne et y passait la nuit en prières; ce n'était que pour nous apprendre que, bien qu'occupés à des fonctions saintes et sanctifiantes, nous avons besoin de nous retirer à l'écart dans un lieu désert, pour nous reposer avec lui, comme il le faisait faire à ses Apôtres, après leur retour des prédications où lui-même les avait envoyés.

C'est donc N.S. qui nous appelle dans la retraite, par notre Ste Règle; c'est Lui qui nous trace nos occupations, pendant ce précieux temps et qui nous enjoint le silence le plus absolu avec les créatures, afin de converser avec nous. Mais, pour profiter de cette faveur, nous devons beaucoup l'estimer, et nous livrer sans réserve, pour connaître et accomplir les volontés de Dieu sur nous.

Ce n'est pas la douceur et la consolation que nous devons y chercher ; mais la lumière pour connaître Dieu, pour nous connaître nous-mêmes et nos devoirs, et pour acquérir la force d'accomplir avec plus de fidélité, les volontés de Dieu sur nous.

Je trouve qu'on se fait une idée peu juste, des fruits qu'on doit retirer de la retraite, lorsqu'on croit en sortir une toute autre personne qu'avant de la faire, ne sentant plus les mêmes inclinations au mal;

cette illusion ne peut produire en nous, qu'un funeste découragement ; et, en ceci, encore, N.S. veut être notre modèle ; car, après quarante jours et quarante nuits passés dans la solitude et la pénitence, il permet au démon de le tenter. Il est à remarquer qu'après une retraite, on est ordinairement plus fortement tenté. Il faut donc s'y prémunir contre les attaques de l'ennemi.

Un autre écueil à éviter dans les Retraites, c'est la préoccupation de la confession. On ne va pas en retraites pour se confesser ; mais pour se connaître ; et c'est le degré de connaissance de Dieu et de soi-même, qui prépare la confession ; de même que c'est la simplicité et l'humilité qui la font faire.

En suivant les exercices de S⁺ Ignace, on arrive à connaître le fond de son âme comme naturellement et par l'enchaînement de tous les points de méditation proposés.

C'est à vos pieds, O ma bonne Mère, que je dépose toutes ces réflexions qui me couvrent de honte et de confusion, parcequ'ayant toujours compris mes devoirs, je n'ai pas suivi la voie de ma conscience que j'ai

toujours souillée par mes infidélités ; infi-
-délités qui n'ont pas affaibli l'amour de
votre divin Fils pour ma pauvre âme.
Présentez-lui mes regrets, mon repentir, ma
honte, ma bonne volonté, et obtenez-moi
la fidélité qui le dédommagera de mon
ingratitude si longue et si rebelle.
Fin.

Par suite d'une erreur commise
dans la transcription, les pages qui suivent,
au lieu de porter les numéros 160, 161, 162....
recommencent une nouvelle série, ayant
pour folios 88, 89, 90, etc......

Conseils de Mère Faivre
à une jeune professe
dans lesquels elle lui donne des règles à suivre pour ne pas manquer aux devoirs de politesse.

Quoique séparée du monde et consacrée entièrement au service de Dieu et des pauvres, je crois néanmoins qu'il est bon et nécessaire, que vous en connaissiez un peu les usages, et cela, dans le seul but de faire un plus grand bien.

Gardez-vous de chercher à briller par les formes et le bon ton, de désirer la réputation d'une femme distinguée par son éducation; cette conduite et ces sentiments sont incompatibles avec l'esprit religieux. Le monde d'ailleurs, pense qu'il n'a plus de droit sur vous, et, loin d'être édifié de votre tenue, s'il remarquait en vous une politesse trop étudiée, il en serait scandalisé. Je vous engage donc à ne consulter les usages du monde, que pour ne choquer personne et gagner tout à J.C. à l'exemple de St. Paul, en nous faisant toutes à tous.

La politesse trouve sa source dans les vertus les plus éminentes de la religion, qui sont:

l'humilité, la charité, la mortification. La politesse demande que l'on ne parle jamais de soi, qu'on s'oublie et certes, voilà bien l'humilité ; elle demande qu'on s'occupe toujours des autres, qu'on les prévienne en tout, voilà bien la charité ; elle veut aussi qu'on fasse des sacrifices, quelquefois pénibles et ennuyeux, pour en épargner aux autres, voilà bien l'esprit de mortification et de pénitence. Je crois que tout ce que je dirai se rapportera à ces trois vertus, et que l'homme véritablement poli, est celui qui observe le plus fidèlement, ces trois règles que je viens d'indiquer. Aussi ai-je entendu dire à un Prêtre respectable et fort bien élevé, qu'il avait observé pendant la révolution que, parmi les religieuses qui étaient sorties de leur couvent, les plus pieuses étaient aussi les plus polies, parcequ'elles étaient plus modestes, plus prévenantes, plus humbles, plus empressées à rendre service. Il tenait le même langage à l'égard des nouvelles religieuses ; quelqu'un lui demandait s'il n'y avait pas une différence entre les jeunes et les anciennes ; il hésita de répondre et finit par dire qu'il en avait remarqué beaucoup. Les jeunes religieuses, même celles qui sont pieuses, n'ont pas toujours le ton de la bonne compagnie, ce langage honnête, ces manières mesurées, ces mouvements qui sont le résultat de l'éducation de famille et qu'on acquiert naturellement dans une société bien composée, quand on a l'esprit d'observation. Ce défaut, on le leur passe lorsqu'il n'est pas porté trop loin. La révolution ayant éloigné des maisons religieuses, les enfants de famille, il a fallu prendre ce qui se présentait. Mais on est moins indulgent pour un second défaut qu'on remarque dans plusieurs ; c'est une estime d'elle-même qui les rend suffisantes, tranchantes, si j'osais, j'ajouterais pédantes et insolentes. Elles entrent dans une société, sans se douter qu'elles manquent à toutes les règles de la politesse ; à peine font-elles un salut de protection, elles occupent un fauteuil, sans examiner qu'elles sont loin d'être les plus dignes ; elles prennent le coin de la cheminée, adressant la parole avec confiance et familiarité à des personnes qu'elles n'ont jamais vues, arrangeant le feu sans en être priées, débitant des nouvelles, parlant à haute voix et riant aux éclats. D'autres fois, on remarque en leur contenance un air embarrassé, leur silence affecté paraît une censure de ce qui se dit ou se fait ; elles

croisent machinalement les jambes, se ba-
-lancent sur leurs chaises en se tenant dans
une posture guindée qui n'a rien de naturel.

Mais, me direz-vous, comment faut-il faire
pour éviter ces écueils ? C'est par l'usage et
l'esprit d'observation que vous l'apprendrez ;
prenez pour modèles, celles de vos sœurs qui, pas-
-sent pour être les mieux élevées, examinez leur
conduite dans les différentes circonstances et mo-
-difiez le tout, d'après les devoirs particuliers
qu'imposent votre charge et votre emploi.

Puisque la politesse est basée sur les vertus
chrétiennes, il en résulte nécessairement, qu'elle
doit suivre les mêmes règles ; et la charité bien
entendue, s'exerce d'abord envers nous-même,
puis envers les autres. Je dis, mes bonnes sœurs,
que nous devons être polies envers nous-mêmes,
nous respecter, non par vaine estime, mais à
cause de Dieu dont nous sommes les images.
Cette politesse consiste à ne rien faire seule et
dans une chambre particulière, que nous n'ose-
-rions faire en présence de quelqu'un ; c'était
la manière d'agir de St François de Sales ;
c'est d'ailleurs le meilleur moyen de ne pas
s'oublier en compagnie ; il est difficile de ne
pas manquer devant les autres lorsqu'on est

habituée à se donner toutes ses aises étant seule.
Je voudrais donc que lorsque vous êtes seule, vous vous rappelassiez souvent la sainte présence de Dieu et celle de vos bons Anges, afin de vous conserver dans cette modestie qui sied si bien à tout chrétien et plus encore à une religieuse.

Cette règle doit s'observer aussi bien la nuit que le jour, au lit comme debout. Je ne pas de ces fautes contre la décence, ni des manquements à ce que prescrit une vertu même ordinaire; je veux pour vous, quelque chose de plus parfait; ainsi par exemple, il me semble que vous devez éviter tout ce qui sent un peu de mollesse dans votre posture, ne pas vous découvrir les bras ou les mains ; avoir toujours une couverture suffisante pour ne pas laisser paraître les formes du corps ; craindre en un mot, tout ce qui est capable de malédifier, même vos compagnes.

Votre politesse doit encore paraître dans la manière de vous vêtir ; il est certain qu'il faut éviter toute recherche affectée, mais il faut aussi se tenir propre et ne jamais sortir de son office, sans examiner si on n'a rien sur soi de trop négligé. Le désordre extérieur, quand il est habituel, est assez souvent l'indice de désordre intérieur ; d'ailleurs, vous le devez par respect pour votre état et votre vocation sainte. Au reste, la règle ne manque pas de vous prescrire le costume que vous devez avoir, en allant à l'Église, au réfectoire ou en visite hors de la Maison ; ayez soin de l'observer.

Ces avis, comme vous le pensez bien, n'ont pas une grande importance ; cependant, de l'accomplissement de leur ensemble, résulte les meilleurs effets ; S'il y a peu de mérite à être poli, c'est un très grand mal de ne l'être pas, surtout pour une hospitalière. Je suis persuadée que rien n'est plus propre à gagner les cœurs à J. C., à disposer les pécheurs à se convertir, à faire estimer la vertu, que cette grâce, cette douceur, ces bonnes manières que l'on remarque dans une sœur bien élevée.

Le monde qui ne connait pas les choses de Dieu, s'imagine que la religion n'est pas compatible avec les bonnes formes, faites-lui voir le contraire ; mais pour y réussir, il faut nécessairement, s'imposer des privations. C'est ainsi qu'à moins de contrainte, il est difficile d'être polie avec des personnes que l'on voit tous les jours et qui sont au-dessous de nous.

Cependant, si nous voulons goûter les douceurs

de la vie, il est indispensable que nous soyons polies, même avec nos égaux et nos inférieurs. Cette politesse demande qu'on se prévienne mutuellement, qu'on se parle toujours avec une certaine réserve, qu'on évite les paroles aigres, qui sentent la hauteur et le mépris, qu'on ne se permette aucune plaisanterie qui puisse blesser, même légèrement. La politesse n'interdit pas toute espèce d'amusement ni même de contrariété, pourvu qu'on fasse attention à la personne, au temps et aux circonstances. Dès que vous pourrez prévoir qu'un signe ou une parole peuvent être pris en mauvaise part, abstenez-vous en et, avant de rien dire, consultez votre conscience et voyez ce que vous penseriez raisonnablement, dans le cas où vous seriez vous-même l'objet de la plaisanterie : c'est une règle générale dont l'observation manque rarement d'être couronnée de succès.

Parlons maintenant, des devoirs que la politesse vous impose à l'égard de vos compagnes. Il est inutile d'observer que votre langage doit varier suivant l'âge ou la dignité des personnes auxquelles vous parlez ; il faut beaucoup plus de réserve avec ancienne sœur qu'avec une jeune, en général, il est très inconvenant de se tutoyer,

de la vie, il est indispensable que nous soyons polies, même avec nos égaux et nos inférieurs. Cette politesse demande qu'on se prévienne mutuellement, qu'on se parle toujours avec une certaine réserve, qu'on évite les paroles aigres, qui sentent la hauteur et le mépris, qu'on ne se permette aucune plaisanterie qui puisse blesser, même légèrement. La politesse n'interdit pas toute espèce d'amusement ni même de contrariété, pourvu qu'on fasse attention à la personne, au temps et aux circonstances. Dès que vous pourrez prévoir qu'un signe ou une parole peuvent être pris en mauvaise part, abstenez vous-en et, avant de rien dire, consultez votre conscience et voyez ce que vous penseriez raisonnablement, dans le cas où vous seriez vous-même l'objet de la plaisanterie; c'est une règle générale dont l'observation manque rarement d'être couronnée de succès.

Parlons maintenant, des devoirs que la politesse vous impose à l'égard de vos compagnes. Il est inutile d'observer que votre langage doit varier suivant l'âge ou la dignité des personnes auxquelles vous parlez; il faut beaucoup plus de réserve avec ancienne sœur qu'avec une jeune; en général, il est très inconvenant de se tutoyer,

vous ne le permettez même pas avec les domestiques. Si vous avez quelque chose à
commander, ne vous servez pas de termes
trop impérieux, tels que : *je veux*, *faites tout
de suite*, etc. Avez-vous un service à demander,
employez des expressions obligeantes ; de même
lorsque vous êtes forcée de refuser quelque chose ;
dans ce cas, ne dites jamais : *je ne veux pas*,
mais plutôt : *je désirerais pouvoir*, *je suis bien
fâchée* etc. J'ai dit que vous deviez modifier
votre langage suivant les personnes ; il est
possible que, pour raison particulière, on vous
place dans un office, au dessus d'une sœur plus
ancienne ; n'allez pas croire que vous valez
mieux qu'elle ; c'est le cas de vous humilier et
de prendre tous les moyens de lui faire oublier
cette inversion de l'ordre ; ayez l'air de la consulter, de trouver bien tout ce qu'elle fait ; pré-
venez ses désirs et ses besoins, pour lui épargner
la peine de vous rien demander ; si elle fait mal,
ou oublie quelque chose, ne le lui reprochez pas
et ne faites pas en sa présence ce qui la mortifie-
rait. Donnez-lui partout les marques de pré-
séance, afin qu'on vous croie plutôt la subordon-
née que la Supérieure.

En récréation comme ailleurs, laissez passer

les anciennes, ne vous asseyez pas devant elles ; si vous êtes placée avant qu'elles arrivent, levez-vous aussitôt poliment en cédant votre place. Si vous marchez à côté d'elles, donnez-leur la droite et le beau chemin ; en rue, c'est le côté des maisons ou autrement dit, le haut-pavé. Si une de vos sœurs laisse tomber quelque chose, ne le lui laissez pas ramasser ; si vous lui prévoyez quelques besoins au devant desquels vous saviez aller, n'y manquez pas. Ne parlez jamais trop haut ni en secret à l'oreille à quelqu'un, à moins qu'à votre Supérieure, et en ce faut-il nécessité. Tant que vous serez jeune, vous saurez que c'est rarement à votre tour de parler ; ne paraissez pourtant pas étrangère à ce qu'on dit et encore moins ennuyée. Si vous avez à converser avec un étranger, mettez-vous à sa portée et entretenez-le de ce qu'il connaît, de ce qui l'intéresse ; faites-en autant avec tout le monde, de manière à donner aux autres l'occasion de briller. Vous ne devez jamais contredire directement, à moins que ce que l'on dit soit évidemment mauvais ; ainsi, on vous dit une chose fausse ou peu exacte, ne répondez pas : cela n'est pas vrai, c'est un mensonge, mais bien plutôt :

cela est possible mais cependant…. permettez-moi d'observer, etc. Dans vos jeux, en récréation, la politesse défend toute espèce d'attouchement, même de mains à mains, soyez très sévères sur ce point.

Il y a aussi certains tours qui sont de mauvaise éducation, ce sont ceux qui ont pour résultat d'effrayer, de faire trébucher, d'attirer sur ceux qui en sont l'objet, des éclats de rire ou du ridicule. Quand il est arrivé à quelqu'un de faire quelque chose de risible, passe de s'en amuser un moment, mais il est inconvenant de le répéter, surtout plusieurs fois. On ne s'amuse pas non plus des défauts naturels et encore moins de ceux des parents; il y a presque toujours de l'indécence à contrefaire quelqu'un ou à jouer des rôles comiques et à faire des grimaces. Peut-être quelquefois peut-on se prêter à ces petites misères, pourvu qu'on ne le fasse que très rarement et jamais devant les étrangers. Si nous avons du chagrin, la politesse veut que nous le laissions très peu paraître, et que nous ne le fassions point partager aux autres. Cette politesse exclut encore les amitiés particulières; toutes vos sœurs ont également droit à votre estime et à votre affection. Méfiez-vous d'un abus qui existe dans presque toutes les communautés, qui consiste à se réunir pour plaisanter celles qui seraient un peu simples et dont les allures prêteraient un peu au ridicule ; il est rare que dans cette circonstance, on ne manque pas à la charité et qu'on ne pique intérieurement celles qui sont l'objet de ces plaisanteries, quand bien même souvent elles en paraîtraient contentes et chercheraient à les provoquer. Évitez en parlant, un ton de suffisance qu'on remarque dans l'accent, dans la tournure des expressions, on se moque facilement de celles qui pincent les lèvres, qui grasseillent par affectation. Je sais bien que l'accent de notre province n'est pas beau, mais il ne faut pas essayer de le corriger par un qui serait ridicule. Pour parler plus convenablement, il faut que nous n'ayons point d'accent particulier autant que possible. La pédanterie se montre encore dans les tournures de phrases ; il en est qui recherchent les beaux mots, qui ont l'air de s'admirer en parlant ; indépendamment de l'impolitesse, il y a bien, là-dedans, de l'amour propre. Évitez aussi d'avoir en marchant, un air cavalier, de porter la tête haute, d'avoir les yeux égarés, de faire du bruit en marchant. Je sais bien que si vous alliez prendre le contre-pied de ces manières d'être, on n'en serait pas émerveillé, comme

serait par exemple, de vous plier en cercle, de marcher les mains jointes et sur la pointe des pieds ; il
y a un certain milieu que saisissent facilement ceux
qui ont du tact.

 Voilà déjà bien des choses à observer pour ne
pas manquer à la politesse, mais il est encore une
multitude de choses dans lesquelles vous devez vous
tenir sur vos gardes, particulièrement dans celles
qui ont trait avec vos rapports avec les étrangers,
dont les premiers sont les malades ; vous devez
avoir grand soin de leur parler poliment, quelque
malheureux ou difficiles qu'ils soient ; votre ministère est tout de charité. Ne vous laissez pas aller à
l'impatience, s'il faut répéter dix fois la même
chose, faites-le, et toujours avec la même bonté ; s'ils
paraissent insensibles et même ingrats, ne diminuez
rien de vos soins, de vos attentions et rappelez-vous
alors, Celui que vous soignez en leur personne.

 En vous recommandant cette politesse envers les
malades, je n'entends pas vous autoriser à leur
adresser des paroles peu dignes comme seraient
celles-ci : mon bon ami, mon cher enfant ; ces
tendresses quelquefois ne font pas mal ; cependant
il est rare qu'elles ne nuisent plutôt qu'elles ne
servent. À plus forte raison, il faut éviter dans
les soins que vous êtes obligées de leur rendre, de

montrer une affection naturelle ; il est dangereux de s'exposer soi-même et d'exposer les autres.

Vous pouvez être dans le cas de rendre des visites au dehors ; ce n'est pas à moi de vous prévenir des circonstances où les visites sont nécessaires ou de convenance ; mais je vous dirai cependant, qu'il n'y a guère que la charité qui puisse les nécessiter ; au reste, vous aurez toujours des Supérieurs qui jugeront vos raisons. Quand on est soumise à une Règle, il est facile de s'excuser vis-à-vis des étrangers, si on a pu manquer aux devoirs des convenances. Il ne vous sera pas moins facile d'éviter les visites qui vous seront faites, souvent même, le seront-elles de manière à vous ennuyer. D'abord, ne faites rien pour les attirer, si on vous les offre, la politesse veut que vous paraissiez les agréer, quand toutefois il n'y aura pas d'inconvénient. La question est très délicate ; si ces visites se renouvellent trop souvent, vous pourrez alors user de détours, prétexter un ouvrage pressant, ou même vous faire demander par une sœur. Dans le cas où vous seriez familière avec les visiteurs, rien n'empêche que vous leur disiez tout simplement que vous avez peur de manquer à la règle, que vous n'êtes pas libre de votre temps.

Il est très facile de terminer une visite et de le faire sans impolitesse, quand on se borne à répondre et qu'on n'entretienne pas soi-même la conversation par des questions inutiles.

Comment devez-vous recevoir les visites? Tout dépend de l'état des personnes, de leur dignité. Votre office doit être généralement le lieu où vous devez recevoir les personnes qui viennent vous visiter et, à moins d'exception, c'est publiquement que vous devez converser avec elles. Je crois qu'on peut, en abordant quelqu'un, prendre le milieu entre le salut ou révérance des gens du monde, et les salutations simples des gens du commun. Si vous avez à faire à un grand, il convient que vous fassiez deux révérances, l'une plus inclinée que l'autre, ne lui demandez pas des nouvelles de sa santé, c'est à vous d'attendre qu'on vous en demande. Ne dites pas non plus simplement : bonjour etc... il y a différentes locutions selon les classes d'individus, voici les plus usitées : J'ai l'honneur de vous présenter mon respect et mes très humbles hommages ; s'il s'agit d'un égal, vous pouvez dire : J'ai l'honneur de vous souhaiter le bonjour. Offrez un siège au visiteur ; si c'est une dame, débarrassez-la de ce qui peut la gêner, pour les hommes, laissez-les faire. Vous n'avez pas manqué de vous trouver embarrassée sur la manière d'aborder quelqu'un depuis que vous êtes en religion. Dans le monde, on se donne réciproquement des marques d'affection, dès qu'on se connaît un peu ; pour une Religieuse, il faut nécessairement une conduite différente.

Devez-vous embrasser quand on vient vous voir ? Voici la règle que je vous tracerai: quand c'est un père, un frère, même un oncle ou cousin germain, je crois qu'il ne peut guère y avoir d'inconvénient à les embrasser, mais je ne le permettrai envers aucun autre homme, quel qu'il fût. S'il arrivait que quelqu'un s'avan- -çât pour vous embrasser ou vous prendre la main, retirez-vous modestement et au besoin, dites tout simplement : ah ! il ne faut pas que j'oublie que je suis religieuse. Pendant les visites que vous recevez, ne vous tenez jamais trop près des personnes, si surtout elles ne sont pas de votre sexe. Que tout dans votre tenue, vos regards, inspire le respect. Remarquez que ce que je dis ici regarde toute espèce de monde, sans exception de dignité, de caractère et même de degré de sainteté. Dès que la visite est terminée, levez-vous et saluez comme au commencement ; si la personne est digne, vous devez la conduire plus ou moins loin, les unes jusqu'à la porte de l'appartement, les autres jusqu'à la porte extérieure. Quand c'est vous qui rendez la visite, soyez courte, dès que vous aurez exposé le sujet de votre visite, disposez-vous à sortir. S'il s'agit d'une visite de pure cérémonie, l'usage est de dire deux ou trois mots sur la pluie ou le beau temps et de se retirer. Il est possible que vous soyez obligée de faire des visites aux autorités : à Monseigneur, à M. le Préfet, au Général, au Maire, etc. Je vais tâcher de vous dire ce qu'il convient de faire en pareil cas. — Vous vous présentez au portier et vous demandez si Monsieur est visible, en annonçant votre nom et votre qualité ; j'oubliais de vous faire observer qu'on ne fait pas de visites à ces personnages, avant dix heures du matin, et s'il s'agit de Dames, il convient mieux de les remettre à l'après midi. Le valet de chambre vous introduit et vous suivez alors le cérémonial dont j'ai parlé. Chez Monseigneur, vous ferez connaître votre politesse par une grande modestie, ne vous asseyant que quand il vous le dira ; observez

qu'en lui parlant, vous devez vous servir de la troi-
-sième personne et dire par exemple : Votre Gran-
-deur aurait-elle la bonté de ... J'ai l'honneur
d'exposer à sa grandeur etc. En vous retirant,
il convient de lui demander sa bénédiction, pour
cela vous vous mettez à genoux et vous baisez
son anneau, s'il vous le présente.

Quant aux autres dignitaires, après les
avoir salué deux fois, (s'il y a une dame, c'est à
elle que doivent s'adresser vos premières saluta-
-tions), vous acceptez le siège qui vous est indiqué
ou que vous présente le valet de chambre. Dans
le cas où la maîtresse de la maison, assise sur un
canapé, vous inviterait à prendre place auprès
d'elle, vous devez refuser, prendre un siège et
vous tenir, non en face mais à côté d'elle.
J'ai dit que toutes les visites qui n'ont pas la
charité pour objet doivent être très courtes ; si
on vous fait les honneurs de la reconduite,
priez modestement les personnes de ne pas
se déranger, et au moment où elles vous quit-
-tent saluez-les, si elles demeurent en place
pendant que vous descendez l'escalier, retour-
-nez-vous pour les saluer une dernière fois.

Il est encore une chose plus embarrassante,
c'est la conduite à tenir dans les repas ; vous

pensez être obligé d'assister à un dîner de cérémonie; voici ce qui se passe ordinairement, que je vous dise avant que vous ne devez jamais vous faire attendre mais prévenir de quelques minutes l'heure marquée. Dès que le dîner sera servi, un valet de chambre viendra l'annoncer, il est possible alors que le Maître de la maison vous présente le bras gauche pour vous conduire à la salle à manger; si c'est une personne marquante et que des raisons graves vous forcent à recevoir cette politesse, acceptez-la pour l'amour de Dieu; si au contraire, vous pensez qu'il ne puisse rien en résulter de fâcheux, j'aimerais mieux que vous vous excusassiez en disant, par exemple: Monsieur dispensez-moi de recevoir cet honneur auquel nous ne sommes pas accoutumés. Arrivé à la salle, vous prendrez la place qui vous sera désignée, si les noms des convives sont marqués sur des cartes posées sur les serviettes, ou bien celle que vous assignera le maître ou la maîtresse de maison; il ne convient pas de s'asseoir avant que ces derniers l'aient fait ou n'en aient prié; en vous plaçant à table, saluez d'un petit coup de tête vos deux voisins; il est inutile de vous faire observer que partout vous devez dire le bénédicité, sans ostentation, mais cependant assez visiblement pour qu'on s'en aperçoive. Vous dépliez votre serviette et l'étendez sur vos genoux, ayant le soin de ne pas l'attacher avec une épingle. Dès le commencement on vous offrira du potage, ensuite autre chose, acceptez quand vous avez envie, ne passez jamais rien à vos voisins, ce serait faire injure au tact de celui qui vous a offert. Pour refuser, ne dites pas simplement: je vous remercie, mais dites: J'ai l'honneur de vous remercier, je n'en prendrai pas; si vous acceptez, dites: J'accepterai avec reconnaissance, ou autres formules semblables. Si la soupe est très chaude, laissez-la refroidir, ou prenez-la sur les bords de votre assiette, mais ne la soufflez jamais, elle se mange avec la cuillère seule et sans le secours de la fourchette. En mangeant, évitez de faire du bruit avec vos lèvres ou en aspirant trop fort les liquides que vous buvez à la cuillère; ne remplissez jamais trop votre bouche. Ordinairement on ne coupe pas son pain, on le brise avec les doigts. Si on vous sert des œufs à la coque, vous pourrez couper votre pain en mouillettes pour le tremper dans l'œuf que vous ouvrez par le gros bout, avec votre fourchette, quand vous avez fini, replacez la coquille sur votre assiette et brisez-la; la politesse défend de tremper son pain dans la sauce qui reste sur l'assiette. Si la maîtresse de maison vous prie de servir un plat, ne vous y refusez pas, à moins que vous soyez trop ignorante sur la manière de découper ou d'offrir; alors, excusez-vous le plus poliment possible. Si vous êtes servie trop copieusement ou que le mets ne vous convienne pas, laissez-le sur votre assiette ainsi que tous les débris, comme aussi ce que vous pourrez trouver de malpropre, évitant de le laisser voir, afin de ne dégoûter personne. Ne vous servez pas de votre cuillère ou de votre fourchette, ni même de votre couteau pour découper et servir un mets. Quand vous avez mis votre cuillère ou votre fourchette à la bouche, replacez-les sur votre assiette, afin de ne pas leur faire toucher la nappe. Il est bien entendu qu'on ne porte jamais son couteau à la bouche et qu'on ne boit pas quand on a la bouche pleine.

Lorsqu'on sert d'un mets extraordinaire ou fort cher, refusez poliment, ce sera votre mortification; soyez toujours très sobre pour le vin et ne le buvez jamais pur. Il ne conviendrait pas à une religieuse de parler de la qualité des

mets, de ce qui est bon. etc. Elle doit être atten-
-tive pour ses voisins dans le cas où ils seraient
agés. Si on vous remet un plat pour vous servir,
gardez-vous de choisir ce qu'il y a de meilleur,
ne le conservez pas long-temps, quelquefois
vous pourrez en offrir à vos voisins avant de
vous servir vous-même. Vous savez qu'il est
très impoli de se servir de son couteau pour se
curer les dents. Dans certaines maisons, on
sert à la fin du diner, des cure-dents et des bols
avec de l'eau tiède pour se rincer la bouche et les
doigts; vous en userez si vous voulez. Quand
vous verrez quelque chose ou quelque meuble dont
vous ne connaissez pas l'usage, laissez ceux qui
sont plus instruits que vous, s'en servir, et si on
vous en propose, avouez tout simplement que
vous ne savez pas ce que c'est, il n'y a point
de déshonneur pour vous à ignorer les choses
de luxe. Au dessert, si on vous offre un fruit,
ne le partagez avec personne, si vous le trouvez
trop gros pour le manger en entier, laissez ce
que vous avez de trop sur votre assiette. Si
vous acceptez du café, servez-vous, pour le sucrer,
des pinces qui sont sur le sucrier, si vous trouvez
les morceaux de sucre trop gros, ne les cassez pas
avec vos doigts à moins que, vous étant déjà

servie, vous ne mettiez sur votre soucoupe, ce qu'il y avait de trop au morceau que vous avez pris. Il est contre l'usage de verser du café dans la soucoupe, il faut le boire dans la tasse. Après le dîner, on passe au salon, si déjà on n'y est pas allé pour le café; c'est l'habitude d'y demeurer quelques instants, après cela, prétextez des raisons de vous retirer promptement, si surtout vous voyez organiser des parties de jeux auxquels vous ne devez jamais prendre part, ni même y assister comme témoin.

Il me reste encore un chapitre à traiter, pour achever ce que j'avais à dire sur la politesse, c'est-à-dire, pour faire une ébauche des principales règles qu'elle prescrit; il s'agit des lettres à écrire. On ne fait généralement pas attention à la manière dont on écrit une lettre et cependant, c'est une chose très importante; l'homme se peint ordinairement dans ses lettres, et les impressions qu'elles produisent, sont bien autrement profondes que celles qui naissent des conversations; d'ailleurs, une lettre sert de titre pour ou contre celui qui l'a écrite. Réfléchissez donc à qui et pour qui vous devez écrire, abstenez-vous de ces lettres inutiles qui n'auraient pas d'objet. Vous avez à écrire à vos parents, à vos Supérieurs, à quelques amies ; par exemple, au jour de l'an, quand il leur arrive quelquechose de fâcheux ou d'heureux, que vous avez quelquechose à demander, ou simplement, pour entretenir une pieuse et douce amitié. Mais pour quelques motifs que vous écriviez, faites votre lettre de manière à ce qu'elle puisse devenir publique, sans vous compromettre.

Je ne vous dis rien du style des lettres, les femmes brillent ordinairement de ce côté ; il doit être naturel avant tout, clair et pieux. On doit éviter de parler de soi, à moins de nécessité ou de grande familiarité ; relisez toujours votre lettre avant de la cacheter et veillez à ce qu'elle soit proprement écrite, sans rature, sans tache ni même post-scriptum, si ce n'est avec ses égaux. Vous devez écrire vous-même et ne vous servir d'une main étrangère que par nécessité, en prévenant de la raison qui vous empêche. N'insérez pas une lettre dans une autre quand vous écrivez à quelqu'un au-dessus de vous ; il n'est pas permis non plus, en pareil cas, de charger de saluer quelqu'un, à moins qu'on ne connaisse très particulièrement, la personne à laquelle on écrit, et encore faut-il prendre une tournure de précaution, par exemple : oserai-je vous prier de faire agréer mes hommages etc. Il en est de même des compliments des autres qu'on ne doit transmettre que rarement et avec les mêmes formes. Parlons maintenant du matériel de la lettre ; il consiste à choisir le papier convenable, à écrire d'une manière lisible, à mettre les titres qui conviennent à chacun, à commencer les lettres plus ou moins bas, selon la qualité des personnes, à les terminer avec plus ou moins de cérémonies, à les plier sous enveloppe, ou sinon, à cacheter avec du pain ou de la cire, à affranchir ou non. Reprenons : on distingue trois sortes de papier à lettre, l'un est très petit et ne s'emploie qu'envers les personnes sans façon ; il a la forme d'un in-8. Le papier ordinaire qu'on emploie avec les personnes qu'on respecte doit être in-4. Le grand papier dont on se sert pour les Ministres ou les pétitions aux Autorités est un petit in-folio ; il faut que ces papiers soient rognés et sans bavure.

Quand on écrit à ses amis, on ne donne pas la ligne en commençant, c'est à dire que l'on fait entrer le mot de Monsieur ou Mon cher ami, dans la première ligne; il n'en est pas ainsi avec les étrangers ou dignitaires. Vous devez commencer par ces mots à la ligne: Monsieur.... Monseigneur, avec le titre ou la qualité de celui à qui vous écrirez. Je suppose que vous écrirez à Monseigneur l'Archevêque ou au Préfet, mettez ce mot: Monsieur etc... au tiers de la page et commencez votre lettre trois travers de doigt plus bas, vous laissez le même espace au bas du papier; vous commencez la seconde page vis-à-vis la suscription, c'est-à-dire le mot: Monsieur etc; vous devez laisser une marge à peu près du quart de la largeur du papier, mais il ne faut pas la marquer par un pli. Faites entrer dans la première ou seconde ligne, le titre du dignitaire auquel vous écrirez, par exemple, pour Monseigneur: J'ai l'honneur d'exposer à Votre Grandeur etc... Le Préfet a simplement le titre de Monsieur, les Cardinaux celui d'Eminence; les Ministres, celui d'Excellence et de Monseigneur ou Monsieur; les princes du sang, celui d'Altesse royale, le roi, celui de Sire et de Majesté; la Reine celui de Madame ou de Majesté; le Pape; Très saint Père et Votre Sainteté.

Évitez de commencer votre lettre parlant de vous, mais dites quelque chose qui ait rapport à la personne à laquelle vous écrivez ; en commençant une seconde page, il faut y ménager la répétition du titre de Monsieur ou Madame etc. dans la première ligne.

Voyons maintenant, comment vous devrez terminer vos lettres. Avec les égaux ou amis, ou familiers, peu importe ; mais avec les dignitaires, vous employez plus de formes : Votre lettre doit se terminer à peu près au milieu d'une page, ou aux deux tiers ; voici une formule dont vous pouvez vous servir, par exemple avec Monseigneur : Agréez l'assurance du profond respect avec lequel j'ai l'honneur d'être, Monseigneur, (ou Mr. le Préfet) De votre Grandeur la très humble servante etc... Ou simplement : Je suis avec un profond respect etc... Les premières paroles forment une ligne, le mot : Monseigneur ou Monsieur, une autre ; votre très humble etc. une troisième et enfin, la signature au bas à droite. Quant à la date, elle se place au dessous de la lettre, à droite, ou au bas à gauche, indifféremment. Remarquez qu'on n'écrit jamais par abréviation les mots Monsieur ou Madame, si ce n'est en parlant d'une troisième personne étrangère à celle à qui l'on écrit et non titrée. Toutes ces formes se modifient suivant la dignité des personnes ; c'est au tact de chacun qu'est réservé le soin de ce qui convient. Quand vous écrivez à des personnes ordinaires, pliez votre lettre de cette manière : les deux extrémités du papier doivent se rejoindre au milieu ; ce pli en forme un second dont les deux parties s'insinuent l'une dans l'autre, de manière que la petite renferme la grande ; on laisse plus ou moins de largeur à la partie où se place le cachet, suivant la dignité de la personne. Servez-vous de cire toutes les fois que vous adressez une lettre à quelqu'un de respectable, autrement le pain suffit. Le cachet se place au quart de la largeur. Si vous écrivez à un dignitaire, tel que Monseigneur, etc., pliez votre lettre en quatre et mettez-la sous enveloppe et non sous bande. L'adresse se compose de quatre lignes au plus : la première n'est occupée que par ce seul mot : Monsieur, etc., la seconde le répète avec le titre et la troisième indique le lieu de la demeure. Je ne sais si vous comprendrez mon explication ; mais ce sont des formes plus faciles à peindre qu'à décrire. Je devrais peut-être en finissant vous indiquer des modèles de lettres, non pas pour vous engager à les copier, rien n'est plus sot, mais pour vous donner une idée du style et de la manière dont une Religieuse doit écrire, vous les trouverez dans les lettres de St Basile, de St Grégoire, St François de Sales, de Ste Thérèse. En voilà assez ; Dieu veuille que je ne rende pas compte de mon temps perdu.

Conseils de Mère Faivre
Aux jeunes Professes qui quittent Besançon pour aller aux petites Maisons.

Prenez garde, mes enfants, en quittant la Maison mère, d'oublier les saints engagements que vous avez contratés avec N.S. aux pieds des saints Autels. Travaillez tous les jours à la culture de votre âme, par la pratique exacte de la Règle, regardez-la comme le chemin du Ciel pour vous et lisez-en tous les jours quelque chose. Soyez bien fidèles, non seulement à faire vos exercices de piété, mais à les bien faire, principalement, l'oraison et l'examen ; soyez fidèles à la préparer par la pratique du silence et l'éloignement des pensées inutiles ; prenez-y tous les jours des résolutions et la même longtemps, et qu'elle soit le sujet de votre examen. Soyez fidèles à faire votre retraite du mois et à rendre compte de vos dispositions intérieures à votre Mère. Les choses dont vous devez lui rendre compte sont : de la manière dont vous faites votre oraison, votre examen, vos lectures, les fruits que vous en retirez ainsi que de la

réception des Sacrements, de l'assistance à la
S.te Messe ; de vos dévotions particulières, de vos
rapports avec vos sœurs, de vos sympathies, de
vos antipathies, de votre manière de juger
vos sœurs, les domestiques ; de la manière dont
vous combattez vos tentations de vanité, de jalousie, de respect-humain, de paresse, d'envie
de plaire, d'amour propre etc.; de votre fidélité
dans les petites choses et de l'importance que
vous y attachez ;

Une des recommandations que je
vous fais, Mes chères enfants, et sur laquelle
j'insiste le plus fortement, c'est de ne faire
de confidence à personne qu'à votre Mère,
et de n'en recevoir de personne ; c'est l'ennemi
le plus dangereux que vous puissiez rencontrer. Ne parlez jamais de votre Mère et
ne vous en laissez pas parler pour blâmer,
censurer et critiquer sa conduite, répondez
hardiment que vous n'êtes pas chargée de la
juger, que je vous l'ai défendu. Ne parlez
pas non plus des compagnes avec lesquelles
vous avez été, respectez les défauts de vos sœurs
comme le prix du sang de N.S.
Prenez bien garde de donner des préventions
par des paroles inconsidérées contre vos sœurs,

ne blâmez rien en présence des autres ; si vous entendez ou voyez quelque chose de répre-hensible, priez pour celle qui a failli et taisez-vous.

Faites cela et vous vivrez.

Résumé
de quelques paroles de Mère Faivre
sur l'amour de la Congrégation
et de sa Règle.

Il est une marque non équivoque, à laquelle chacune de nous peut reconnaître si elle est véritablement religieuse. Il faut pour cela, qu'elle sonde son propre cœur et qu'elle examine si elle a l'amour de sa Congrégation et de sa Règle, sans cela, point de perfection, point d'amour de Dieu, c'est comme le point de mire devant lequel viennent s'évanouir, toute perfection ima-ginaire, tout esprit qui n'est pas véritable-ment religieux. En effet, chacune de nous doit considérer sa Congrégation comme sa famille, je dirai plus : comme sa mère dans l'ordre spirituel, de laquelle elle tient tous les biens ; en effet, c'est elle qui l'a reçue à son entrée en Religion, qui l'a élevée et formée, qui lui a fait triompher de tous les obstacles, qui l'a protégée et qui la protège encore chaque jour, contre le monde et le démon ; c'est elle qui l'entoure comme d'un rempart contre lequel se brisent les périls et les dangers. Elle est pour elle un port assuré, un séjour de paix et de bonheur, l'Arche sainte qui, en la sauvant du naufrage, l'introduira dans la céleste patrie. Alors, tous ces titres là, ne méritent-ils pas notre amour ? La justice et la reconnaissance se réunissent pour l'exiger comme une chose due.

Mais remarquons ici que cet amour, pour être véritable, doit se prouver par les œuvres, car il ne consiste pas seulement dans une certaine affection qui nous attache naturellement aux personnes avec lesquelles nous vivons et qui ont les mêmes goûts et la même vocation que nous. Cet amour ne consiste pas non plus dans un certain sentiment, fruit le plus souvent de l'amour propre et qui, nous faisant épouser les intérêts, les joies et les peines d'une Congrégation dont nous faisons partie, semble faire peser sur nous tout ce qui peut l'élever ou l'abaisser aux yeux de Dieu et des hommes. Ne prenons pas le change, ces motifs là, sont des motifs purement charnels et des preuves on ne peut plus équivoques, de l'attachement véritable que nous devons avoir pour notre Congrégation. Notre amour, pour ne pas être illusoire, doit avoir pour base le renoncement à nous-même, c'est-à-dire que, dans toutes les occasions, grandes ou petites, pénibles ou agréables, parmi les œuvres honorables ou humiliantes, on doit également nous trouver prêtes à nous sacrifier, pour le bien et l'avantage, non-seulement de notre Congrégation en général, mais encore pour l'avantage et le soulagement de chacune de nos sœurs; nous devons sacrifier à leur bonheur, à leur bien être, nos goûts, nos répugnances, notre repos, notre bonheur personnel, notre santé, notre vie même et cela, sans hésiter, sans délibérer. Il faut que toujours, nous soyons dans la disposition d'embrasser et d'accepter tel ou tel emploi, de partir pour telle ou telle maison. Il faut en un mot, que nous laissions entièrement de côté nos intérêts, non seulement corporels, mais même spirituels, pour les sacrifier tous, sans exception, au bien commun de la Communauté ; sans cela, point d'attachement véritable pour notre Congrégation.

Toujours et partout, soyons donc prêtes à nous dévouer entièrement pour la dernière et la moindre de nos sœurs, comme pour la première et la plus digne d'estime. N'oublions pas non plus que nous sommes redevables à notre Congrégation, de tous les talents et avantages du corps et de l'âme, de l'esprit et du cœur, qu'il a plu au Seigneur de nous départir ; il ne nous les a donnés que pour les employer à sa gloire et par là, les faire servir à l'avantage et au bonheur de notre Communauté ; il faut donc que, de notre côté, nous les dépensions tout entier à cette fin, sans rien nous en attribuer ni réserver. Prenons garde d'enfouir, par notre paresse et notre négligence, le talent que Dieu nous a donné ; efforçons-nous au contraire, de le faire fructifier, afin que quand Dieu nous demandera compte de notre administration, nous puissions recevoir de lui un jugement favorable.

Ce que nous venons de dire touchant l'amour pour notre Congrégation, peut s'appliquer également à l'amour de notre Règle, l'un ne pouvant exister sans l'autre, tellement ils sont liés. En effet, l'amour que nous avons pour notre Congrégation devant nous porter à faire et à désirer tout ce qui peut la maintenir, la fortifier, et sachant que l'observation de notre Règle est précisément ce qui en fera la force et l'union, nous devons en embrasser la pratique dans toute son étendue.

Rappelons-nous, pour nous renouveler dans l'amour de notre Règle, qu'elle est pour nous l'expression exacte de la volonté de Dieu, le lien qui nous unit toutes ensemble, la voie assurée qui nous conduira au Ciel; la matière de notre jugement, le gage de notre paix en ce monde, et le prix de notre bonheur éternel. Sachons donc reconnaître de si grands avantages; que chaque religieuse se regarde comme chargée de maintenir individuellement la pureté de la Règle et de veiller à sa garde. Pour cela, qu'elle sache sacrifier tout pour son entier et continuel accomplissement. Que toujours

on la trouve humblement et amoureusement soumise aux petits points comme aux
plus grands points de la Règle; dans les choses faciles comme dans les plus pénibles; dans
celles qui coûtent le plus à la nature comme
dans les plus agréables. Il faut qu'elle se
dépense toute entière pour le maintient de
cette Règle, sans aucun retour sur elle-même,
sur ses propres intérêts; que ne se laissant
jamais dominer par le respect humain,
elle ne craigne pas de dire aux gens du
monde, ma Règle m'appelle à tel ou tel exercice, elle demande de moi tel ou tel service,
elle exige tel ou tel sacrifice, elle me défend
telle ou telle chose; d'ailleurs, qu'elle ne s'y
trompe pas, en agissant de la sorte, les personnes auxquelles elle aura à faire, quelque
peu chrétiennes qu'elles soient, ne sauraient
les blâmer au fond, et quand bien même
elles pourraient s'en moquer, elles ne pourront se défendre intérieurement de l'estimer
et de la respecter. Il y a malheureusement, même entre nous une espèce de respect humain qui nous maîtrise et nous
fera ne pas oser dire à telle ou telle Sœur:
la règle ne nous permet pas cela, elle nous

défend ceci. Oh! comme cet orgueil est déplacé et comme il doit blesser le cœur de notre divin Époux! Quoi! nous aurions honte de lui être fidèles; nous voudrions, pour un vil intérêt, lui déplaire; nous sacrifierions son amour et celui de notre Règle, à nos satisfactions et, pour ne pas nous gêner un peu et nous vaincre, nous deviendrions parjures, car nous nous sommes engagées par vœu, à suivre cette Règle que nous violons impunément.

Examen
de la Religieuse hospitalière.

La foi. Si on a des doutes, si on ne prend pas le soin d'agir par des motifs de foi.

L'Espérance. Si on se livre au découragement, soi sur son salut ou sur sa perfection, si ces dispositions sont habituelles ou passagères.

Confession. Si on a fait sa pénitence, si on l'a différée, si on l'a faite à la hâte, si on a été mécontent de son Confesseur par amour propre et parcequ'on ne trouvait pas qu'il s'occupait assez de nous, si on s'arrête ou combat ces sentiments.

Communions. Si on en a omis, si c'est par amour propre, par paresse, par indifférence ou scrupule ; comment on s'y prépare et quel fruit on en retire.

Exercices de piété. L'oraison, si on y manque facilement, si on s'y prépare ; quelles distractions sont plus ordinaires, si c'est le soin de l'office ou des sentiments d'amour propre, ou des réflexions inutiles sur le

prochain, ou des pensées frivoles qui viennent du défaut de mortification de l'esprit;
Même examen sur la Messe, la lecture, l'examen et les autres exercices de piété.

Vœux. Obéissance, estime des Supérieurs,
de leurs ordres, conformité de volonté par
esprit de foi: Obéissance à la Règle, ponctualité aux exercices de Communauté;
causes ordinaires des manquements à cet
égard: légèreté ou perte du temps dans les
entretiens inutiles, ou attachement à finir
un ouvrage commencé, ou manque d'ordre dans son ouvrage, ou mépris, regardant
ces manquements comme peu de chose.

Pauvreté. Estime de la pauvreté ou mépris;
demander les permissions prescrites par
la Règle ou les ommettre; les causes de ces
manquements, si c'est l'esprit d'indépendance, la crainte d'être refusée ou la paresse; exiger des services personnels, se
plaindre des privations qu'on a à supporter, des manques d'égards, recherche
dans ce qui nous appartient, etc.

Charité. Parler sans nécessité des défauts
d'autrui, se plaindre des manquements
du prochain à notre égard, se choquer de ses

faiblesses, les tourner en ridicule, les repren-
-dre trop durement ; excuser en soi ce qu'on
ne pardonne pas à d'autres, avoir des pré-
-ventions qui nous font aimer les unes et brus-
-quer les autres, ne pas céder ou le faire avec
peine lorsque les idées d'autrui ne s'accordent
pas avec les nôtres.

Amour propre. Volonté trop forte et trop entière,
ne pas supporter qu'on s'oppose à nos idées ;
supporter avec murmures, plaintes ou impa-
-tience, les contradictions journalières, les regar-
-der comme un obstacle à notre salut, au lieu
d'un moyen ; regarder avec dédain les prati-
-ques d'humilité ; désirer l'estime, se tourmen-
-ter, s'irriter, quand on croit ne pas l'avoir, sur-
-tout de certaines personnes ; s'arrêter à des per-
-sées de vanité. On explique la manière dont
on les combat.

Envie. Jalousie, principe d'une grande
partie de nos jugements, dont souvent on ne
s'aperçoit pas, détours secrets, difficulté extrê-
-me à reconnaître et à s'avouer ce défaut et
plus encore à le laisser voir à d'autres.

Sensualité. Dans le boire, dans le man-
-ger, dans le sommeil ; mener une vie plus
molle que l'état de la santé ou les forces du

tempéramment ne l'exigent ; ne pas se rappeler assez, qu'une vie pénitente doit être celle d'une épouse de J.C.

Modestie. Se servir d'expressions trop fortes, exagérer la vérité, avancer avec un ton trop entier son sentiment ; parler trop haut et avec un ton trop impérieux ; désirer de tout voir, tout entendre et tout savoir ; facilité à vouloir parler et raisonner sur tout.

Sur le soin des malades.

Suis-je empressée à donner aux malades, tous les soins possibles ? Ai-je eu à leur égard, une patience infatigable ? Leur ai-je parlé avec douceur ? Ai-je constamment prié pour eux ? Est-ce un motif de foi qui m'a soutenue, pensant que J.C. tient fait à lui-même, tout ce que l'on fait au dernier des hommes ? Ai-je eu du zèle pour le bien spirituel des malades ? Ai-je soin de leur parler, avec prudence toutefois, de Dieu, d'une vie future, de la confession ? Mon zèle n'est-il pas indiscret et ne va-t-il pas jusqu'à fatiguer les malades. Ai-je gardé, autant qu'il a été possible, les règles de la modestie ? Ai-je évité un trop grand empressement, qui est cause que l'on fait tout mal ? Ai-je eu pour les étrangers, de la prévenance, des manières honnêtes et réservées, capables de faire honneur à la Religion? Avec les médecins et Administrateurs, ai-je observé les règles de la politesse, de la prudence, sans aucune familiarité ni trop grande facilité à parler? Avec les domestiques, mon autorité a-t-elle été douce et ferme? Lorsqu'on administre les malades, ai-je soin d'y assister avec esprit de foi et de prier pour le salut du moribond? Après leur mort, ai-je prié pour les malades défunts, auxquels trop souvent, personne ne s'intéresse?

Examen du Soir.

L'Oraison: Application, ferveur; situation du corps respectueuse; règlement sur ce qui peut arriver d'extraordinaire ce jour là, choix d'un sentiment pieux pour s'entretenir tout le jour avec Dieu; examen à la fin de l'oraison, sur la manière dont elle aura été faite.

L'Office: Recueillement, modestie, attention, union avec l'Église, méditation des mystères de la vie de la Sᵗᵉ Vierge.

La Sᵗᵉ Messe: Union avec le prêtre, ou méditation

des mystères de la Passion de N. S. Communion spirituelle, sacrifice de soi-même.

Le Travail: Qu'il soit fait par obéissance, quand il le faut, avec soin, union avec J. C. à Nazareth.

Les repas: Attention aux prières et à la lecture, point trop d'empressement, rien de particulier, ce qui se présente sans choix ; propreté par esprit de charité, et toujours, mortification sur tout ce qui peut nuire à la
santé et sur quelque chose qui flatte la sensualité.

Les Récréations: Lieu de Communauté ; honnêteté, bienséance d'actions et de paroles, sans
contestation, sans éclat ; entretiens avec Dieu,
finir au temps marqué.

Le soir: Retraite prompte, silence profond, préparation de l'oraison ; au lit, exactement à
l'heure, le regarder comme l'image du tombeau,
attendre le sommeil avec les mêmes pensées
que nous voudrions porter au tribunal de J. C.

Charité: Douce, compatissante, officieuse,
prévenante ; point de rapports, de médisances,
de railleries ; souffrir tout et de tous et ne
rien donner à souffrir à personne.

Obéissance: A tous ceux qui ont autorité sur

nous, sans distinction, sans délai, sans réplique et sans murmures.

Chasteté. Modestie, réserve infinie, garde des sens, horreur des moindres licences, point de conversations inutiles avec les malades, les chirurgiens ; fuite des occasions.

Pauvreté : Dépendance dans les moindres bagatelles, se passer de tout ce qui n'est pas absolument nécessaire, et pour le nécessaire, toujours moins que plus.

Considérations
sur les causes de nos imperfections et sur les remèdes que nous devons y apporter.

1.re Nous n'appliquons pas notre esprit à bien faire toutes nos actions, nous ne les faisons pas dans le temps, dans le lieu, de la manière et pour la fin que nous devons; nous les faisons parcequ'il faut les faire, mais nous ne nous étudions point à les bien faire; nous travaillons, ou par humeur, ou par crainte, ou par nécessité, ou par habitude; au lieu de perfectionner nos ouvrages, de les polir, de les achever, nous ne faisons que les ébaucher; à peine en avons-nous commencé un, que nous en commençons un autre; pouvons-nous offrir ces actions à Dieu et lui dire que c'est pour lui que nous travaillons?

Oh! que nous serons étonnées à la mort, lorsqu'on nous dira ces paroles de l'Apocalypse: Vous n'êtes pas de froids, je ne trouve pas vos actions pleines, devant Dieu; ce n'est que vanité, qu'amour propre, que recherche de vous-mêmes; ce sont des cadavres d'actions sans esprit et sans amour ; elles sont trop légères, elles ne sont pas de poids et elles méritent plutôt des châtiments que des récompenses. Pour éviter ce malheur, accoutumez-vous à faire vos actions par un principe de foi, avec une intention droite, pure et sainte ; mettez-y toute l'application de votre esprit et toute l'affection de votre cœur, considérant que Dieu vous regarde, qu'il attend ce service de vous, qu'il veut être honoré de vous par cette action ; qu'il a attaché une grâce particulière à cette action ; qu'il reconnaîtra si vous l'aimez, par cette action ; que sa sagesse a de toute éternité, réglé cette action, que sa grandeur infinie ennobli cette action, que sa sainteté adorable consacre cette action, que sa volonté souveraine ordonne cette action ; que son amour sera satisfait si vous faites cette action ; que la paix de votre cœur dépend de cette action ; que peut être votre salut dépend de la manière dont vous ferez cette action, etc. . . .

La seconde source de nos imperfections, c'est le défaut de recueillement et d'attention sur nous-mêmes. On se plaît à demeurer et à s'entretenir avec ceux qu'on aime ; le cœur vole au lieu où est son trésor, on ne pense qu'à ce qu'il désire ; si nous avions de l'amour pour Dieu, nous penserions incessamment à Lui et nous demeurerions en sa compagnie, et parce qu'il est le maître de notre âme, nous ne sortirions jamais de nous si nous l'aimions ou nous y rentrerions aussitôt. Mais hélas ! nous ne pouvons demeurer chez nous, parce que nous n'y trouvons rien qui nous plaise et nous sommes toujours répandues au dehors, pour trouver quelques consolations parmi les créatures. Quel moyen d'avoir les consolations du Ciel, lorsqu'on recherche celles de la terre, de jouir des satisfactions de l'esprit et de celles des sens ? Que de pièges le démon tend à cette âme, et quelle peine pour elle de rentrer chez elle ; elle y trouve un Dieu méprisé, un époux irrité, un père offensé ; un cœur malade, un esprit dissipé, une conscience troublée ; en un mot, tout y est dans le désordre et la confusion. Terrible position ! Pour l'éviter, vivez autant que vous le pourrez en la présence de Dieu, soyez recueillies pendant vos occupations extérieures ; faites avec les pieds de votre âme ce que vous faites avec ceux de votre corps ; quand vous marchez, l'un de vos pieds demeure ferme et immobile pendant que l'autre avance. Lorsque votre esprit travaille, que votre cœur soit en repos et demeure immobile dans son centre qui est la volonté de Dieu, dont il ne doit jamais s'écarter; avant de commencer une action, examinez si elle est dans l'ordre, si elle plaît à Dieu, si c'est pour lui que vous la faites, demandez-lui sa bénédiction; pendant l'action, élevez de temps en temps votre esprit à N. S., renouvelez la pureté de votre intention, rafraîchissez un peu votre cœur qui s'échauffe pendant le mouvement, empêchez-le de se souiller par quelque satisfaction naturelle. La marque à laquelle vous reconnaîtrez que vous faites une action pour Dieu, c'est lorsque vous la quittez sans peine et que vous ne vous fâchez point quand on vous interrompt. Après l'action, rentrez dans la solitude de votre cœur, reposez-vous un petit moment sur le sein de N. S. avant de passer à une autre; ne croyez pas avoir perdu la présence de Dieu pour avoir été quelque temps sans penser à Lui; il n'est pas possible, en cette vie, que l'esprit soit toujours occupé de Dieu; cette pensée pourrait même le distraire de son travail, mais le cœur ne doit jamais s'éloigner un moment de son amour et de son obéissance.

Remarquez bien l'avis que je vais vous donner : Vous êtes toujours en la présence de Dieu, tandis que vous faites sa volonté, et vous pensez à Lui tout le temps que vous pensez à bien faire ce qu'il vous ordonne, car il veut que vous fassiez bien toutes vos actions et vous ne les pouvez pas bien faire, si vous n'y appliquez tout votre esprit ; c'est pourquoi, si la pensée de Dieu m'empêchait de m'appliquer à ce que j'écris, je serais obligée de la rejeter comme une distraction.

Il ne faut donc point imaginer que vous vous soyez éloignée de Dieu, ni que Dieu se soit éloigné de vous, pour avoir été quelque temps sans penser à Lui ; si vous avez fait sa volonté, vous avez toujours été en sa présence, vous ne la perdez que lorsque vous faites ce qu'il ne veut pas ; vous êtes unie de cœur et d'esprit à Dieu quand vous vous appliquez à bien faire ce qu'il veut et que vous êtes tellement disposée, que si l'on vous demandait pourquoi vous faites cette action, vous puissiez répondre aussitôt que c'est pour Dieu, que c'est pour lui obéir et lui plaire. Souvenez-vous que vous n'êtes distraites qu'autant que vous voulez l'être et que si vous ne l'avez point voulu, vous ne l'avez point été.

La troisième et la principale source de nos imperfections, c'est que nous aimons trop les douceurs de la vie et que nous avons horreur de la mortification qui est ce qui fait un chrétien, un religieux et un prédestiné ; mais nous avons au dedans de nous-mêmes, l'amour propre qui cherche toujours le plaisir sensible et qui nous donne un penchant furieux au péché ; hors de nous, le démon qui nous tente, le monde qui nous attire, les objets qui nous flattent, les occasions qui nous entraînent, les faux-amis qui nous trompent. C'est pourquoi, si nous ne sommes toujours sur nos gardes et si nous ne fermons les portes de nos sens à tous les ennemis qui nous assiègent, ils se rendront bientôt les maîtres de notre cœur. Il y a une opposition étrange entre l'âme et le corps, entre l'esprit et la chair, entre la grâce et la nature ; ce qui fortifie l'un affaiblit l'autre ; ce qui donne la vie à l'une donne la mort à l'autre. Donc, pour conserver la vie de la grâce, il faut incessamment, mortifier les inclinations de la nature ; ce n'est pas assez de se mortifier pour un temps et en quelque chose, il faut, s'il est possible, se mortifier en tous temps et en toutes choses, avec prudence et discrétion. Une satisfaction que l'on donne à la nature, si cette satisfaction est déréglée, la rend plus fière et plus insolente, que cent victoires que vous aurez remportées ne l'auront affaiblie. Il faut toujours remonter une horloge, toujours cultiver un jardin ; toujours laver des mains, toujours peigner sa tête ; si vous négligez quelque temps de mortifier vos passions, vous ne reconnaîtrez plus rien en votre âme.

Mes frères, disait St Bernard ; ce qui est coupé, repousse ; ce qui est éteint se rallume, ce qui est assoupi se réveille.

Pour conserver l'esprit intérieur de dévotion, il faut empêcher son âme de se répandre au dehors, en lui fermant les portes des sens et l'environnant de toutes parts, d'une haie d'épines, comme parle un prophète ; or, c'est ce que nous ne faisons pas et, c'est la cause de toutes nos tiédeurs, de tous nos relâchements et de toutes nos indévotions. Nous faisons vivre la nature au lieu de la faire mourir, nous ne travaillons qu'à lui donner des forces au lieu de l'affaiblir ; nous ne voudrions pas faire la moindre violence à nos inclinations naturelles, ni nous priver de la plus légère satisfaction pour l'amour de Dieu ; nous ne cherchons que nos aises, notre repos et nos petites commodités naturelles ; nous n'aspirons qu'à cette vie douce et aisée qui ne s'incommode en rien ; si nous mortifions la nature en une chose, nous la dédommageons aussitôt par une autre satisfaction que nous lui donnons. Si nous sommes recueillies pendant une retraite, aussitôt que nous en sommes dehors, nous ouvrons les portes de nos sens aux objets qui nous peuvent dissiper ; nous abandonnons l'étude de la mortification et nous nous faisons un point de conscience de réparer les dommages de la nature : cela est trop gênant, dit-on, cette dévotion est trop austère, elle incommode la santé, je ne suis point faite à cela, je ne pourrais vivre de la sorte. Dites donc aussi que vous n'êtes point homme raisonnable, que vous n'êtes point chrétien, que vous n'êtes point religieux ; dites donc que vous n'êtes point prédestiné ; car, pour être homme, il faut vivre par raison, pour être chrétien, il faut crucifier sa chair; pour être prédestiné, il faut imiter J.C. marcher sur ses pas et suivre ses exemples. Dites encore que vous êtes esclaves et ennemis de Dieu, puisqu'on ne peut servir deux maîtres. Dites que vous n'avez point l'esprit de J.C. puisque vous obéissez à la chair qui lui fait une guerre continuelle. Dites enfin que vous renoncez au Paradis puisqu'il n'est qu'à ceux qui combattent et qui se mortifient.

O! âmes chrétiennes! n'êtes vous venues au monde que pour vivre en bêtes! Avez-vous été baptisées pour fouler la Croix aux pieds et lever l'étendard de la révolte! Est-ce la ce que vous avez promis lorsque vous êtes venues en Religion! Où vous placera-t-on dans le Ciel? sera-ce parmi les martyrs tous chargés de plaies? sera-ce parmi les confesseurs tous consumés de pénitence!.. Il n'y a point de saint qui n'ait crucifié sa chair avec ses vices; et vous, lâches déserteurs de la Croix, âmes délicates et sensuelles, vous oserez prendre place parmi ces vieux guerriers, ces nobles conquérants, qui ont passé leur vie dans les combats et qui ont remporté une infinité de victoires! Et vous, âmes Religieuses, dévouées à J.C. est-ce pour trouver de misérables satisfactions dans la Religion que vous avez quitté le monde et ses plaisirs ? Est-ce pour faire votre volonté que vous avez choisi cet état ou pour faire celle de Dieu ? Est-ce pour obéir à vos passions ou pour les vaincre ? Est-ce pour vivre selon les sens ou selon l'esprit ? Et comment vivrez-vous selon l'esprit si vous ne mortifiez vos sens ? Oh ! je ne m'étonne pas que vous soyez si misérables ; vous cherchez le plaisir que vous ne sauriez trouver et vous fuyez la Croix que vous ne sauriez éviter.

O mon Dieu ! Quel plaisir vous faites sentir à une âme qui s'est privée pour l'amour de vous, de quelques satisfactions !

Rappelez-vous que vous n'êtes au monde que pour vous sauver, et en religion, que pour vous sanctifier. Ainsi, vous devez vous mortifier, puisque sans mortification, vous ne pouvez être ni chrétiennes, ni religieuses, ni heureuses.

Appliquez-vous donc à faire vivre et régner J.C. en vous ; mortifiez votre langue, vos yeux, vos oreilles, votre volonté, votre empressement naturel ; votre chair, ne lui accordez que le strict nécessaire, à moins que la raison ou l'obéissance n'en dispose autrement ; accoutumez-vous à vous priver de ce que vous désirez avec passion; et vous verrez que pour une misérable satisfaction que vous vous serez refusée, Dieu versera dans votre âme des torrents de délices et des consolations inexprimables.

Goûtez et voyez combien le Seigneur est doux.

Défauts à éviter.

1º Défauts opposés à la simplicité.

Avoir l'air embarrassé en compagnie, ne parler presque jamais.

Avoir des expressions singulières et recherchées, des manières affectées, et à prétention.

Chercher à découvrir toujours le secret d'autrui.

Quand on est interrogé dans les conférences, avoir le ton mal assuré et pas naturel.

Faire de petites railleries de personnes absentes que l'on applaudit ordinairement en leur présence.

Affecter, dans ses habits, une trop grande

propreté, ou une trop grande négligence.

Être flatteuses, cérémonieuses; ne pas répondre directement aux questions qui nous sont adressées, mais se servir d'équivoques, de paroles ambiguës, surtout pour éviter une confusion.

2° Défauts opposés à l'esprit d'humilité.

Parler toujours de soi, de ses parents, de ses amis, de ses succès, de ses peines, de ses biens, de son pays.

Avoir l'air mécontent lorsqu'on nous contrarie; contester avec clameur et opiniâtreté; parler avec amertume de ceux qui nous ont humiliée, comme des Supérieurs.

Tenir opiniâtrement à ses idées; émettre des opinions singulières; avoir un air trop impérieux avec les ouvriers, les malades, les domestiques; au contraire, se trop familiariser avec eux; tenir avec eux et les séculiers, des conversations trop longues et déplacées; aller et venir dans la maison sans nécessité; sortir de son office sans dire où l'on va ni laisser quelqu'un pour le garder ; s'occuper de choses qui ne nous regardent pas ; rechercher la compagnie des personnes remarquables par leur naissance ou leurs talents, vouloir imiter leur ton et leurs manières, leur applaudir et chercher à en être louée ; user d'équivoques et de duplicité pour qu'on ne soupçonne pas que nous sommes d'une naissance obscure.

3° Défauts opposés à l'esprit de Foi.

Parler du monde, de ses plaisirs, de ses honneurs, de ses richesses, avec une certaine estime.

S'entretenir des nouvelles du monde, de la politique, donner à entendre par son air, que l'on trouve trop sévères les maximes de l'Évangile sur l'amour de la pauvreté, des humiliations et des souffrances.

Avis
à une Religieuse.

Priez sans cesse le Seigneur de vous faire la grâce de le connaître et de vous connaître vous-même de plus en plus; si vous le priez comme il faut, il ne manquera pas de vous éclairer.

Souvenez-vous de ces paroles de l'Évangile: le royaume des Cieux souffre violence, il n'y a que les violents qui l'emportent.

Regardez en tout la volonté de Dieu et tâchez de la suivre, ce sera un grand acheminement à la paix intérieure; accoutumez-vous de bonne heure, à faire toutes vos actions avec paix, tranquillité et ferveur.

Un solitaire disait autrefois que, de même que les mouches s'éloignent promptement d'un vase rempli d'eau bouillante, aussi elles s'attachent à celui qui ne contient que de l'eau tiède; de même, les démons fuient les âmes embrasées de l'amour de Dieu et persécutent sans cesse, celles qui vivent dans la tiédeur. Une âme tiède est tôt ou tard, la dupe du démon; quel motif pour vous soutenir dans la ferveur !.....

Ne faites-et ne dites rien qui puisse tendre à votre louange, et ne vous complaisez pas dans celles que l'on pourra vous donner. Combattez ce sentiment naturel par le souvenir des exemples de N. S.; lequel ayant fait des miracles, fut accusé de les avoir faits au nom de Béelzébuth, et qui pour l'ordinaire, allait se cacher et prier Dieu son père, lorsqu'il avait fait quelque action éclatante, et qui enfin, n'essuya que de l'ingratitude de ceux auxquels il n'avait fait que du bien. Il faut que ces réflexions soient encore guidées par l'amour de N. S., car c'est le cœur qui doit donner le plus de vigueur et de force à tout ce que nous entreprenons de bien; l'amour est fort comme la mort, dit l'Apôtre, il nous fait faire tout ce que nous voulons. Un peu d'amour de Dieu et tout ira bien.

Il faut toujours croire que nous sommes les principales causes de nos croix et de nos peines, et ne pas nous en prendre à ceux de qui la peine nous arrive. Nous devons dire: si j'étais plus mortifiée, si j'avais mieux combattu mes penchants mauvais, ce procédé, cette parole ne me ferait pas tant de peine ; je souffre parce que je suis trop orgueilleuse, parce que la nature est trop vivante en moi ; je suis troublée abattue, parce qu'on a réveillé en moi telle ou telle passion ; c'est donc une preuve certaine que je ne l'ai pas combattue, que je ne l'ai pas portée aux pieds du Sauveur pour lui en faire l'immolation. Il faut dans ces moments-là, prier et s'humilier devant Dieu et se répéter souvent à soi-même ces paroles : C'est ma faute.

Le bon Dieu est mon boursier, je ne compte pas avec lui ; si j'ai quelque mérite c'est lui qui le saura ; que sont mes œuvres s'il les juge à la rigueur. Je ne m'occupe point de ce qui me reviendra de telle ou telle action ; le Seigneur le sait, cela me suffit ; mon partage est le travail et la souffrance. Un enfant s'occupe-t-il du gage qu'il aura, lorsqu'il travaille dans la maison de son père ?

Une marque sûre de nos progrès dans la vie spirituelle, c'est la connaissance toujours plus profonde de notre propre misère, de nos faiblesses et des illusions que nous nous faisons continuellement ; plus on pénètre dans cette connaissance avec humilité et sans découragement, plus on peut croire qu'on est dans la bonne route.

Une règle fixe et presqu'immanquable pour acquérir l'humilité, c'est de se dire toujours dans tous ses manquements : c'est ma faute. La seconde chose, c'est de faire ses actions tout simplement, tout bonnement, sans long-temps penser à ce qu'on en dira ou pensera ; les faire devant Dieu, le plus parfaitement que l'on peut, et si on a réussi devant les créatures, ne pas attendre ou désirer qu'on nous en loue, aller son chemin comme si on n'avait rien fait ; si on a manqué, être bien aise qu'on nous humilie et blâme ; enfin, se tenir aux plus petites choses qui ne font aucun éclat et y mettre toute la perfection possible ; vouloir seulement être agréable au Cœur de Jésus, par les actes qui ne paraissent rien aux yeux du monde, mais que l'œil de Dieu verra avec complaisance parce que l'amour propre y aura moins de part.

Une religieuse hospitalière doit s'appliquer

à acquérir plus particulièrement trois choses: De l'instruction, de la piété et l'esprit de son état. Par la première chose on entend une instruction chrétienne et religieuse. L'instruction chrétienne comprend: l'histoire S.te depuis le commencement du monde; l'ancien et le nouveau testament, le catéchisme et l'Evangile. L'instruction religieuse comprend la méditation de la vie de N.S., la lecture de la vie des Saints et particulièrement des Saints religieux. Cette instruction servira de base à sa perfection et de soutien dans toutes les circonstances de sa vie; elle sera cette pierre ferme, ce rocher inébranlable que les orages et les tempêtes ne pourront renverser; tout tomberait autour d'elle, elle reste ferme parce qu'elle connait la Loi de Dieu, les préceptes de l'Evangile et elle sait qu'ils sont invariables comme Dieu lui-même. Lorsque la Providence la placera là où elle sera privée de tout secours spirituels et qu'elle n'aura plus le loisir ni de prier, ni de faire oraison; c'est alors qu'elle se nourrira de cette céleste nourriture, dont elle aura fait provision et que personne ne pourra lui ravir. Cette instruction lui formera une conscience droite et la préservera du découragement dans ses propres fautes.

La seconde chose, c'est l'esprit de piété. Ce désir et cet amour pour la prière et la solitude ; ce recueillement en Dieu, cette humilité, cette charité et cette obéissance, qui sont tous, les résultats de la vraie piété, de la piété d'action qui est la seule véritable, sans manquer toutefois, d'être tendre et affectueuse. La vertu consiste dans la force, dans l'énergie, et dans la volonté ; et non dans le sentiment.

Enfin, la troisième chose à laquelle elle doit s'appliquer ; c'est de bien comprendre l'esprit de son état, d'étudier sa règle et de se bien persuader qu'une religieuse ne peut se sauver que par l'exacte observance de sa règle ; il faut qu'elle étudie à quoi elle s'engage par rapport à sa vocation religieuse, qu'elle sache comment elle doit exceller en charité, humilité, obéissance, comment elle ne doit jamais oublier que ce n'est que par les petites choses, qu'elle est appelée à se sauver et qu'elle ne trouvera son bonheur qu'à les faire le plus parfaitement qu'elle pourra. Elle étudiera encore que par son état d'hospitalière, elle est appelée, non pas à prêcher ni à catéchiser, mais à donner bon exemple dans toute sa conduite par sa bonté, sa douceur, son humilité et surtout, par sa charité envers tout le monde.

Trois choses nous empêchent d'être charitable envers notre prochain: la première c'est le défaut de réflexion. En vérité, si nous faisions un peu de réflexion sur nous-même, nous verrions que nous portons en nous et dans notre propre cœur, le germe de toutes les passions dont nous voyons notre prochain accablé, et que ce n'est que par un trait de miséricorde de la part de Dieu, que nous ne faisons peut-être pas les mêmes chûtes, si nous avions eu les mêmes occasions, nous serions probablement tombés plus bas encor que celui sur lequel nous portons un jugement si rigoureux. Cette considération si juste et si vraie, doit nous porter à des sentiments d'une grande charité et d'une profonde humilité.

Un second empêchement à la charité, c'est l'illusion que nous nous faisons continuellement, d'être meilleures que nous ne sommes. Une troisième cause enfin, c'est l'inclination naturelle de juger. Mais, pour cela, pensons à cette parole de Dieu même, qu'il usera pour nous de la même mesure dont nous aurons usé envers notre prochain et que c'est à lui seul qu'est réservé le jugement.

Deux pensées doivent faire notre consolation dans la prière : la 1ère c'est que Dieu est bon et la 2ème qu'il est tout puissant. Il est bon, il veut donc nous accorder ce que nous lui demandons, mais ce qui est pour notre bien, et il le peut ; il n'est pas comme les hommes impuissants, rien ne résiste à sa puissance ; pensées consolantes et capables d'augmenter et de perfectionner notre confiance et notre amour pour Dieu.

Simplicité intérieure.

Considérons Jésus, toujours, ou comme notre père, notre ami, notre frère, notre médecin ou notre époux. Quand ainsi il résidera toujours dans notre cœur, nous irons à lui dans toutes les occasions ; nous lui dirons nos ennuis, nos troubles, nos distractions et nos répugnances, et nous l'entendrons nous répondre : mon enfant, j'ai voulu ton cœur avec tout ce qu'il a de défectueux ; maintenant, je viens voir si, par cette petite contrariété, tu veux me prouver que tu m'aimes, à quel point tu m'aimes, si tu me donneras généreusement cette petite marque d'amitié et d'affection.

Soyons donc comme des enfants avec ce bon père; confions-lui toutes nos petites misères, et si nous faisons des sottises, disons-les lui aussi, en le priant de faire couler son sang sur elles pour les effacer.

7.ᵈ —
Vous me dites, ma chère sœur, que vous ne sentez rien; Oh! c'est une grâce de plus, la vertu ne consiste pas dans le sentiment, mais dans la force de la volonté, et, une grâce qui humilie vaut mieux qu'une qui console. Nous ne sommes jamais plus près de Dieu que lorsque nous sommes plongés dans l'abime de nos misères; nous n'éprouvons de trouble que parceque nous ne voulons pas nous voir telles que nous sommes, c'est-à-dire, pleines de vanité, de susceptibilité, d'amour propre, de jalousie et que nous voulons encore moins que les autres nous reconnaissent comme telles ; nous le disons, nous nous avouons orgueilleuses, mais, nous n'avons pas le courage d'entrer dans le détail de nos misères, tandis

que toute notre paix consiste à regarder en face nos fautes, nos inconséquences et nos faiblesses. Courage donc, ma sœur, n'ayez pas peur de vous voir telle que vous êtes, et bientôt vous jouirez d'une paix profonde que rien ne pourra troubler.

Soyez douce et humble de cœur, ne vous troublez pas et ne soyez jamais en sollicitude. Telles sont les paroles que J. C. adresse à votre âme. Pour venir à la pratique de telles leçons, vous devez ne jamais agir avec trouble ni agitation, avec inquiétude ni avec empressement et précipitation, mais toujours d'une manière douce, calme et tranquille, toujours avec la plus grande simplicité, sans apprêt, sans recherche, tout bonnement. L'imagination travaille-t-elle ? écoutez J. C. : Ma fille, ne vous troublez pas ! Se remplit-elle de mille chimères ou de choses odieuses ? écoutez plus attentivement : Ma fille ne vous troublez pas, et ne soyez jamais en sollicitude. L'empressement s'empare-t-il de vous, calmez doucement l'ardeur du cœur et la vivacité de l'action. Ma fille soyez douce. Avez-vous à souffrir de la part des autres, Dieu soit béni ! Soyez patiente et humble de cœur.

Ne dites rien, n'en manifestez rien. Devez-vous prier, recevoir les sacrements, que ce soit avec simplicité et droiture, mais surtout avec calme et tranquillité, vous confiant davantage dans les bontés du Seigneur, qu'en vos soins et votre travail. Devez-vous vous livrer à quelqu'occupation extérieure, faites-le en vue de Dieu et pour lui plaire, mais toujours volontiers.

En général, que la nature n'ait aucune part en tout ce que nous faisons, laissons-en tomber tous les mouvements ; alors, l'esprit de Dieu agira en nous. On ne verra plus en nous d'humeur, de caprice, de trouble, de froideur et presque plus de vivacité ; tout alors sera fait pour notre sanctification. Et cela, ajoutons la vue constante de J. C. voyons-le toujours devant nous et disons-nous souvent : Comment J. C. se comporterait-il à ma place ?.

Autres avis.

Il faut que la conduite d'une religieuse soit bonne, polie, officieuse, humble, pleine d'égard et de patience.

Bonne, c'est-à-dire simple et naturelle, ne venant point de politique ni d'une affectation étudiée, mais d'un esprit touché d'estime et d'un cœur plein d'amitié.

Polie, mais sans être embarrassante; point de façons incommodes, de compliments ni de cérémonies mondaines; seulement autant d'attention qu'il faut pour ne blesser en rien la délicatesse d'autrui.

Officieuse, prête à s'incommoder pour faire plaisir, pour accorder ce qu'on désire d'elle, à moins que le devoir ne s'y oppose.

Humble, dans l'air et dans les paroles; nous crussions-nous et eussions-nous raison de nous croire plus estimables que les autres, nous serait-il permis de le faire paraître? Est-ce pour nous enfler ou pour humilier les autres, que Dieu nous a donné plus d'esprit et de talents qu'à eux? Ne souffrent-ils pas assez de leur médiocrité et de leur infériorité?

Reconnaissante, comme si rien ne nous était dû; ôtez la charité, on nous doit bien peu de chose. Ne nous prévalons donc jamais de certains égards qu'on a pour nous; confuses de tant de bontés, ne songeons qu'à nous en rendre dignes.

Pleine d'égards et de patience. Attendrons-

-nous, pour être charitables, que nous ayons à vivre avec des anges ou que les hommes le soient devenus ? Il nous est bien plus aisé de nous corriger pour eux, que de les corriger pour nous ; mais s'il nous paraît impossible de nous corriger, comment exigeons-nous avec tant de rigueur qu'ils se corrigent

Sur la Vigilance.

Une religieuse vigilante, est toujours occupée à veiller sur ses mouvements, à combattre ses passions, à mortifier ses sens, à diriger tous ses pas dans les sentiers de la justice ; on voit dans toutes ses démarches, même égalité, même recueillement, même ferveur, même fidélité à son Dieu. On dirait que les objets sensibles ne l'attachent point et ne font sur elle aucune sensation. Elle veille si parfaitement sur son cœur, qu'elle semble en arrêter ou détourner à son gré, et sans effort, les impressions nuisibles. Cette vigilance la rend attentive aux divers mouvements de la grâce et de la nature que si peu discernent ; elle détruit les uns, féconde les autres ; habile à distinguer la voix de son Époux, elle court au moindre signe de sa volonté; habile aussi à profiter des sacrifices que chaque jour lui offre, quel trésor n'amasse-t-elle pas ?

Elle a dans son état, des devoirs à remplir; parmi ces devoirs, il y en a de pénibles, de gênants, d'onéreux; il y a des bienséances à garder, des soins à prendre, des attentions à donner, mille occupations différentes, mille assujettissements; que d'inquiétudes, que d'embarras ! Mais, accoutumée à rompre ses volontés, à contrarier ses inclinations, rien ne semble la gêner, l'inquiéter, l'ennuyer, l'accabler; parce que tout est pris dans les vues de Dieu et selon son esprit; parce que les actions les plus communes sont faites par un motif surnaturel; tout est offert à Dieu, tout est sanctifié, tout est méritoire.

Ne craignez pas que cette vigilance détruise la société, l'union et la paix avec ses sœurs; non, elle les perfectionne, au contraire. Une âme ainsi attentive, n'est à charge à personne et se fait universellem.t aimer; on ne voit point dans elle ces traits d'humeur qui rebutent; elle n'exige point les égards, les déférences que l'orgueil seul impose ou se croit dûs. Elle a dans le commerce de la vie, à traiter avec différents caractères, les uns sont faits pour la douceur de la vie, les autres, pour exercer la patience ; elle vit avec tous, ne se plaint de personne, prend sur elle, se fait violence, réprime tout ressentiment, se dissimule ce qu'elle éprouve et fait tout servir à sa sanctification.

Mais, sans sortir d'elle-même, combien n'y trouve-t-elle pas d'occasions de sacrifices ? Combien d'épines ne naissent-elles pas de son propre fonds ? Elle est attentive à les arracher aussitôt qu'elles naissent ; elle s'arme sans cesse contre son propre cœur, contre sa vanité, sa vivacité, sa sensibilité ; se tait quand elle voudrait parler, parle quand elle voudrait se taire, renonce à ses goûts, dompte ses répugnances, arrête ses saillies, domine son humeur, soumet son propre jugement ; en un mot, se gêne, se contraint sans rien laisser paraître au dehors. Se trouve-t-elle dans ces états de découragement, de dégoût d'abattement et d'ennui où, sans savoir ce qui inquiète, ce qui trouble, ce qui agite, on est inquiet, troublé, agité ? Elle ne va pas fatiguer, du récit des peines qu'elle ressent, la créature en qui elle ne trouverait, ou qu'une insensibilité qui aigrirait ses plaies, ou qu'un intérêt qui les augmenterait ; elle se concentre dans le secret de son cœur pour offrir ses croix au Seigneur. Elle sait que la souffrance est comparée à une liqueur précieuse qui perd sa vertu dès qu'elle est exposée à l'air ; elle a recours à Dieu seul, elle s'estime heureuse de pouvoir lui offrir chaque jour quelques gages de son amour et de ce qu'il daigne en agréer de si faibles marques. Aussi, de quelles faveurs ce Dieu rémunérateur ne la comble-t-il pas ? Dons surnaturels : foi vive, dévotion tendre, goût de la piété, paix profonde, joie du St Esprit, autorité, crédit sur son cœur, sur son amour, prières infailliblement exaucées pour soi et pour les autres. Tel est le partage de cette âme pure et fidèle. Que n'est-il permis de pénétrer dans ce sanctuaire où Dieu seul est admis et écoute ! Que n'y découvrirait-on pas de merveilles. De quelles grâces le Seigneur ne comble-t-il pas cette vraie religieuse, qui n'a de mouvement, de désir et d'ardeur que pour lui plaire. Quelle facilité pour s'entretenir avec lui ! L'oraison fait ses délices, son élément et sa vie ; elle y est toujours appliquée à bannir de son esprit, tout ce qui appartient à la terre. Quelle intime union de son cœur avec J. C. ! Pour elle, il n'y a plus d'actions indifférentes ; par sa constante fidélité, elle acquiert à chaque acte, un nouveau degré de lumière pour connaître Dieu plus parfaitement et un nouveau degré d'amour pour l'aimer davantage, dès ici bas.

Tel est donc le bonheur, tel est le sort d'une âme vigilante et fidèle au mouvement de la grâce.

Sur la Simplicité.

Je serais bien embarrassée de définir la simplicité ; c'est je ne sais quelle disposition de l'âme qui se compose de beaucoup d'humilité, de confiance en Dieu, de charité envers le prochain, d'une sorte de bonhomie, d'éteignoir sur l'imagination, d'absence de curiosité, de pénétration à vouloir s'élever à une haute spiritualité qui préoccupe l'esprit, qui le fait, non raisonner, mais beaucoup déraisonner. Agir simplement, c'est aller son petit bonhomme de chemin, éviter le péché sans doute, mais s'attacher beaucoup à toutes les petites pratiques de bonté, de charité, de politesse; ne se heurter de rien, ne se laisser aller ni aux petits dépits ni aux mécontentements; pratiquer de petites vertus, de petites mortifications dans le silence, dans le secret avec Dieu. Voilà une esquisse bien simple de ce que j'entends par la simplicité.

Sur l'humilité.

Craignez la moindre préférence, aimez l'obscurité, appréhendez l'estime et la confiance, rejetez les amitiés particulières qui ne pourraient que vous affaiblir; vous ne serez jamais plus présente à Dieu que lorsque vous serez plus cachée aux hommes; ne parlez ni de vous, ni de ce qui peut faire honneur à votre famille; évitez même de parler, sans une véritable nécessité, des personnes qui ont quelque bonté pour vous et dont le mérite pourrait faire penser que vous en avez. Estimez plus la pureté du cœur et la simplicité qui doit faire le caractère particulier d'une religieuse, que tous les autres avantages du monde. Soyez douce, égale, complaisante, mais par un motif de foi et de charité et non point par désir de plaire au monde.

L'humilité doit nous précéder, nous accompagner et nous suivre, dans toutes nos actions et dans tout le bien que nous opérons. Elle doit nous précéder afin de fixer notre regard sur Dieu, nous accompagner pour soutenir notre faiblesse, et nous suivre afin de nous défendre contre les attraits de la vanité ; sans cette précaution, l'orgueil nous enlèvera tout notre mérite.

Charité.

C'est le mot par excellence qui doit sans cesse retentir au fond de votre cœur ; ce nom est celui de votre état, de votre maison, de la place que vous y occupez, de l'autorité que vous avez à y exercer, de toutes vos occupations, de toute votre vie ; ce doit être votre nom propre ; vous connaissez le prix de cette éminente et céleste vertu, vous en sentez l'importance et de plus, vous en avez le goût. Vous avez la volonté de la pratiquer fidèlement, je n'ai à cet égard, qu'à en remercier Dieu avec vous

et à vous féliciter de l'intention bien formelle qu'il a mise en vous, de faire asseoir à vos côtés, sur le siège que vous occupez, la charité. Administrez, gouvernez, exhortez, reprenez, consolez; agissez en un mot et parlez toujours par elle; toujours elle se présentera pour agir et parler par vous; elle sera toujours là pour vous inspirer. Quel malheur ! Quel outrage ce serait, que de lui imposer silence en quelque sorte, pour faire parler devant elle et en sa présence, la nature, ses inclinations, ses humeurs, ses désirs, ses petites souffrances, ses préjugés, ses préventions...
Toutes ces petites passions sont toujours présentes aussi, toujours en action, elles luttent perpétuellement contre la charité, afin de l'emporter sur elle et souvent même, pour nous faire illusion, nous séduire et, sous l'apparence de charité, nous mettre de leur parti contre la charité elle-même; elles en prennent le ton et la forme. Sans une grande vigilance, combien n'est-on pas exposé à venger une petite injure, à servir une petite passion, à céder à une impatience, à prendre un ton amer, sous prétexte de charité, pour rendre service au prochain, pour le porter

à la pratique du bien; pour corriger un défaut pour réformer ou prévenir un abus, etc....

Qu'un moment de réflexion précède toujours ce que nous avons à dire ou à faire, prenez au moins le temps de prononcer à part, le mot de <u>charité</u>. Préparez-vous d'avance, à voir, à entendre des choses qui pourraient choquer votre façon de penser, votre caractère, même le désir du bien qui est en vous, de manière à ce que l'impression fâcheuse qu'elles pourraient vous faire, ne se manifeste pas, ou plutôt, n'éclate pas et ne se fasse pas si promptement remarquer en vous dès qu'on vous dit ou qu'on vous demande une chose qui vous paraît déplacée, ce qui vous donnerait un grand désavantage auprès des personnes dont vous avez à régler ou à réformer les idées ou la conduite; elles croient alors qu'on est mal disposé et même prévenu contre elles, leur cœur se ferme et on n'y pénètre pas. Écoutez des choses ridicules, inconséquentes, absurdes, sans qu'on puisse au premier abord, s'apercevoir que vous les jugez telles; alors, l'amour propre de celle qui vous parlera ne sera pas heurté, vos représentations seront reçues et la charité qui aura présidé, ménagera le succès à la démarche du zèle qui suivra.

Chassez comme de mauvaises pensées, les idées de prévention qui se présentent à votre esprit ; c'est une bien malheureuse semence que l'homme ennemi jette dans un bon champ, parce qu'il connait tout l'effet qu'elle peut produire. Trompons son funeste espoir ; si la cause qui produit ces préventions, était réduite à ce qu'elle a de réel, ce serait peu de chose. Mais un fond d'idée, tout léger qu'il soit, s'il est nourri, travaillé, échauffé par l'imagination, acquérera un volume qui remplira la tête entière.

Que les services de charité que vous avez à rendre à vos sœurs, soient toujours proportionnés aux besoins particuliers que chacune peut avoir, mais jamais dirigés par le goût ; un service de prédilection, une préférence accordés à l'une, lui plaira, il est vrai, mais déplaira à toutes les autres ; pareillement, un petit rebut, un air d'ennui, déplaira d'abord à celle qui en sera l'objet et par suite, à toutes, quand ce ne serait que par l'effet d'un retour sur soi-même qui ferait dire : je ne suis pas à l'abri de ce procédé. N'oubliez pas celles qui ont le plus besoin de vos soins ; vous les connaissez.

Occupez-vous sagement, c'est-à-dire sans les rendre trop pusillanimes, du soin de la santé de vos sœurs ; c'est là un grand moyen d'obtenir leur confiance et leur confiance est un grand moyen de leur être utile. Quand, après avoir long-temps lutté contre le mal, une sœur vous fait connaître enfin qu'elle est malade, que le premier sentiment que vous lui laissiez apercevoir, ne soit pas celui de l'ennui, de l'embarras que vous cause le vide qu'elle va laisser et la difficulté de pourvoir à son office, mais que ce soit un sentiment de compassion et de bonté ; nous devons regarder une indisposition, comme une pénitence que le Bon Dieu envoie à l'une de vous et une occasion qu'il fournit aux autres, d'exercer la charité en adoucissant cette pénitence. Que serait-ce, si on l'aggravait et que l'on rendît la pénitence plus dure que le bon Dieu ne l'a décrété ! Faites que toutes celles que Dieu affligera de quelque souffrances ou de quelque maladie, puissent au moins souffrir et être malades tout à leur aise...

Imitez, comme dit un auteur respectable, imitez dans vos rapports avec vos sœurs, J. C. conversant avec ses Apôtres. Il s'était choisi pour compagnons de sa demeure, de sa table, de ses voyages, douze hommes grossiers, pour la plupart sans éducation, sans politesse ; jamais il ne se sépara d'eux, jamais il n'eut de dédain, de mépris pour eux ; jamais il ne les jugea sur l'air gauche ou la mine revenante qu'ils pouvaient avoir ; il vivait avec eux, dans une espèce d'égalité, toujours prêt à les servir et recevait leurs moindres services avec bonté. Telle doit être notre conduite extérieure avec le prochain ; bonne et simple, mais sans affectation ; polie, mais sans être embarrassante ni pleine de compliment ; rabaissée dans les paroles, sans bassesse ni petitesse ; reconnaissante comme si rien ne nous était dû ; remplie d'égards et de patience ; tâchant de supporter les défauts d'autrui et ne lui donnant rien à supporter des nôtres.

Remplissez vos belles fonctions, toujours animée par le motif de bien servir Dieu et vos sœurs, vous soutenant dans ce travail, contre la fatigue, les ennuis, les rebuts et tout ce qui déplait à la nature, par la pensée que, chaque fois que vous résistez aux impulsions du caractère et des penchants, afin de mieux servir vos sœurs, vous faites un acte de charité qui comprend l'amour de Dieu et du prochain, puisque Dieu y trouve sa gloire et le prochain des mérites. Combien la piété se nourrit et s'accroit des peines, des mortifications, des efforts courageux qu'inspire la charité! Que de douceur elle trouve à dire au Seigneur: Mon Dieu! vous ne me refuserez pas le cœur de ma sœur que je désire gagner pour vous l'offrir; vous me donnerez d'opérer la réforme de cet abus; de plus, cette perfection que nous pourrions donner à nos œuvres dans la maison; j'y prendrai tant de soins, tant de patience, tant de constance et de charité; je m'y sacrifierai tellement moi-même, super impendam ipse, que vous m'accorderez d'obtenir cette conquête et le bonheur de pouvoir vous en faire hommage, comme à Celui par qui je l'aurai obtenue.

Autorité.

N'oubliez pas que celle dont vous êtes revêtue, est une émanation de celle que J.C. a donnée à quelques hommes pour conduire les autres dans les voies spirituelles. Or, cette autorité est une charge et non une prérogative; c'est un service et non une prééminence; voulez-vous en bien connaître la nature? Étudiez-en les fonctions dans J.C. même; rappelez-vous en particulier, ce qui se passa au Cénacle après la dernière Cène: fut-ce St Pierre qui lava les pieds à J.C.? Non, ce fut J.C. qui lava les pieds de St Pierre; voilà votre place auprès de vos sœurs. Oh! que ce trait de l'Evangile la rend belle! Ayez le souvent présent à l'esprit, il vous défendra contre les illusions du commandement. Est-il possible en effet, de se prévaloir du droit de commander, de ne pas s'en reconnaître indigne, de ne pas commander avec humilité, quand on vient à penser que le Fils de Dieu a toujours servi et obéi?

Vos sœurs vous doivent respect et déférence; mais distinguez soigneusement, dans les manquements auxquels elles pourraient se laisser aller, ceux envers l'autorité et ceux envers votre personne ; reprenez les uns, mais avec précaution ; quant aux seconds, ne laissez jamais apercevoir que vous les avez remarqués. Soyez plus occupée de vos obligations que de vos droits. Regardez-vous, ce que vous êtes en effet, comme redevable à tout le monde et particulièrement envers vos Sœurs. Elles vous ont confié, soit en vous élevant, soit en venant se placer sous votre conduite : leurs vertus, leurs mérites, leur santé et en quelque sorte leur salut, tout ce qu'elles ont de plus cher. Vous leur devez le soin et la conservation de tout cela. Il faut que vous puissiez dire à Dieu : aucune n'a souffert par ma faute, ni dans son âme ni dans son corps.

Lorsque vous allez les visiter dans leurs offices, informez-vous de leurs peines, de leurs fatigues, comme vous vous informez de l'exactitude de leur service ; un mot d'intérêt, de charité, dit à celles qui sont un peu surchargées, qui ont quelque-chose à souffrir, dont le cœur est un peu opressé, les soulagera, empêchera qu'elles succombent et se laissent trop aller à leurs peines et au découragement qui s'en suivrait. Vous leur conserverez par là, la tranquillité de l'esprit, sans laquelle il n'y a point de recueillement ni de sanctification intérieure des œuvres.

Portez votre attention sur les récréations. Tâchez que les repas commencent assez tôt, pour qu'il reste un temps suffisant pour la récréation; favorisez-en tout ce qui est convenable et qui dépend de vous, ce qui peut les rendre agréables à vos sœurs.

La récréation est un exercice très influent dans une maison religieuse et qui me semble devoir être un objet de soins particuliers pour un Supérieur; nulle part, il n'observe mieux les symptômes de santé ou de maladies du corps de la Communauté. Les récréations sont à cet égard, ce qu'est la transpiration insensible dans le corps humain, qui fait échapper la surabondance nuisible des humeurs; si cette transpiration est interceptée et qu'elle ne se fasse pas bien, le corps ne tardera pas à être malade. Combien de petits chagrins se dissipent dans une récréation agréable et qui, sans cela, fussent restés dans l'âme et y eussent produit bien du trouble.

Les récréations sont encore comme le pouls de la Communauté; c'est là où vous pouvez mieux que partout ailleurs, juger de son état de santé ou de maladie; si on y remarque quelques sœurs qui soient tristes, silencieuses, se tenant à l'écart, ayant l'air ennuyées ou uniquement occupées de leur ouvrage, la Supérieure doit dire: voilà des âmes malades. elles ont besoin de moi; je saurai ce qu'elles ont et avec l'aide de Dieu, je les soulagerai... Quant à celles en qui elle remarque de la gaieté, de l'abandon, de l'épanouissement, une joie même un peu bruyante et qu'elle se gardera bien de troubler, mais dont elle supportera avec bonté, la petite importunité, ne l'arrêtant que dans le seul cas où il pourrait en résulter une petite mésédification; quant à celles-là dis-je, on peut les croire possédant leur âme en paix; et la Supérieure peut avec sécurité, en goûter le contentement.

Ce que j'ai lu dans un excellent auteur, sur les qualités de la vigilance que nous devons exercer sur nous-mêmes, me semble convenir également à celle que l'autorité qui vous est confiée, vous fait un devoir d'exercer sur les autres.

Cet exercice ne doit point se faire d'une

manière dure, désagréable, rebutante ou vétilleuse, ce qui rendrait bientôt l'autorité, la
vigilance et la constance insupportables.
Imitez le gouverneur d'un jeune prince; il
ne prend point sur son élève, des airs de
hauteur, il ne l'épie pas avec rudesse; il
le fait souvenir de ce qu'il est, de ce qu'il doit
à son rang; il l'applaudit et l'anime lorsqu'il fait bien; d'un coup d'œil il le rappelle
quand il s'échappe; une douceur polie, une
fermeté exacte, le font aimer et craindre
tout à la fois.

C'est ainsi que vous devez en agir avec
vous-même et avec les autres, afin de ne jamais rebuter ni vous ni les autres et vous
porter toutes à la perfection que demande
l'honneur que vous avez d'être les épouses
de J.C., et vous en particulier, d'en être le
guide et la conductrice.

Pauvreté.

Vous n'en éprouvez aucune des incom-
modités, des privations un peu sensibles;
ce n'est que dans de petits détails que vous
pouvez en observer quelques pratiques; plus

ils sont bornés, plus vous devez être exacte à ne pas les laisser échapper.

Ne manquez donc aucune des précieuses occasions qui se présenteront d'acquérir une conformité avec J.C., sur un point qu'il estimait et qui lui était si cher, car il le faisait remarquer; Les oiseaux du Ciel, disait notre Sauveur, ont leur nid, les renards ont leur tanière, et je n'ai pas un lieu où reposer ma tête. Ce fut l'état où il passa les trois dernières années de sa vie; pendant les trente qui les précédèrent, il vécut dans l'atelier d'un ouvrier, aidant par son travail, à pourvoir au nécessaire et sans doute, au stricte nécessaire de la famille où il voulut vivre. Il était né dans une étable; en naissant, il avait été déposé dans une crèche, il mourut sur une croix, dans le plus complet dénuement. Sa croix et sa pauvreté furent les seuls biens qu'il laissa à ses disciples. Voilà le modèle de la pauvreté dans toute sa rigueur et sa perfection.

C'est à vous, à votre zèle, à votre industrieuse piété, à l'estime que vous avez d'une conformité avec J.C., d'en saisir les traits qui sont à votre portée, pour vous en orner ; les occasions s'en présentent assez fréquemment ; un peu d'attention et de bonne volonté, nous les feront aisément apercevoir. Par exemple : on ne vous prévient pas dans ce qui pourrait vous être agréable ou commode, on ne s'empresse pas de vous épargner une peine, un peu de travail, un petit assujettissement ; il vous semble qu'on est moins aux petits soins avec vous que d'autres le sont avec une de vos sœurs. Vous êtes malade et vous croyez voir qu'on ne s'intéresse pas à votre souffrance autant qu'on le devrait ; on vous laisse seule, on a peu d'assiduité auprès de vous, on vient peu vous visiter, on diffère de vous apporter les choses qui vous sont prescrites ; on vous fait attendre, on vous oublie, on vous néglige... Toutes circonstances qu'une fidèle épouse de J.-C. sait apprécier ; elle les supporte en silence, bénissant le divin Époux de l'avoir mise dans le cas d'acquérir quelque ressemblance avec lui, d'être un traité comme les pauvres et d'avoir, comme eux, des besoins à supporter. Aussi, pour ne rien perdre de la gloire et du mérite de ce titre de pauvre, qui lui est bien cher, parcequ'il est celui de son époux, elle se borne à ce qui est nécessaire à sa santé, elle refuse absolument tout ce qui n'est propre qu'à flatter le goût et la délicatesse, plus heureuse dans les sentiments que la piété lui inspire, que dans la recherche des jouissances qui plairaient à ses sens.

Elle évite aussi une recherche excessive, un travail trop soigné, pour tenir dans une propreté exquise, soit les lieux qu'elle habite, ou les meubles qui lui servent. Tout cela s'approcherait plus à son gré, de la délicatesse, que de sa chère pauvreté ; elle aime mieux inspirer l'édification que d'exciter une vaine admiration dans ceux qui viendraient se mirer dans ses meubles devenus brillants à force de bras et de travail. Oh! qu'un meuble un peu négligé et qui ressemble davantage aux meubles du pauvre, lui plaît beaucoup plus! Elle s'en sert, je pourrais dire, avec dévotion, parce qu'il lui représente un peu ce qu'elle croit qu'étaient les meubles qui servaient au ménage de Jésus, Marie et Joseph.

A cette occasion, j'émettrai ici le vœu de voir diminuer ce luxe de propreté, dans une de vos salles, et qui me semble être bien fatiguant pour les malades, excédant pour les sœurs, domageable à la maison, peu profitable à la gloire de Dieu, pour ne dire rien de plus, et bon, tout au plus, à exciter un vain mouvement d'admiration dans un étranger qui y paraît.

Persévérance.

C'est déjà un précieux avantage qu'un bon commencement ; c'est une grande grâce de Dieu d'être mise par lui, sur la voie de faire le bien, d'en sentir l'importance, d'en concevoir le désir et d'avoir déjà la main à l'œuvre. C'est être placée dans le chemin de la félicité éternelle. Mais elle est encore éloignée, il y a bien des pas à faire, bien des fatigues à supporter, bien des peines à endurer, des difficultés à surmonter pour arriver à cet heureux terme. Ce ne sera cependant qu'à l'extrémité de la carrière, que nous jouirons du fruit des travaux, des peines des ennuis que nous aurons supportés en la parcourant. Ce ne sera qu'au dernier jour du voyage que nous recevrons le salaire de la fatigue de tous ceux qui l'auront précédé. Quelle perte si, après bien des travaux soutenus avec courage, nous venions à nous lasser et que rebutées par des obstacles qui se renouvellent sans cesse et contre lesquels il faut lutter toujours et bien péniblement, nous abandonnions cette route sûre, mais difficile, pour prendre quelques uns de ces faux chemins qui se croisent et qui nous engagent à les suivre, par la facilité qu'ils nous présentent ; c'est-à-dire, si nous venions à rentrer dans nos anciennes habitudes, si nous nous replacions sous l'empire plus facile de notre caractère, de nos inclinations, de nos goûts naturels !.

Les résistances continuelles lassent à la fin, on s'abandonne par l'amour du repos, on tombe et une chûte décourage.

Voilà les deux grands obstacles à la persévérance, que nous avons à redouter et contre lesquels nous devons nous efforcer de nous prémunir.

Or, en premier lieu, on se rebute moins des peines auxquelles on s'attend, que l'on a prévues, je dis plus : que l'on a voulues avec connaissance de cause, qu'on ne se rebute de celles qui sont imprévues et qui nous surprennent.

Quand l'humeur, l'impatience, les dégoûts, les lassitudes, nous rendront si pénible la fidélité à nos résolutions, sachons alors nous dire : qu'y a-t-il qui m'étonne dans ce que j'éprouve ? N'ai-je pas connu tout cela d'avance et ne me suis-je pas dévouée à le supporter avec courage ?

En effet, pendant la retraite, on a examiné à part soi, la cause des chûtes que l'on a à se reprocher ; on a reconnu que la force de ses inclinations et de ses penchants d'une part, de l'autre, la faiblesse de la résistance qu'on leur opposait, la lâcheté dans les combats fréquents que l'on a eus à soutenir contre soi ; ce crucifiement du vieil homme avec ses passions, ses désirs et ses goûts, comme s'exprime l'Apôtre, dont on n'a pu supporter la douleur, ont produit cette foule de fautes dont on a gémi devant Dieu pendant ces saints jours. On a rapproché cette conduite molle, lâche et sensuelle, des châtiments dont Dieu menace ceux qui n'auront pas su se surmonter eux-mêmes, et des récompenses promises aux résolutions courageuses et à la fermeté dans leur exécution. On a jugé sa conduite à la clarté des grandes vérités et on n'a pas hésité de se dévouer pour l'avenir, à toutes les mortifications, à tous les crucifiements, à toutes les résistances soutenues et pénibles qu'impose la nécessité bien reconnue, bien sentie, de se soustraire à des châtiments éternels et de mériter des récompenses infinies. Lors donc que les tentations se présentent, que les petites passions nous troublent, que l'humeur et le caractère redoublent leurs efforts pour recouvrer leur influence et que par là, ils rendent moins présents, moins sensibles les motifs sur lesquels nous avons résolu notre changement, rappelons-nous au moins, combien nous les avons trouvés frappants, décisifs, impérieux, lorsque nous les avons considérés aidées par la grâce de Dieu, éclairées par sa lumière. Ne peut-on pas se dire même alors : toutes les puissances de la nature, du démon qui me tourmentent dans ces moments pénibles, tout le penchant que j'ai à y céder, ôtent-ils quelque chose à ce que les jugements de Dieu ont d'effrayant, à ce que ses châtiments ont d'horribles et d'épouvantable, à ce que ses récompenses ont de délicieux et d'infini ?...

Tout cela subsiste tel que je l'ai reconnu, quoiqu'à ce moment j'en sois moins frappée. J'agirais donc contre mes propres lumières et comme un insensé si, cédant aux tentations que j'éprouve et qui n'auront qu'un moment, je m'exposais à la haine, aux châtiments de Dieu et à la perte de ses récompenses.

Ainsi, en usant des grâces de Dieu que nous aurons toujours, en excitant un peu notre bonne volonté, les causes qui ont produit en nous un heureux changement, en assureront la durée.

Malgré l'effet de toutes ces considérations et la sincérité de nos bonnes résolutions, nous retomberons cependant hélas ! rien de plus sûr. Telle est notre misérable condition humaine, l'infirmité et la faiblesse de notre pauvre nature. Voyons-nous dans toute notre misère, humilions-nous à cette vue, mais ne nous rebutons pas. Ce ne sera pas par elle-même qu'une chute nous perdra, ce sera par le découragement, l'abattement dans lesquels elle jettera notre âme; c'est là le plus grand obstacle à la persévérance. Si nous ne nous décourageons pas, nous sommes comme assurés de persévérer ; nous ne saurions donc trop nous prémunir contre ce funeste découragement.

On ne remarque en soi, aucun progrès ; on remarque au contraire, bien clairement, les chûtes que l'on fait ; d'après cela, on perd confiance, on se relâche, on s'abandonne, on désespère de parvenir jamais à l'état de sainteté qu'on s'était proposé, et l'on continue à trainer une vie lâche et languissante, triste état où l'ennemi du salut a voulu nous conduire. On ne remarque en soi aucun progrès ! Mais peut-on se juger soi-même ? Laissons-nous juger par ceux qui nous dirigent et particulièrement par le bon Dieu, qui nous voit avec tant de bienveillance et qui nous juge sur la terre avec tant d'amour ! Eh ! ne pouvons-nous pas faire des progrès sans nous en apercevoir nous-même ? Lorsqu'on fixe pendant quelques moments, une plante, s'aperçoit-on de l'accroissement qu'elle reçoit ? Et cependant, elle s'élève et grossit sans cesse. Il entre dans l'économie des dispositions de Dieu à notre égard, de cacher à nos yeux nos progrès et de laisser perpétuellement vivre en nous le vieil homme qui, par ses révoltes continuelles, par les impressions fâcheuses qu'il nous fait éprouver sans cesse, nous dérobe le sentiment de notre avancement, et nous retient par là, dans un état de défiance de nous-même et d'humilité, que Dieu fait entrer dans le plan de notre sanctification. Eh! n'en fait-on pas toujours quelques uns de progrès? Quand on n'aurait que résisté quelquefois à un mauvais penchant; quand on n'aurait évité que quelques offenses à Dieu; n'y aurait-il pas déjà de quoi payer les peines que nous aurions prises pour cela? Or, il est certain que si l'on s'observe un peu assidûment, si on ne se désiste pas du bien qu'on a entrepris, on fera moins de fautes et on donnera lieu à ceux qui nous dirigent, de juger que l'on a fait des progrès.

Secondement, on s'aperçoit que l'on fait de nouvelles chûtes. On conclut de là, que Dieu est déjà fort éloigné de nous; on dit: quelques jours se sont à peine écoulés depuis ma retraite, et me voilà telle que j'étais auparavant; je ne persévèrerai jamais. On se désole; on s'aigrit contre soi-même, on donne à son inquiétude, le temps et l'attention qu'il faudrait donner à réparer ses fautes ; on s'abandonne et, pour une faute que l'on a faite, on en commet dix autres. C'est bien mal agir et connaître bien peu, la force d'une longue habitude, que de s'étonner à ce point de ses chûtes. Étonnons-nous plutôt de ne pas tomber plus vite et plus souvent ; attendons-nous à faire mille fautes, mais mille fois relevons-nous. Nous n'irons jamais bien loin dans le mal, si après nos fautes, nous nous relevons aussitôt.

Au lieu donc de se livrer à des réflexions amères et chagrinantes sur la faute qu'on a commise et la peine qu'on en ressent, revenons à Dieu, vengeons-le en nous imposant une pénitence. Quelqu'austère que soit une satisfaction expiatoire que nous offrons à Dieu, elle ne sera jamais aussi pénible à supporter, que l'amertume de nos réflexions et la désolation de notre cœur. Lorsque, par exemple, nous aurons manqué de bonté, de charité envers quelqu'un, pour une faute de ce genre, condamnons-nous à lui rendre plusieurs services. Lorsqu'ayant remarqué dans une personne, un défaut de procédé, d'attention envers nous, ou qu'ayant eu à souffrir de quelques manquements que

l'on a faits dans notre service, nous en aurons conçu quelques sentiments d'aigreur
contre le prochain et que nous ne les aurons
pas combattus; punissons-nous-en par quelques mortifications... Si nous avons entre-
tenu en nous, quelques idées de préventions
contre quelqu'un, et surtout si nous avons
parlé et agi en conséquence; astreignons-nous
à dire souvent du bien de cette personne, en
faisant remarquer les bonnes qualités
qu'elle peut avoir. Aucun mauvais
penchant ne résistera à cette exactitude,
à cette sévérité envers soi.

 En deux mots : vigilance et crainte
d'une faute avant qu'elle soit commise;
recours immédiat à Dieu et punition
envers soi dès qu'on aura eu le malheur
de la commettre. Et on obtiendra infailliblement de Dieu cette grâce de persévérance
qui, bien qu'on ne puisse la mériter à titre
de justice, bien qu'elle soit toujours gratuite
de la part de Dieu, n'est cependant jamais
refusée aux efforts soutenus du courage et
de la confiance en Dieu.

Sentiments pieux et pratiques.

Je peux vous dire, ô mon Dieu ! avec le prophète : comme le cerf altéré par une longue course, soupire après les eaux des fontaines ; ainsi mon âme a soif du Dieu fort, du Dieu vivant et rien ne peut le satisfaire si ce n'est vous ô mon Dieu ! Daignez m'éclairer, me conduire et me rendre tellement dépendante de votre grâce, que je marche devant vous avec un cœur simple, comme un enfant qui a toujours les yeux fixés sur son père, pour y découvrir sa volonté et l'accomplir.

Je viens abandonner tous les droits que, jusqu'à ce jour, j'ai voulu conserver sur moi.

Je remets entre vos mains divines : ma mémoire, mon esprit et ma volonté ; ma santé, ma réputation et mon Éternité.

Je ne vous demande que l'humble connaissance de moi-même et la grâce de vous servir, non pas selon mes vues et mes caprices, mais comme vous le voulez.

en toute simplicité et humilité. N'écoutez Seigneur, pour établir votre règne dans mon âme, ni mes goûts, ni mes répugnances; agissez en maître et je vous répéterai que je me donne et me livre toute à vous.

En conséquence de ce don de moi-même, je dois m'appliquer à laisser J.-C. prendre dans mon cœur, la place que mon amour propre occupe; je dois être animée d'une bonne et ferme volonté, qui soit prête à tout faire, à tout souffrir, pour accomplir la volonté de Dieu, qui s'étende sur les petites choses comme sur les grandes; qui s'applique aux actions les plus ordinaires de la vie renfermée dans les sacrifices journaliers de la règle, et qui se composent de prières, de travail, de conversations avec le prochain, de repas, de récréations, sans oublier les peines phisiques et morales qui se rencontrent çà et là.

Je tendrai à vivre de la foi, à m'animer de l'esprit de Jésus-Christ, à ne faire qu'un avec Lui; je le chercherai partout; je lui demanderai ses

ses lumières et son secours dans le travail par de fréquentes prières ; je le visiterai souvent dans le saint Sacrement de son amour et je le recevrai comme ma force et mon aliment, dans la Ste Communion ; je m'appliquerai à l'étude de ses vertus ; je chercherai dans son Cœur brûlant d'a—mour, la charité envers le prochain ; à son exemple, je me porterai à tout ce qui pourrait faire plaisir aux autres, sans examiner si cela m'en fait ou non.

Je parlerai peu, mais je ferai en sorte que mes paroles et mes actions soient le fruit d'un cœur plein de charité.

Je ne parlerai du prochain qu'autant que la nécessité ou l'utilité le demandera, et je réfléchirai souvent sur les caractères de la vraie charité, tirés des Épîtres de St Paul.

L'Obéissance ; cette vertu si chérie de Jésus, fera aussi le sujet de mon application ; d'abord par l'exactitude à l'obéissance régulière, puis encore par ma docilité envers mes Supérieurs quels qu'ils soient, ne regardant que Dieu et sa volonté dans leurs ordres surtout lorsqu'ils ne s'accorderons pas avec ma manière de voir que j'abandonnerai par esprit de soumission sans me permettre le plus léger retour ; je ne laisserai paraître aucun signe d'opposition à leurs volontés. Je me soutiendrai par cette pensée que l'homme obéissant racontera des victoires et que Jésus a été obéissant jusqu'à la mort de la croix.

L'humilité : cette vertu si recommandée par N. S., fera aussi et principalement, le sujet de mes vœux et de mes efforts ; afin de l'acquérir, je me servirai de la vue de mes défauts ; je verrai, non sans peine, mais sans trouble : ombrageuse, jalouse, délicate, susceptible, pleine de vanité ; j'y fixerai les yeux comme sur ma propriété et lorsque les effets s'en feront sentir ou remarquer, j'en accepterai l'humiliation, je désirerai que l'on m'en reprenne et que l'on me reconnaisse pour telle, tout en détestant l'offense de Dieu, j'accepterai comme juste devant lui, tout le mépris, soit réel ou imaginaire que l'on pourra faire de moi, en union avec les humiliations de Notre Seigneur.

La mortification étant nécessaire

à tout chrétien ; une vie dure et laborieuse me paraît indispensable à une religieuse.

Jésus a tant souffert ! pourrai-je refuser de souffrir ?

Je prends donc pour résolution :

De n'accorder à mes sens que ce dont j'aurai besoin, pour accomplir les devoirs de mon état avec exactitude.

De me conformer à la vie commune.

De ne me plaindre de rien.

De ne pas me faire servir et de prendre sur moi, toutes les peines que je pourrai épargner à d'autres, choisissant de préférence, les choses qui me déplairont le plus, lorsque la charité, la bienséance et le devoir n'y mettront pas d'obstacles.

J'accepterai, en esprit de pénitence, les oppositions, les contrariétés qui se rencontreront, me laissant de bonne grâce, immoler par autrui.

Je réprimerai, dans les choses indifférentes, le premier mouvement de la nature.

Dans mes peines, je n'irai point mendier des consolations auprès des créatures, puisqu'elles sont incapables de m'en donner et je me rappellerai souvent cet avis de l'auteur de l'Imitation : « Aimez à être <u>cachée</u>, <u>ignorée</u>, <u>inconnue</u>. Pour m'y conformer, je ne me mettrai en avant pour quoi que ce soit ; les devoirs de mon emploi m'occuperont uniquement, je n'en parlerai que pour l'utilité.

Je ne m'occuperai pas de nouvelles.

Je ferai en sorte de vivre seulement avec Dieu seul, sans me refuser à ce que la charité pourra exiger de moi et sans laisser apercevoir mon goût pour la solitude.

C'est près du berceau de Jésus, que je viens ô Marie ! remettre ces résolutions entre vos mains maternelles ; Daignez lui dire qu'il ne peut me refuser ses grâces puisqu'il souffre et qu'il pleure pour me les mériter.

Avis
et
Lettres Spirituelles
de
Mère Symphorose Faivre

Réflexions sur les lettres de Mère Faivre

La Notice que nous avons donnée sur la vie, les travaux et les œuvres de Mère Symphorose Faivre serait fort incomplète, elle ne ferait qu'imparfaitement connaître le caractère, la foi, l'esprit, le cœur, le zèle religieux et le dévouement sans borne de cette pieuse et bonne Mère, si nous n'y ajoutions les avis qu'elle a donnés et une partie des lettres que lui inspira le zèle et la charité.

Les discours publics, les actions d'éclat, les écrits médités et artistement arrangés, ne font souvent connaître qu'à demi, un personnage quelconque ; mais l'homme se révèle tout entier dans ses lettres et ses conversations intimes. On y découvre ses pensées, ses affections et ses désirs, tout ce qu'il y a de plus caché et de plus intime dans le fond de son âme.

La correspondance d'une personne, est un miroir fidèle où se reflètent sans nuage et sans ombre aucune, son visage, son âme, son cœur, son esprit, son caractère, son être tout entier. On peut dire d'une correspondance épistolaire, suivie et intime, ce que l'on a dit du style en général : c'est l'homme, l'homme tout entier.

Le choix des lettres de Mère Symphorose présente ce caractère, c'est elle, c'est bien elle, avec sa foi, son esprit religieux, sa piété, sa netteté, sa franchise, son dévouement et son allure.

Ces lettres sont parfaitement authentiques. Elles ont été conservées soigneusement, avec un religieux respect, comme un doux souvenir et de précieuses reliques, par les pieuses Religieuses Hospitalières auxquelles elles ont été adressées. Les avis, les conseils, les observations qu'elles contiennent ont été pour ces Religieuses, une lumière, une consolation, une règle sûre dans les circonstances diverses où elles se sont trouvées, et, Dieu seul sait combien de fois, dans des moments d'incertitude, de découragement, de troubles et de peines intérieures, elles y ont eu recours.

Mère Symphorose avait bien entendu, bien médité, bien compris et surtout, bien mis en pratique, les leçons et la doctrine spirituelle, l'admirable ascétisme de Monseigneur de Chaffoy, Évêque de Nîmes qui, pendant plus de trente ans, fut le Directeur éclairé et le père dévoué des Religieuses Hospitalières de Besançon. Les avis qu'elle donne, les règles qu'elle trace, les lettres qu'elle écrit sont tout imprégnées de l'esprit du Saint Évêque. C'est la même foi, la même simplicité, la même netteté dans la piété ; c'est toujours : « Connaissez-vous vous-même. N'aspirez à rien « d'extraordinaire ; Suivez la règle qui est la voie de « la perfection. Prenez courageusement vos peines, con- « fiez-les à Dieu notre Sauveur crucifié. Ne cherchez « pas le chemin des roses, mais le chemin de la Croix. « Soyez douces et d'égale humeur. Obéissez en toute « simplicité. Renoncez à vos vues, à vos goûts et à « vous-même, pour vous dévouer tout entières au « service de Dieu, au soulagement du prochain, « des pauvres et des malades. »

Les lettres de la Révérende Mère ne sont pas autre chose qu'un de ces grands anneaux de la chaîne traditionnelle, qui unissent le passé au présent, et qui doivent unir le présent à l'avenir. Elles serviront à conserver dans cette Congrégation, œuvre du zèle d'Antoine Pierre de Grammont, et qui compte plus de deux siècles d'existence, les saintes maximes de foi, de piété, d'abnégation et de dévouement qui, jusqu'ici, l'ont rendue si recommandable aux yeux du monde, si utile à la gloire de

Dieu, au soulagement des misères humaines et au salut des âmes.

Lettres Spirituelles

I.

Lettre à Sœur G.
L'acquisition des mérites.

10 Janvier 1849.

Je vous remercie, ma chère enfant, des vœux que vous avez adressés, au renouvellement de cette année ; qu'elle soit pour nous toutes, pleine de vertus et de mérites ; c'est le désir le plus ardent de mon cœur.

Chaque année nous avançons vers notre terme que nous atteindrons bientôt ; alors, nous ne regretterons pas les efforts que nous aurons faits, pour acquérir les mérites qui nous vaudront un poids immense de gloire et de bonheur éternel.

O ! mon enfant ! ayons les yeux en haut et alors les souffrances de cette vie, nous paraîtront bien légères et bien courtes. Regardons fixement la plénitude des miséricordes de Dieu, et la vue de nos misères présentes, de nos péchés passés ne nous abattra pas ; nous nous rapprocherons de Dieu pour être purifiées et sanctifiées, parce que lui seul, peut effacer les uns et guérir les autres.

Nous allons mardi, commencer une quarantaine, pour demander la lumière du St Esprit, sur la prochaine élection : nous dirons la prose de la Pentecôte, en français et le Sublicum.

Vous recevrez d'ici quelques jours, une lettre de Monseigneur, avec la règle nouvelle qu'il a faite pour l'élection ; faites en sorte que nos Sœurs l'acceptent sans examen et sans bavardages. Tenons-nous dans le silence comme les Apôtres, pour recevoir les lumières du Saint Esprit.

Soyez toujours assurée de mon entier et sincère dévouement.

II.
A la même.
Porter la Croix.

Ce n'est pas sans peine, ma bonne petite Sœur, que je vous ai vue hier, un peu abattue et pliant sous le poids de la croix; la fatigue du corps peut bien contribuer à l'abattement de l'esprit. Vous êtes, chère enfant, dans une position qui doit vous être pénible ou dangereuse; elle vous est pénible, remerciez-en la bonne Providence et armez-vous de courage pour la supporter tant que l'obéissance le voudra de vous. La Croix est une bonne école, et le renoncement que vous pratiquez en vous couchant lorsque vous aimeriez être levée et vous levant lorsque vous aimeriez être couchée, vous fera plus avancer vers votre Dieu que tout ce que vous pourriez faire, dans les prières les plus tendres et les plus ferventes. Portez donc le précieux fardeau que votre bon Maître met sur vos épaules, et lorsque vous sentez la nature se révolter, dites ces paroles du fond de votre cœur : <u>O bonne Croix!</u> est-ce que je vous lâcherais ?. Est-ce que je pourrais dire : je ne suis plus disciple de J.C. ?.. Secouerais-je ce précieux fardeau, parce qu'il pèse un peu sur moi ? Le jetterais-je loin de moi ?. Eh quoi ! je verrais à terre la croix de Jésus, qu'il m'a confiée, en qualité de disciple et afin que je fusse reconnue pour telle, et je pourrais en soutenir la vue tranquillement ?. Ah ! ma bonne enfant, vous ne rebuterez pas ce signe d'amour qui vous vient du cœur de votre Dieu, de votre époux, de votre ami, de votre père..

Courage donc, ma bonne enfant, tenez-vous serrée contre le cœur de votre Dieu, donnez-lui le vôtre tout entier et offrez un peu de vos peines pour celle qui, dans le cœur de Jésus, vous est sincèrement dévouée.

III.
À la même.
Ne point se décourager.

Le 21 Août 1855.

Soyez bien tranquille, ma bonne enfant, au milieu de vos peines, elles se changeront en joies plus tard, et ne vous inquiétez pas des soulèvements de la nature. Ce qui froisse votre raison dans le Père G. et que vous trouvez exagéré, vous sera, pris dans un bon sens, une source de paix qui, pour être solide, doit être appuyée sur la connaissance du fond de corruption qui est en nous et qui gâte nos actions les plus parfaites. Pour établir dans notre cœur une vraie confiance en la miséricorde de Dieu, il faut l'appuyer sur la vue de notre misère.

Tous les maîtres de la vie spirituelle assurent que le cœur ne se purifie que par la componction; David avait toujours ses péchés devant les yeux, et, d'après Notre Seigneur la vérité même, ce sont ceux qui ont le cœur pur qui verront Dieu.

La seule recommandation que je puisse vous faire, c'est de prendre garde au découragement, je ne vois que ce seul ennemi. Donnez tous les jours au bon Dieu, votre être tout entier et en particulier votre raison; renoncez à tout ce qui est de vous, pour laisser la place à Dieu, afin qu'il agisse en vous et par vous comme il lui plaira; souffrez pour sa gloire et pour le bien de vos sœurs, les ténèbres de votre esprit, la sécheresse de votre cœur et répétez-lui souvent ces mots : <u>Je me donne, me livre et m'abandonne toute entière</u>, pour le temps et pour l'éternité. Quand votre nature bouillonne et bondit, enfermez-vous plus avant, mais sans efforts, dans votre impuissance, votre néant, votre incapacité, mais toujours en tenant par la main, la miséricorde de Dieu; son amour vous rend plus blanche et plus belle.

Vous voyez, ma chère enfant, que le bon Dieu vous secourt déjà, en adoucissant vos formes et votre cœur pour vos Sœurs; puisse ce bon Maître faire tout et vous rien.

Je suis bien contente que vous ayez

demandé permission pour le voyage de vos sœurs ; vous vous trouverez bien de suivre cette marche et vous vous trouverez toujours bien de vous livrer pour tout à l'obéissance et à la dépendance.

Adieu, ma bonne enfant, enfonçons-nous bien profond dans la miséricorde de Dieu, soyons pleines de confiance en lui. Ne donnons aucune réserve aux opérations de son amour et que seul, il règne dans notre cœur. C'est en lui et pour lui que je suis toute vôtre

---

IV.

A la même.

Il est utile de voir et de sentir ses imperfections.

Le 6 Septembre.

Vous avez tort, ma chère enfant, de ne pas m'écrire parce que vous êtes toujours la même, cela ne fait rien ; on est long-temps sous le poids des infirmités spirituelles et Dieu le permet ainsi, pour nous affermir dans l'humilité et la connaissance de notre faiblesse. Dirais presque, dans la Charité, puisque nous devenons indulgentes pour le prochain lorsque nous voyons l'insuffisance de nos efforts. Ne perdez donc pas courage et vivez dans la fidélité que vous devez à Dieu.

Je vois comme vous, que votre changement vous ferait du bien et qu'un séjour en France, ne peut être que fort utile à votre âme ; cela ne se peut pas cette année, mais prenez patience, le bon Dieu est là et il ne veut pas vous tenter audessus de vos forces ; soyez bien fidèle.

Vous avez bien deviné que S. L. ne vous tournerait pas, elle ne le sait pas encore ; je m'effraie bien un peu de lui annoncer ; il est toujours pénible de faire de la peine et jamais on ne peut s'habituer à le faire de sang-froid ; pourvu que toutes ces peines nous mènent au Ciel, c'est l'essentiel.

Priez beaucoup pour moi, ma bonne sœur, afin que je mette à profit toutes celles que le bon Dieu m'envoie et que, dans le transport de mon amour, je m'écrie : O bonne Croix !

Je ne vous en dis pas plus long, parce que je veux écrire à toutes un petit mot et que je n'ai guère de temps. Adieu donc, priez pour moi.

V.

A la même.
Calme et patience dans les difficultés.

Le 13 Septembre 1857.

Je reçois à l'instant votre lettre, ma chère enfant; c'est à vous trois que j'écris pour vous dire: Ne craignez pas, vous n'êtes pas perdues, mais seulement un peu découragées. Oh! ne vous découragez pas, ne vous heurtez pas et n'envisagez pas vos peines humainement. Lisez, mes chères enfants, la vie des Saints Fondateurs, ils ont tous passé par le chemin où vous êtes; le démon peut bien y être pour quelque chose, et voudriez-vous avoir peur de lui ? Nos premières sœurs de Lucerne ont enduré tout ce que vous souffrez et le chemin s'est aplani. Ne vous laissez pas abattre, je vous en conjure; vous grandirez, mes chères enfants, sur la Croix. Soyez bien humbles, bien petites; priez beaucoup pour que le bon Dieu éclaire vos Administrateurs; priez pour vos pauvres. N'ayez pas, pour votre Chapelle, un empressement trop inquiet.

Sr C. vous donnera 500 francs pour la faire et deux autres de nos Sœurs, chacune 50 francs ; en voilà déjà 600 ; vous voyez que le bon Dieu veut que vous lui prépariez une demeure et qu'il veut être au milieu de vous.

Tout ce que vous souffrez, mes chères enfants, n'est pas perdu ; vous semez et les jours meilleurs seront ceux de la récolte. C'est à présent le temps favorable, des jours de salut pour toutes trois ; ce sont des jours précieux qui seront pour vous le passage de la mer Rouge, vous dégageront de la servitude de vous-même pour vous introduire dans la terre promise du détachement et de la seule et vraie liberté... Je crie depuis ici : O! mes enfants ! Courage ! N'ayez pas peur, faites l'œuvre de Dieu !

L'or s'épure dans la fournaise. Vous sortirez de cette épreuve, plus belles et mieux parées aux yeux de votre Céleste Époux.

Je voudrais bien voler vers vous ; si je ne le fais que spirituellement, je suis en compagnie de tous les Saints Anges et de tous les Saints. Recommandez-vous bien à eux et ne vous laissez pas aveugler par des vues humaines ; ne mettez pas de raideur dans vos procédés, cela gâterait tout. Laissez-vous humilier, mes chères enfants, mais ne vous humiliez pas vous-même, en montrant de l'orgueil, de la morgue, une nature impérieuse.

Mettez bien de l'huile dans les rouages, de cette huile de la douceur et de l'humilité qui ravit les cœurs. Soyez bien petites, vous verrez des jours meilleurs.

Écrivez-moi souvent, mes chères enfants, j'ai besoin d'avoir de vos nouvelles.

Je suis toute vôtre.

VI.

À la même.
Confiance et abandon entre les mains de Dieu au milieu des tribulations.

Le 16 Septembre 1857.

Mes chères enfants,

Vos désolations et vos larmes m'ont affligée sans doute ; je ne peux pas vous sentir dans la peine, sans la partager et sans souffrir avec vous. Cependant, je serais bien plus peinée encore, si vous ne me disiez pas tout ; c'est le besoin de mon cœur de souffrir avec vous et de prier pour vous. Une chose que je ne partage pas avec vous, c'est le découragement ; le bon Dieu en me donnant cette grâce, me la donne pour vous, puisque je dois vous fortifier de sa part et vous encourager dans l'épreuve. Ce bon Maître veut bien me donner une foi, une confiance qui ne s'appuie, ni sur l'homme, ni en aucune créature naturelle, mais sur Lui seul et sur sa sainte volonté ; tout le reste coule à côté et les hommes peuvent me faire la grimace qu'ils veulent, je ne compte pas plus sur eux que sur l'eau du lac que vous avez devant votre maison.

Je vous dis que vous avez toute liberté d'aller à Lucerne et nos Sœurs ont aussi toute liberté d'aller chez vous, dites-le bien.

Vous me dites que vous êtes fatiguée des visites des Lucernois et je crois au contraire, qu'elles peuvent vous être utiles et qu'elles entrent dans les vues de Dieu pour votre bien ; soyez-en donc souple sous la main de Dieu, sans vouloir ni ne pas vouloir ce qu'il veut et ne veut pas. Vous avez toujours désiré devenir profondément religieuse et intérieure ; Dieu vous exauce en faisant mourir les restes de votre vie trop humaine qui l'empêchaient de s'unir à vous ; t.c.ˡ j'u une certaine délicatesse de procédés, suivie de l'estime et de la considération des hommes, ainsi que la recherche de l'attention sur les sacrifices que vous faites et sur votre dévouement. Mais Dieu qui vous veut plus pure, coupe dans le vif et vous façonne pour vous approcher de lui et franchit la distance qui vous sépare de sa beauté.

Adorez Dieu sur la Croix et à son ombre ; n'allez pas devant lui par votre empressement naturel, mais suivez-le fidèlement, humblement, simplement et, je vous en prie, n'ayez pas peur de l'ennemi, le Seigneur est là.

Toutes nos Sœurs prennent bien part à vos souffrances et vous disent les choses les plus affectueuses ; et moi, mes chères enfants, je vous serre dans mes bras et contre mon cœur.

VII.

à la même.

Tout ce qui nous vient de la main de Dieu est une grâce. – Attendre avec patience.

Le 7 Octobre 1857.

Je serais bien peinée si les observations que je vous fais, vous resserraient le cœur et vous paralysaient.

Je suis bien loin de blâmer le désir que vous avez de posséder Notre Seigneur, je veux seulement retrancher l'inquiétude qui ne peut que fatiguer votre âme et vous ôter la lumière, vous donner de la grignerie qui vous fatigue sans profit pour vous et pour votre œuvre... Il en est de même pour la délicatesse des procédés, que vous recherchez par le fait de votre nature et de votre éducation, et qui n'est pas satisfaite dans le pays que vous habitez ; je ne vous en fais pas un crime ; mais je veux m'efforcer de vous faire comprendre que la position dans laquelle vous êtes, est un coup de lime que le bon Dieu vous donne pour vous rendre plus souple sous sa main et plus propre à faire son œuvre ; il veut vous apprendre à juger l'arbre par son fruit et non par l'écorce, et à aimer, sans distinction de nation et de préjugés de pays ; ce n'est donc qu'une grâce pour vous et pour vos sœurs ; l'opposition de caractère que vous trouvez en elles, est encore une grâce, qui vous fait toucher au doigt, que vous n'êtes pas encore morte ni façonnée aux misères d'autrui et que le bon Dieu veut opérer cette mort par le frottement d'une sœur. Enfant, tout est pour vous une grâce, ne la perdez pas.

J'ai toujours eu la pensée que S. H. serait chargée de la pharmacie ; c'est pour nos maisons de Suisse que je lui ai fait apprendre bien à fond. On peut compter sur elle pour les remèdes.

Tout ce qu'on fait pour Dieu, souffre violence.

Écrivez-moi souvent, mes chères enfants, mon cœur en a besoin ; le plus petit détail sur votre position m'intéresse. Si quelquefois ma morale vous paraît un peu sévère, elle n'en sort pas moins de mon cœur qui ne veut que vous rendre plus fortes, en vous

dégageant de vous-même pour vous revêtir de
l'espérance et de la confiance en Dieu qui
est le plus fort de tous les soutiens.

Croyez-moi bien toute vôtre en Notre Seigneur.

VIII.

A la même.

Être charitable et compatissante. Mais ferme.

Le 15 Octobre 1857.

Ma Chère enfant,

Je voudrais bien pouvoir vous répondre
aussi longuement que vous m'écrivez, et par là,
vous faire autant de plaisir que la longueur
de vos lettres m'en fait. Je voudrais être
avec vous à chaque instant du jour et partager tous vos ennuis, vous aider à surmonter les obstacles.

Maintenant, ma Chère enfant, il faut
que vous mettiez de beaux ornements dans
votre maison et que votre chapelle soit par-
fumée de charité, d'abord pour vos Sœurs,
puis, pour les gens du pays, et que vous
déposiez, chaque jour, aux pieds des saints
Autels, toutes les préventions de nations,
d'éducation, de savoir-vivre mondain, de

caractère, de même, tout ce qui peut blesser, non seulement extérieurement mais dans l'intime du cœur, la charité qui doit être le plus bel ornement de votre maison. N'ayez peur de rien, si vos cœurs s'élargissent et deviennent charitables.

Persuadez-vous bien, mes chères enfants, que nos maisons ont été bâties pour les pauvres et non pour nous, que ce sont les pauvres qui en sont les maîtres, et, qu'aux pieds des Saints Autels, nous avons demandé comme une faveur, d'être admises à être leurs servantes, il ne faut pas que ce soit une vaine cérémonie. Il faut, pour faire l'œuvre de Dieu, que nous entrions bien dans les sentiments intérieurs de vraies servantes de Dieu et des pauvres.

Vous avez de la peine, ma chère enfant, à vous façonner à la grossièreté des %. humiliez-vous-en jusqu'au centre de la terre. Notre Époux avait bien autant de délicatesse que nous et ses Apôtres n'en avaient guère; il a laissé les grands seigneurs pour prendre avec lui ces gens charnels et grossiers. Voyez, ma chère enfant, le fond et non pas les formes, elles ne sont pas la clef du Ciel, mais le fond, et c'est pour vous faire mourir à vos formes que le bon Dieu vous a placée dans cette position, bénissez-l'en.

La marque à laquelle nous reconnaîtrons que nous sommes les disciples du Seigneur, c'est à l'affection que nous aurons les unes pour les autres, c'est lui qui l'a dit et il n'a mis pour cela, aucune exception de caractère et de nation. Plus vous avez, ma chère enfant, d'opposition de nature pour vos sœurs, plus aussi vous devez les aimer; nous devons aimer de préférence les faibles, sans toutefois devenir faibles avec elles.

N'ayez donc pas peur des révoltes de St R. et ne lui cédez pas, à moins que vous jugiez la chose utile ; faites de même pour St H. tout en étant très bonne pour elles. Ne faites point de confidences des impressions que vous ressentez pour les unes ou pour les autres ; ce sont les confidences qui affaiblissent l'autorité et l'influence que vous pouvez avoir sur elles et vous en auriez davantage, si vous n'aviez pas laissé paraître vos impressions ; il faut y parvenir.

Quant au silence et à la régularité, il faut y tendre doucement pour ne pas irriter vos Sœurs, mais les leur faire aimer et désirer.

Monsieur B. a dû vous remettre le 3ᵐᵉ volume des œuvres du Père de Chaffoy, lisez les conseils aux Supérieurs, cela vous fera du bien.

Ne vous inquiétez pas de la défiance de vos Administrateurs, ils sont novices dans l'art d'administrer; puis ils ne nous connaissent pas; la confiance mutuelle ne peut s'établir qu'avec le temps et la connaissance réciproque.

Adieu, mon enfant, écrivez-moi tant que vous pourrez, j'ai besoin de savoir tout ce que vous faites. Offrez à nos Sœurs mille tendresses et croyez-moi, toute vôtre.

IX.

A la même.

Douceur, modération et prudence dans les observations.

Le 7 Janvier, 1858.

C'est encore à vous que j'écris, quoique j'aie une quarantaine de lettres à répondre et que j'aie une fille plus cadette que vous, mon enfant, qui est S. J. qui est à P. mais je viens de lui achever un petit mot.

Il faut encore, ma bonne enfant, que je vous fasse une petite observation, ne vous en peinez pas.

S. H. m'a écrit une chose qui l'a peinée et qui est faite pour cela : vous lui auriez répondu que si elle voulait commander et prendre les domestiques, elle pourrait prendre le gouvernement de la maison ; cela, mon enfant, n'est pas bien ; et si nos Sœurs sont peu polies pour nous, nous devons toujours l'être à leur égard. Nous ne devons les blesser que pour leur faire du bien et jamais pour nous satisfaire. Nous ne sommes à leur tête, que pour aider leur corps et leur âme, puis ouvrir leur cœur et non pour les resserrer. Nous ne sommes là que pour tenir la place Notre Seigneur, dont le joug est doux et le fardeau léger, qui est venu pour servir et non pour être servi. Nous sommes pour nos Sœurs, le canal de la grâce ; et la grâce est comparée à l'huile qui adoucit tout ce qu'elle touche.

Une autre chose qui a blessé cette pauvre Sœur, c'est que vous avez parlé des reproches que vous auriez à lui faire, à nos Sœurs de L., qui ont eu la maladresse de lui en parler; ce sont des plaies qui ne se referment presque jamais.

Oh! mon enfant, apprenons à respecter nos sœurs avec leurs misères; nous avons les nôtres, il faut qu'elles les supportent; à plus forte raison devons-nous porter et supporter les leurs, puisque nous sommes pour elles les représentantes de Notre Seigneur qui a porté lui-même toutes nos langueurs.

Tenez, mon enfant, lisez avec attention la première épître de Saint Jean, elle adoucira les sécheresses de votre cœur. Croyez-moi, on peut dire bien des vérités quand on les dit bien et que la Charité nous ouvre la bouche et le cœur.

Il y a encore en vous, mon enfant bien aimé, trop de cœur naturel, trop d'esprit du monde, mais ne perdez pas courage, le bon Dieu vous a placée où vous êtes, pour vous l'ôter, vous apprendre à ne juger qu'à la lumière de la foi. Le bon Dieu vous aime bien, soyez en sûre; et c'est encore pour vous façonner, qu'il se fait attendre dans votre maison; ouvrez-lui votre cœur avant que de lui ouvrir un sanctuaire; c'est le vœu le plus ardent de

Votre affectionnée Mère.

X.

A la même.

Tout jugement trop sévère n'est pas de Dieu.

Le 13 Janvier 1858.

Je suis bien en retard avec vous, ma bien chère enfant, et cependant, j'ai encore vingt lettres à répondre et tout le reste à côté.

Vous êtes donc toujours sur la Croix, ma bien chère enfant, et en contradiction avec la pauvre Sœur H. et chacun croit être dans ses droits. Que conclure ? Qu'en toutes les deux, la lumière d'en haut ne peut pénétrer, parceque la nature se met à la traverse. Vous confondez peut être trop la Supérieure, la Mère religieuse, avec les goûts, les sympathies et les antipathies de Sœur G. et vous ne glissez pas assez sur les défauts de Sœur H., pour entrer dans son cœur et les lui montrer doucement, à proportion de la confiance que vous sauriez lui inspirer. Ses défauts vous choquent, vous rebutent et lui ferment l'entrée de votre cœur ; puis, votre ton froid et sec, vous ferme l'entrée du sien, de là, la misère et la souffrance ; chacun croit voir clair, chacun croit avoir raison et être dans son droit, et vous n'y êtes ni l'une ni l'autre. Il n'y a que Dieu qui a raison ; nous avons, moi et vous toutes, des torts ; mais Dieu est charité. Donc, tout ce qui n'est pas charité et humilité n'est pas de Dieu et produit un froissement. Tout jugement trop sévère n'est pas de Dieu. Tout sentiment d'aigreur n'est pas de Dieu. Toute susceptibilité personnelle n'est pas de Dieu qui n'est point susceptible, qui nous aime et nous supporte malgré tous nos travers et toutes nos misères.

Étudions Jésus, notre Maître et notre modèle ; ah ! près de Lui, que de misères nous découvrirons en nous ! Et quelle paix nous goûterons, dans la conformité de nos sentiments avec les siens !

J'ai pris pour Protecteur, cette année, St Joseph ; pour devise : <u>Et il leur était soumis</u> ; et pour pratique, de m'enfermer dans la maison de Nazareth avec le divin Enfant ; ce sera là mon lieu de repos ; quand vous voudrez me trouver, ce sera mon adresse.

Dites mille choses de ma part à toutes nos Sœurs ; croyez à mon tendre et constant attachement.

XI.
À la même.
Nos perfections sont mêlées d'imperfections.
Le 8 Mai 1858.

Les saints se reposaient à l'ombre de la Croix, et moi, j'ai la faiblesse d'y fatiguer mon corps et mon âme. Nous sommes si à court de monde, que nous ne pouvons plus aller ; on me demande du renfort ou des changements ; partout les santés s'affaiblissent, les têtes chantent. On ne voudrait que rencontrer saints et des saintes, on se promène de maison en maison, pour trouver la pierre philosophale c'est-à-dire : point de souffrance. Et moi, je suis au milieu de toutes ces réclamations, comme un imbécile qui ne sait que dire et que faire. C'est là ce qui retarde le départ de Sœur E. parceque, quand je veux mettre

le pied quelque part, j'y trouve un embar-
-ras qui me fait reculer.

Ah! qu'il y a de durs moments à passer
et qu'on a besoin du secours du bon Dieu!

Je ne peux donc pas, ma chère enfant,
vous préciser le jour du départ de Sœur E.;
j'ai fait revenir une autre Sœur, pour vous
l'envoyer, qui est intelligente, gaie, dévouée
et cuisinière, mais qui ne sait pas l'Alle-
-mand; elle n'a jamais été malade et pour-
-tant, je l'ai trouvée maigre, toussant et me
faisant craindre pour sa poitrine; de sorte
que je suis obligée d'ajourner son départ.

Puis, la position de Neuchâtel s'embrouille
de plus en plus et m'empêche d'avancer
d'un bout ou de l'autre; ce qui fait que je
ne peux plus que dire: <u>Mon Dieu, venez
à mon aide, hâtez-vous de me secourir.</u>

Vos peines, mes bonnes Sœurs, sont mes
plus grandes angoisses, et ma plus lourde
croix est de ne pouvoir vous décharger des
vôtres.

Nous n'avons rien encore d'arrivé de Paris
pour les militaires, il faut attendre patiem-
-ment.

Votre maison prend de l'extension, cela

ne peut pas être autrement. Vou. trouvez, ma chère enfant, que cela ne va pas vite, et moi je trouve que cela avance plus que je m'y attendais. Tout était à neuf, les bâtiments, les Administrateurs, les malades; il faut, pour niveler tout cela, du temps et de la patience.

Je n'ai vu qu'un instant M. S. et j'ai bien vu qu'il n'était pas le plus facile de vos Messieurs et qu'il serait président de fait s'il ne l'était pas de droit; j'ai vu encore qu'il n'était pas le plus commode en affaires. Le bon Dieu qui sait, mieux que nous, ce qu'il nous faut, arrange les choses de manière à ce qu'il y ait de ces personnages-là partout.

C'est, ma chère enfant, l'affection de Sœur H. pour son pays, qui fait qu'elle souf-fre plus qu'ailleurs et qu'elle ne s'y aime pas. Elle est comme les mères qui ont peur qu'on ne trouve pas leurs filles assez bien et comme les tantes religieuses qui ont des nièces dans leur Communauté et qui souffrent des moindres manquements de ces pauvres en-fants; c'est un sentiment naturel que nous ne devons pas nous étonner de rencontrer chez les autres, puisque nous en rencontrons

-tant dans notre pauvre cœur.

Je viens de trouver sur l'Imitation, que toute notre perfection est imprégnée d'imperfections et toutes nos lumières, couvertes de ténèbres. Oh! que c'est vrai; et si nous souffrons les unes des autres, c'est parceque nous sommes toutes imparfaites.

L'Esprit de Dieu n'est qu'un et ne peut être qu'un; partout où il entre, il dit: La paix soit avec vous.

Une réflexion que je faisais ces jours derniers, c'est que nous nous servions de tout ce qui devrait nous rapprocher de Dieu, pour nous en éloigner; il est reçu par la foi, que c'est par la souffrance et le combat que nous allons au Ciel. Sommes-nous tentées? Nous nous éloignons de Dieu. Souffrons-nous? Nous tombons dans le découragement. Faisons-nous des fautes? Nous ne nous jetons pas dans les bras de Dieu pour nous relever. En un mot, nous fuyons Celui à qui nous devrions toujours avoir recours.

Adieu, ma bonne enfant.

XII.

à la même.

La nature et la grâce.

Le 28 Mai 1858.

Ma bonne enfant,

La semaine dernière, notre Mère m'avait de vous écrire et mon cœur était bien d'accord avec cette bonne Mère, mais je n'ai pas su trouver le temps. Je commence ma semaine par là et déjà, je viens de penser à vous, à l'Oraison, ce que je fais tous les jours et plusieurs fois par jour, en présentant à Dieu vos préventions, votre tristesse, vos tentations et toutes les illusions que le tentateur met dans votre âme et qui la privent de la lumière de l'Esprit saint et des consolations que ce divin Esprit peut lui apporter. Il est, ma bonne enfant, le lien des cœurs et ne cherche qu'à se répandre; ouvrez-lui le vôtre qui a tant besoin d'affection et, foulant aux pieds toutes les affections naturelles, sachez goûter celles que vous offre le cœur de Notre Seigneur, pour lequel vous avez une si grande dévotion.

Pour parvenir à la victoire sur les tentations qui vous affligent, il faut réformer votre esprit qui n'est pas juste et le réformer sur l'esprit de Notre Seigneur que vous étudiez depuis long-temps dans l'Évangile; il faut que vous sachiez discerner un mouvement de nature d'un mouvement de grâce; que vous fouliez aux pieds la nature pour suivre la grâce et que vous ne jugiez plus qu'à la lumière de la foi qui est la seule vraie. Or, la foi nous dit que nous ne pouvons rien sans la grâce, que nous ne pouvons la mériter, mais que nous pouvons la demander avec humilité, confiance et persévérance. La foi vous dira que la sécheresse, l'aridité de votre âme est une grâce, qui vous force à reconnaître que Dieu demande de vous le sacrifice de vos préventions de pays et de nations, celles d'éducation et de savoir-vivre humain, celles des sympathies ou antipathies naturelles qui souvent, prennent une forme spirituelle, afin de vous tromper plus sûrement; enfin, le sacrifice de vos raisonnements, pour conformer tout votre être à la volonté de Dieu.

La foi vous dira d'oublier St J. de L. et les hommages que vous y avez reçus ; elle vous humiliera par la pensée que vous n'avez pas eu assez de charité parmi les vieilles Sœurs qui y étaient, et que vous vous êtes trop livrée à la sympathie que vous aviez pour l'une d'elles ; ce sentiment d'humilité fera naître en vous la charité ; votre cœur s'unira aux leurs par la prière ; vous leur attirerez des grâces et, vous ne ferez de voyages à St J. de L. que pour vos bonnes vieilles.

La foi vous dira encore que, où vous êtes, c'est Dieu qui vous y a placée dans son amour pour vous, parcequ'il veut votre âme toute entière, sans partage. Il vous a mise dans un pays antipathique à vos goûts, pour vous apprendre que, pour l'âme qu'il veut avoir, toute la terre doit être sa patrie. Il vous a mise avec des Sœurs pour lesquelles vous n'avez point de sympathie, pour vous apprendre à aimer avec son cœur et non pas avec le vôtre ; Il vous a placée leur Mère, pour que vous appreniez à aimer et à nourrir vos enfants à vos dépends et de votre propre substance.

Vous finirez par aimer Sœur H. et Sœur L. plus que d'autres, parcequ'elles vous auront plus coûté ; parcequ'elles sont les épouses de N. S. qui les a choisies, qui les aime et qui veut leur prouver son amour par votre cœur et votre dévouement pour elles.

Ce bon Maître qui veut vous instruire, permet toutes vos misères extérieures, pour vous montrer votre impuissance à tout bien, vous convaincre que vous ne pouvez rien sans lui et vous forcer à vous jeter, cœur, corps et âme, dans son sein, sans examen et sans retour, disposé qu'il est à venir à votre secours.

Laissez-vous conduire par la main et éclairer par la petite lampe de la foi, qui est obscure dans les commencements, mais qui devient par la fidélité, un foyer de lumière.

Prenez garde à l'empressement naturel ; c'est peut-être, le plus grand ennemi que nous puissions avoir et le destructeur de l'esprit intérieur et de la Charité. On le prend souvent pour du zèle, mais ce n'est que le démon, sous la forme d'un ange de lumière.

Je me trouve à la fin de mon papier et je n'ai plus de place, ma chère enfant, que pour vous assurer que cette lettre est écrite, non pas avec mon cœur, il ne vaut rien, mais avec celui de N. S. qui chargera votre bon Ange de vous la présenter et qui vous assurera de ma tendre et constante affection.

XIII.

A la même.

Le Bien se fait lentement.

Le 17 Juin 1858.

Ma chère Enfant,

Depuis deux jours votre lettre est dans mon buvard pour vous répondre et ma mauvaise tête m'en a empêché.

Je m'attends, d'un moment à l'autre, à partir pour Vesoul où les visites d'une inspection et la maladie de Sœur M. peuvent nécessiter ma présence. Cette maison est dans un état déplorable, de toutes façons, ce qui fait désirer plus ardemment la fin de St J. de L.

Sœur G. m'avait écrit pour me demander à venir passer un mois ici, afin d'y apprendre la pharmacie et la comptabilité, ce qui ne lui servirait à rien. Sœur G. lui conseillait d'aller à Dijon ; je l'ai renvoyée à son Évêque de qui seul elle peut et doit recevoir des ordres et des conseils.

Vous trouvez toujours, mon enfant, que vous n'allez pas assez vite et que vous n'êtes pas secondée par vos Administrateurs ; hélas ! ma pauvre enfant, vous ne savez pas encore assez, que le bien se fait avec une peine infinie et avec un temps qui n'est mesuré que par l'Éternité de Dieu. C'est une grande science que d'attendre les moments de la Providence et de ne pas les devancer ; je le disais ce matin, à une dame du monde et nous étions parfaitement d'accord que, pour faire un peu de bien, il fallait une longue patience et beaucoup de persévérance.

Je viens de faire une énorme réparation que je rêvais depuis douze ans. J'ai attendu vingt ans, les Œuvres de

Monseigneur de Chaffoy. J'ai projeté quinze ans, la chapelle de la Grange, et je suis plus convaincue que jamais, que l'empressement naturel est un défaut que l'on ne combat pas assez, et qui porte un grand préjudice à nous même et à l'œuvre de Dieu!

Vous me paraissez toujours peu disposée en faveur des Zugois. Ah! mon enfant, les nègres de l'Amérique, les Chinois ne sont guère plus aimables; les pauvres Religieuses qui se dévouent à leur service, ne sont pas mieux logées que vous et elles aiment cependant, ces âmes et leurs missions. Oh! que nous sommes petites à côté de ces grandes âmes! Mon enfant, mon enfant; ne nous attachons pas à l'écorce, attachons-nous au fond; ne bâtissons pas sur le sable, mais sur le roc. Les jugements de Dieu sont différents de ceux des hommes; que lui importe des formes plus ou moins polies.

Je vous en supplie, mon enfant, ne faites donc pas vos affaires avec Mr S., Mr H. et compagnie, mais avec leurs bons Anges et avec Dieu qui les dirige.

Tenez, vivons de la foi, c'est une lumière

qui ne s'éteint jamais et qui soutient au milieu de tous les sables du désert. Et puis, apprenons à aimer la croix et la souffrance, puisque la croix est la porte du Ciel.

Je griffonne et je suis fatiguée ; je ne peux plus que vous embrasser toutes, du profond de mon cœur.

XIV.
À la même.
Attendre les moments de la Providence.
Le 19 Novembre 1858.

Mais, ma chère enfant, je ne suis pas mécontente de vous, et si je vous fais quelques observations, ce sont celles que je me fais et que je fais à toutes nos Supérieures, parce qu'il importe beaucoup que, dans notre position, nous soyions bien remplies de l'esprit de N. S. et que pour l'être, il faut que nous veillions beaucoup sur nous-même, pour couper tous les petits filets de nature qui se mêlent presque toujours à la grâce.

Si je vous ai tant prévenue contre l'empressement naturel, c'est que, tous les jours, je suis à même de voir le bien qu'il empêche, et, parcequ'il me semblait, d'après ce que vous me disiez, que les choses n'allaient pas assez vite, et que, ce plan-cher qu'on avait fait en Automne, pour le refaire au Printemps, me paraît un effet de complaisance et que, connaissant un peu les hommes, je sais que tout en étant complaisants, ils se moquent facilement de nous autres femmes. C'était donc un préservatif plutôt qu'un correctif ; n'étant pas sur les lieux, je ne puis juger de l'opportunité ou de l'inopportunité et ne peux que vous mettre sur la voie, par des règles générales, puis, vous tenir en garde contre des mouvements de nature que vous pourriez ne pas connaître assez et qui viennent se mêler si souvent, avec nos pensées, nos désirs, nos jugements et toutes nos actions, celles mêmes qui nous paraissent les plus pures et les meilleures, et nous privent de la lumière d'en haut.

Si je vous ai parlé, ma bien chère enfant, de la charité pour vos Sœurs, pour les Zuçois, je ne répondais qu'aux impressions que vous me disiez éprouver contre les uns et les autres et qu'ils ressentent. Je n'ai voulu que vous éclairer, vous instruire et non pas vous réprimander. Je vous ai écrit, ma bien chère enfant, comme je me parle, comme je le fais à toutes vos compagnes dans la Supériorité, parceque le bon Dieu me fait voir et sentir tout ce qui me manque ainsi que ce qui vous manque pour tenir son lieu et place et faire son œuvre ; c'est dans cette connaissance que je trouve la lumière, la force, m'enfonçant toujours de plus en plus, dans mon impuissance et mon incapacité ; c'est ce sentiment qui me donne de la tendresse pour les plus faibles de mes Sœurs ; c'est lui qui me fait attendre les moments de la Providence ; c'est lui qui m'apprend à traiter des affaires avec Dieu avant de les traiter avec les hommes ; c'est lui aussi qui me fait mettre toute ma confiance en Dieu.

Je voudrais vous faire entrer, ma chère enfant, dans cette source de paix ; mais peut-être, ma bien chère enfant, y suis-je allée trop vite ; vous voyez que, moi aussi, j'ai à me défier de l'empressement.

Ah ! ne nous fâchons pas de rencontrer la

nature sous nos pas ; seulement, humilions-nous, c'est tout ce que le bon Dieu nous demande.

Écrivez-moi, ma bien chère enfant, ne vous resserrez pas, dites-moi bien tout et n'ayez pas peur ; je ne veux pas vous écorcher, je vous aime trop pour cela.

XV.

À la même.

Les défauts du prochain peuvent nous être utiles.

27 Novembre 1858.

Je veux répondre à toutes, ma bonne sœur, c'est malgré moi si je ne l'ai pas fait plus tôt.

Vous ne pouvez croire combien je désire que vous soyiez heureuse et contente, et, je suis persuadée qu'avec le renoncement à soi-même, on jouit de la paix et du bonheur que le monde ne saurait donner. Payez donc de votre personne autant qu'il vous sera possible et si, quelquefois, la croix pèse sur vous, répétez du fond de votre cœur ces paroles : « O bonne croix; pourrais-je vous repousser ? Secouerais-je ce précieux fardeau, parce qu'il pèse un peu sur moi ? Le jetterais-je loin de moi ? Bien certainement, vous ne le voulez pas et, fidèle à la grâce de votre vocation, vous ne tromperez point l'attente que j'ai toujours eue, que vous seriez à Dieu sans réserve et sans partage.

Prêchez-vous de tout votre cœur l'oubli de la mémoire, vous avez à faire ce métier-là. Jamais nous ne nous formons bien, que par les défauts d'autrui; ils nous sont plus utiles que leurs vertus.

Adieu, bonne sœur, priez pour moi et comptez toujours sur ma tendre et sincère affection.

XVI.

A la même.

Ne pas trop se réjouir — S'attendre à des déceptions.

Le 19 Décembre 1858.

Ne vous rassurez pas trop, ma bonne Sœur, sur l'idée que vous avez, que vous ne serez pas portée à juger..

Mère G., chaque chose sur la terre, a son côté défectueux et partout, on trouve le revers de la médaille. Je ne sais pourquoi nous avons un penchant plus fort pour juger nos Supérieurs que nos égaux; c'est une faiblesse de la nature qui nous rend l'obéissance plus difficile et le joug de la religion plus pénible.

Ne croyez donc pas, ma pauvre Sœur, que tout sera brillant pour vous, dans votre nouvelle position. Le premier obstacle que nous trouvons à la pratique de la vertu, est en nous-même et dans le fonds inépuisable de misères, dont nous ne pourrons nous désabuser. Ne vous livrez donc pas trop à ce grand large dans lequel vous pourrez vous trouver actuellement et

ne perdez pas de vue que le véritable esprit religieux ne peut s'appuyer que sur
le renoncement à soi-même, l'esprit de sacrifice et de mortification. Heureuse
l'âme qui sait se passer des consolations
de la terre et ajourner toutes les jouissances
à l'Éternité ; je crois que vous pouvez tendre
là et que le bon Dieu désire que vous vous
prêtiez à tout sans vous livrer à rien qu'à
la Croix.

Ne m'oubliez pas près de Mesdames
vos sœurs ; dites à Sœur L. bien des choses
de ma part.

Bonsoir, ma petite, soyez persuadée
de mes inaltérables sentiments.

XVII.
A la même.
*Ne pas se glorifier de la confiance
qu'on nous témoigne.*

28 Décembre 1858.

C'est encore moi, mon enfant, non
pour vous faire des reproches, mais pour
vous dire la vérité, ce que je ferai toujours ;
la vérité pure, sans alentours, comme je l'ai

fait. Voyez, mon enfant, vous êtes timide par nature et sujette à vous replier sur vous-même; vous êtes fort sensible et aimante et naturellement, vous aimez le retour; vous êtes depuis long-temps, Supérieure, et toujours, les Supérieures sont plus ou moins flattées par leurs inférieures qui ont intérêt à le faire. Vous avez été Supérieure dans des Maisons où vous avez eu des Sœurs qui vous ont aimée et appréciée et je puis dire que, depuis 54 ans que je suis en religion, je n'ai jamais vu qu'à S. et à St J. où l'on ne se soit pas plaint de la Supérieure et encore, la première de ces maisons l'emporte sur l'autre, puisqu'il y avait de la jalousie contre Sœur C... Est-il bien étonnant qu'en quittant ce pays où vous saviez, que vous étiez aimée, vous ayez éprouvé de la peine et que vous l'ayez exprimée? C'est même tout simple. Ce n'était donc pas un reproche que je vous faisais, mais un simple avertissement, pour que vous vous teniez sur vos gardes et pour vous apprendre ce que vous ne saviez, peut-être qu'en théorie, combien on est jugé sévèrement par ses inférieures et que, dans l'aveu religieux que les inférieures nous font de leurs fâcheuses impressions à notre égard, nous trouvons un sujet d'examen ; bien qu'il y ait de l'exagération, le fond y est, et nous pouvons sans crainte, nous donner notre Mea culpa.

Courage donc et confiance, le Seigneur est tout près de vous ; ne craignez pas qu'il vous abandonne, puisqu'il permet que vous fassiez le chemin de la croix en réalité. Adieu, ma bonne enfant ; mille et mille choses à nos bonnes Sœurs que j'aime bien, quoique je ne puisse pas le leur dire souvent. Prenez la grosse part de ma cordiale affection.

XVIII.
A la même.
Modérer l'empressement.
Le plus bel ornement d'une Maison, c'est l'union des cœurs.
Le 30 Décembre 1858.

C'est toujours malgré moi, ma chère enfant, que je retarde pour vous écrire, parce que je me sens toujours pressée de mettre de l'eau sur le feu qui vous dévore pour votre chapelle. Vos Messieurs m'ont dit qu'ils avaient l'intention de donner St Vincent de Paul pour Patron à votre maison et je crois que la première pensée est la meilleure.

Je vous en prie, défiez-vous de votre empressement, quelque saint, quelque juste qu'il vous paraisse, le démon est dessus, ne le mettez pas dans les fondations de votre chapelle, il la ferait crouler. Il vous a déjà fait faire une grosse bêtise en la faisant planchéier à cette saison, en la faisant gypser. Il vous presse maintenant, à indisposer Mgneurs de Soleure et votre clergé, par vos instances pour avoir le St Sacrement. Vous lassez, vous fatiguez vos Administrateurs par vos demandes intempestives. O! mon Dieu! Allez donc doucement, je vous en supplie; ne parlez donc de votre chapelle, qu'au bon Dieu et à moi pour vous en dégrossir la tête. Lisez et relisez la bonne Mère Emilie et remplissez-vous de son esprit.

Ne fatiguez pas votre monde, par des demandes continuelles et n'allez pas trop vite.

Le plus beau tableau que vous puissiez mettre dans votre maison, c'est la charité qui vous unit et les vertus religieuses qui doivent vous parer ; c'est la plus belle caposition que vous puissiez faire et c'est le bon Dieu, lui-même, qui veut la faire et se former à lui-même, trois tentes dans vos cœurs, en les ornant à sa façon et non à la vôtre ; avant de fixer sa demeure surnaturelle parmi vous, il faut qu'il se peigne lui-même dans vos âmes, en y mettant les couleurs de ses vertus, et qu'il s'y sculpte en y retranchant tout ce qui ne lui ressemble pas.

Vous savez qu'Il a dit que la marque à laquelle on reconnaîtrait ses disciples, ce serait la Charité fraternelle. Il faut que votre maison soit remplie de cette vertu du Ciel et que l'on dise de vous à Zug : Voyez combien elles s'aiment. Oh ! que vos figures reflètent toutes, la charité, l'humilité la modestie de Notre Seigneur et laissez-le, ce divin Sauveur, peindre et sculpter tous les traits de son divin Cœur sur les vôtres. C'est là la vraie dévotion au Sacré-Cœur, c'est le moyen le plus assuré de lui plaire et d'attirer sur vous les bénédictions du Ciel. Adieu, ma bonne enfant, mille tendresses et ma cordiale affection.

XIX.
À la même.
S'humilier de ses fautes.

Le 13 Février 1859.

Ma bonne Mère et mes bien chères Sœurs,

Le moment est arrivé où je quitte la charge que votre charité m'avait imposée. C'est mercredi, 16 courant, que me retirant dans la retraite, seule avec Dieu seul, j'irai lui rendre compte de mon administration et voir dans le détail, mes infidélités qui sont bien plus nombreuses que votre indulgence vous le fait penser.

Je vous remercie, mes bonnes sœurs, de votre charité à me supporter et de vos bontés à mon égard ; je vous demande bien humblement pardon du mauvais exemple que je vous ai donné. Je peux vous dire en toute vérité, que je n'ai passé aucun jour de ma supériorité, sans avoir une quantité de fautes à me reprocher envers toutes et envers chacune ; j'ai souvent fait ce que je blâmais dans les autres ; je me suis trop occupée de moi et vous vous en êtes trop occupées. J'ai été trop douillette dans la souffrance, trop entière dans mes volontés, trop raide dans mes manières, trop sèche dans mes réponses ; en un mot, tout ce que j'ai fait a porté le caractère de ma mauvaise nature, plutôt que celui de Notre Seigneur dont je tenais la place et si votre esprit de foi vous a voilé tous ces défauts, ils ne sont pas moins réels devant Dieu près de qui je demande le secours de vos prières, pour en obtenir le pardon.

Croyez, mes bien chères Sœurs, que je vous conserverai toujours une vive reconnaissance de la charité que vous avez eue pour moi et que je me regarde comme étant redevable à toutes. Les liens de mon cœur ne sont pas rompus ; nous nous retrouverons toujours dans la prière, à l'oraison, à la Ste Communion et dans toutes nos actions qui se rapportent à Dieu dont nous sommes les épouses. Loin de nous séparer, nous nous rapprocherons dans le Cœur du bon Maître, par la fidélité aux plus petits points de la règle, par le bon exemple que nous nous efforcerons de nous donner mutuellement.

ainsi qu'aux personnes qui nous entourent et par la fidélité à chercher Dieu dans l'accomplissement de tous nos devoirs religieux et hospitaliers, nous groupant autour de celle que le Seigneur nous donnera pour Mère, ne faisant avec elle qu'un cœur et qu'une âme et allégeant son fardeau par notre soumission et notre obéissance.

C'est dans ces sentiments, mes bien bonnes sœurs que je vous prie de me croire avec la plus respectueuse reconnaissance.

Votre affectionnée Sœur.

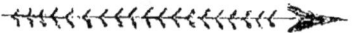

XX.

A la même.
En quoi consiste la vie intérieure.
L'amour de la Croix.

Le 3 Mars 1859.

Ma bien chère enfant,

Pour cette fois, je crois pouvoir vous dire que j'entre en retraite demain soir et, je ne veux pas vous laisser dans le découragement, quoique je ferais bien mieux, peut-être de laisser le bon Dieu, vous donner un courage que je ne sais plus que vous ôter en cherchant à vous le donner.

Vous voulez être intérieure et vous avez raison, c'est la fin de l'état religieux; mais la vie intérieure ne prend naissance que par la mort de la nature; il faut se dépouiller du vieil homme, puis, se revêtir de l'homme nouveau. Il faut que le grain de blé pourrisse et meurt, pour germer et porter du fruit; il faut que la vigne qui porte du fruit, soit taillée et émondée, afin qu'elle puisse en porter davantage.

Tout cela, mon enfant, ce n'est pas moi qui l'ai inventé et cette morale est pour moi comme pour vous. Nous sommes curieuses, nous autres religieuses, qui ne voulons qu'un pain de sucre à nos côtés pour le sucer à notre aise, et jeter les hauts cris quand nous apercevons la croix qui nous touche. Oh! mon enfant, rougissons, confondons-nous, nous ne pourrons assez le faire, ni descendre assez bas.

Vous avez été bienheureuse de recevoir N. S. chez vous, je le comprends et partage votre bonheur; mais, le lendemain, ce bon

Sauveur a voulu vous faire sentir les effets de sa présence, en vous faisant sentir la croix qui est sa compagne inséparable et qu'il présente à tous ses bien-aimés ; je pense que vous l'avez aussi bien accueillie que Notre Seigneur, car celui qui fait affront à la croix, le fait à Notre Seigneur ; de plus, au jour de notre profession, où nous l'avons pris pour Époux, on nous a dit en nous donnant la croix : <u>« pour l'amour de moi et pour gage de notre alliance »</u> de la porter dans nos cœurs comme nous la portons sur notre poitrine.

N'aimons donc pas, mon enfant, la croix seulement en images et pour en faire un joujou ; mais servons-nous des images pour en aimer la réalité.

Quand vous avez reçu avec bonheur votre petit Chemin de la croix, j'ai eu la pensée que vous ne vous en serviriez pas comme d'un vain ornement, mais que vous vous feriez un plaisir de le faire. Eh bien ! Si vous le faites comme il faut, vous sentirez qu'il est hérissé d'épines, qu'il est raboteux et qu'une vaine compassion n'est pas capable de l'adoucir au bon Maître, si nous ne sommes pas des Cyrénéens pour lui aider à gravir la montagne.

Oh! je vous en prie, mon enfant, ne nous amusons pas et allons dans la voie de la vérité; nous avons été assez long temps, le jouet de notre imagination, de notre vanité de notre sensibilité naturelle; secouons tout cela et allons à Dieu de tout notre cœur, sans avoir peur de nous piquer les doigts.

Je vous laisse là dessus, ma bonne enfant, en vous assurant que je vous ai toujours aimée.

XXI.
À la même.
Éviter l'empressement. —
Considérer son incapacité personnelle.
Le 30 Novembre 1859.

C'est toujours en route que je vous écris, je suis à Arbois depuis six jours, pour remettre en train, la comptabilité que j'avais établie lorsque je vous y ai amenée et que, depuis votre départ, on avait laissé tomber, ce qui a valu de belles observations d'un Inspecteur, qui était fort mécontent du laisser-aller

de cette maison. Vous voyez par là, mon enfant, que partout la croix y est plantée.

Je ne sais si je me trompe, mais il
me semble que vous occupez les deux chambres, l'une destinée au Médecin, l'autre
à l'Administration. Je suis bien contente
que celle de Sœur H. soit chauffée et je
voudrais bien que les vôtres le fussent aussi;
la bonne Sœur H. est sujette à des douleurs
affreuses de rhumatisme; l'année dernière elle en a beaucoup souffert; la bonne
enfant n'est pas forte et ne peut pas beaucoup sans aide; c'est à mon avis déjà très
pénibles que les fréquentes veillées, cela
me fait bien souffrir pour vous. Croyez
bien, mes chères enfants, que je partage
bien vivement vos souffrances, de quelque
nature qu'elles soient.

Je rêve de vous envoyer un joli petit
Chemin de Croix, j'espère en venir à bout.
Vous allez peut-être dire : mais quel amour
a notre mère pour Zug ? C'est que, mes
chères enfants, c'est la fille cadette et vous
savez que les cadets sont les plus chéris;
c'est la maison la plus pauvre et vous savez
l'amour de N. S. pour les pauvres; c'est

le pays le moins civilisé, et vous savez la prédilection de N. S. pour les gens grossiers. Voilà mon enfant, sur quoi repose mon affection pour votre maison ; puis, vous y souffrez, et Notre Seigneur a pleuré dans l'Etable de Bethléem.

Ne vous peinez pas, mon enfant, si je rectifie encore une idée que vous m'exprimez dans votre dernière lettre. Vous me dites que la Mère Emilie avait au moins, au milieu de ses nombreuses privations, la pensée de faire du bien ou du moins, l'espoir d'en faire. Eh ! mon enfant, quel bien pouvons-nous faire, pauvres créatures ? Quel bien faisait N. S. dans le sein de sa mère ? Quel bien faisait notre doux Sauveur dans l'Etable ? Quel bien faisait-il dans l'atelier de St Joseph ? Quel bien a-t-il fait dans la Judée par ses prédications aux Pharisiens ?. Hélas ! ma pauvre enfant, vous ne comprenez pas encore notre néant et la paix qu'on y goûte. Ah ! restons-y bien, c'est là notre place, il n'y fait pas mauvais ; croyez à ma pauvre expérience.

Vous désirez posséder Notre Seigneur dans votre maison. Eh ! bien, priez-le d'y venir et de disposer lui-même pour cela, les hommes et les choses et attendez qu'il le fasse.

Vous êtes fatiguée du caractère de vos compagnes, supportez-les et portez avec elles ces misères qu'elles traînent ; aimez-les malgré leurs faiblesses, comme le bon Dieu vous aime malgré les vôtres ; elles ont toutes de bonnes qualités et les défauts de ces mêmes qualités. Soyons, ma chère enfant, bien bonnes, bien maternelles à leur égard et aimons-les d'autant plus que nous avons moins de sympathie naturelle. Les enfants qui coûtent le plus à élever, sont ceux que les bonnes mères aiment le mieux.

Oh! mon enfant, que le cœur est bien rempli, quand il l'est par ces mots que nous portons écrits sur notre poitrine : <u>La Charité de Jésus-Christ me presse</u> ; gravons-les dans nos cœurs et nous ne nous plaindrons pas du vide de ces cœurs.

Adieu, ma bonne enfant, ne soyez pas susceptible avec vos sœurs et vivez bien petite, bien confiante avec le bon Dieu. Je vous embrasse bien tendrement.

XXII.

À la même.

Confiance et courage. — Ne pleurez donc plus !

Le 28 Juin 1860.

Je reçois à Vesoul où je suis depuis huit jours, votre lettre, ma bien chère enfant, et je m'empresse d'y répondre.

Votre cœur est toujours resserré, ma pauvre enfant, et je donnerais bien le mien pour ouvrir le vôtre. Hélas ! c'est moi qui vous ai fait tant de mal, moi qui voudrais vous faire tant de bien en dilatant ce pauvre cœur si comprimé, si resserré, en vous apprenant à aimer tout le monde, à vivre avec tout le monde et voir tout le monde dans le cœur du divin Maître que vous aimez beaucoup et qui vous aime le premier. Je vous dis de tout mon cœur : Ne pleurez donc plus. Puisse cette parole prononcée par la bouche de notre divin Maître à la veuve de Naïm, avoir autant d'efficacité et être prononcée au fond de votre cœur par le bon Maître !..

Humiliez-vous, ma chère enfant, cela est juste, on n'a accès près de Dieu que par là ;

mais humiliez-vous plus doucement, plus paisiblement, plus amoureusement, plus confiamment ; je dirais presque plus *bêtement*.

L'humilité plie mais ne casse pas. Mais dans votre âme, j'y trouve un fond d'amertume qui me fait mal et qui ne peut que vous retarder.

N'envisagez votre position que comme une preuve de l'amour de Dieu pour vous qui, de toute Éternité, vous l'a ménagée pour faire mourir en vous ce qu'il y a de trop délicat, de trop sensible ; ce qu'il y a de trop maniéré dans vos formes extérieures, de trop fin dans vos sentiments, de trop sévère et présomptueux dans vos jugements ; et parcequ'il veut vous amener à être plus simple, plus humble, plus détachée, plus indulgente et plus charitable.

C'est une erreur, de tant voir cela comme un châtiment ; c'est justement tout ce qui peut le plus exciter votre reconnaissance et votre confiance en Dieu. Tout ce que vous éprouvez, sont des résistances de la nature, ce sont des sujets qui nous montrent ce que nous sommes et nous aident à descendre dans le fond de notre cœur.

Descendez donc doucement. Dieu vous attend dans le fond de votre misère, il vous tend la main, vous appelle par votre nom; il vous appelle, non pas belle et parée, mais sale et couverte des haillons de la fille d'Ève, pour vous donner le baiser de paix, vous revêtir d'innocence et vous éclairer de sa lumière.

Courage donc, et confiance! Ne vous grondez pas trop, ne vous punissez pas sévèrement, faites-le doucement, attendez l'Époux et le moment de son arrivée qui ne peut pas manquer si vous vous humiliez doucement, tout doucement et que vous regardiez vos misères sans trouble, sans agitation, comme une enfant.

Adieu mon enfant, je vous embrasse de tout mon cœur et vous aime bien tendrement.

XXIII.

A la même.

La plus grande folie de l'esprit humain, c'est d'enlever à Dieu ce qui lui appartient.

Le 20 Avril, 1861.

J'étais trop malade Dimanche pour vous répondre ; je me trouvais depuis le Samedi à Ecole d'où l'on vient de m'amener ici pour deux jours, je pense retourner ensuite à Ecole et de là, je ne sais où, le bon Dieu le sait, cela me suffit.

Je ne suis pas étonnée que vous ayiez meilleure copie avec M? H. qu'avec M? de P. et, en passant je vous dirai que vous êtes toujours susceptible, puisque vous me dites que je n'ai pas de confiance en vous pour l'arrangement de votre maison. Ah! misères humaines! Est-ce que je ne peux pas vous donner mes idées sans croire que vous en avez de bonnes? Pensez-vous que je suppose qu'il n'y a de bon que ce qui sort de ma tête? Oh! enfant! ne soyons pas si *petites*. Si j'ai une idée qui soit bonne, elle ne m'appartient pas, je ne peux que la gâter en me l'appropriant, elle vient de Dieu qui en donnera autant et de meilleures à qui lui plaira. La plus grande folie de l'esprit humain, c'est d'enlever au bon Dieu le bien qui lui appartient et de s'en donner les valeurs, cela ne tombe pas sous le bon sens de quelqu'un qui a l'esprit droit. Croyez-moi, ma chère enfant, allons à Dieu tout droit et laissons de côté les bêtises de la vanité et de l'amour-propre. Vous disiez à notre Mère que ce que vous disait Mr le Curé ne vous faisait aucune impression parceque vous le voyiez toujours prévenu contre vos sœurs. Ce n'est que de la misère de part et d'autre; les plus grands Saints se sont laissé prévenir, cela prouve que rien n'est parfait sur la terre. Et vous, chère enfant, ne vous laissez-vous pas prévenir contre ce bon Mr de ce qu'il est prévenu? Humiliez-vous de votre prévention et passez outre. Aimez, estimez vos sœurs, soutenez-les dans l'épreuve et allez votre chemin.

La perte de Mr D. n'est qu'une grâce pour vous former au renoncement; ne la laissez pas tomber sans en profiter; pour servir Dieu, il faut pouvoir passer par tous les chemins qui conduisent au Ciel ; allons, allons toujours et nous ne pourrons pas manquer d'arriver; il n'y a que celui de la vanité, de l'amour-propre qui nous en détourne, laissons-le, il est raboteux pour ce monde et plein d'épines ; et puis, on n'y ramasse pour l'autre que la paille pour brûler.

Adieu, chère enfant, malgré le sérieux de ma lettre, je vous aime toutes bien ; dites à vos bonnes sœurs les choses les plus affectueuses, et moi, je vous embrasse de tout mon cœur.

XXIV.

A la même.

Eviter la vaine gloire. — Il faut que nos chants puissent s'harmoniser avec le *Magnificat*.

Le 16 Mai 1861

Ma chère enfant,

L'affaire est faite depuis hier, notre frère a été opéré et on a lieu de croire que les suites de l'opération ne seront pas alarmantes; il a été endormi et n'a rien senti, il avait fait l'avant-veille, un pèlerinage à St Pierre de Tarenthaise et avait prié avec une grande ferveur. La croix et la prière sont des moyens efficaces de sanctification.

J'ai reçu une lettre de la bonne Mère P. à laquelle je comptais bien répondre; elle me dit que vous vous êtes donné bien de la peine pour la réception du Préfet et de M⁹ʳ, je n'ai pas de difficulté à le croire.

Vous me parlez vous-même de la satisfaction que vous éprouvez de votre Mois de Marie; vous savez, mon enfant, bien que j'aime ce qui est pieux, je n'aime pas le froufrou et ce qui fait courir les gens du monde, puisque je ne crois pas que la vraie dévotion y gagne; j'ai peur des gens du monde et de l'esprit mondain; de plus, une belle voix qui est un don de Dieu, peut devenir un don funeste si on n'y prend pas garde. Ce n'est donc pas flatterie pour vous, que les oreilles qui se dérangent pour savourer la voix de la petite Sœur. Il faut, mon enfant, que nos cantiques puissent entrer en Paradis, et les faux tons de la vanité ne peuvent s'harmoniser avec le Magnificat de Marie et le cantique des Anges: Saint. Saint. Saint. Prenez, garde, je vous le répéterai toujours.

Ne portons pas, mon enfant, dans ces bonnes Sœurs, la queue de la civilisation et l'écorce pour le fond de la sève, hélas ! c'est si près l'un de l'autre. Il me semble que, dans les religieuses, tout doit, en gardant les convenances à l'égard de chacun, porter un caractère de simplicité qui plaît au Maître de la maison ; et surtout, prenons bien garde de fouler nos devancières par un savoir faire qui, n'étant agréé que par le monde, serait rejeté de Dieu, en le touchant à la prunelle de l'œil dans la personne de ses épouses.

Vous ferez bien de parler à Mgr de la répugnance de Sœur D. pour la confession ; ne vous étonnez pas si nos Sœurs préfèrent leurs usages aux vôtres, elles ne sont plus jeunes et si elles l'étaient, il faudrait bien du temps pour les former ; on ne se forme pas dans quelques mois. D'ailleurs, nous avons toutes, moi pour la première, un bon nombre de défauts qui sont inhérents à notre nature, à notre tempérament, à notre organisation et que nous ne corrigerons jamais ; d'abord, parce que nous ne les voyons pas ou

presque pas, ou que souvent, nous les prenons pour des vertus, et que, ne pouvant
remédier à ce qui nous est caché, soit par
une permission de Dieu ou par notre
amour propre, il en résulte qu'il faut que
nous nous supportions et que les autres nous
supportent.

Or, mon enfant, ce qui arrive pour nous,
arrive pour tout le monde, parceque la perfection
n'existe pas sur cette terre et que, ce qui est
vertu chez les uns est défaut chez les autres,
parceque toutes nos qualités naturelles sont
entachées d'amour propre et gâtées par le
moi. Mais puisque cela n'a pas empêché
le bon Dieu de nous aimer, de nous choisir
pour ses épouses, comme cela ne l'empêche
pas de nous nourrir de sa Chair et de son
Sang; nous devons faire comme lui, à l'é-
gard de nos Sœurs et pour le prochain.

Sœur E. va bien, mais elle est bien faible,
elle pense aller à École la semaine prochaine et en Suisse après la Fête-Dieu; elle
vous dit bien des choses affectueuses ainsi
que Mme B. qui est ici pour voir sa fille.
Notre Mère et nos Sœurs ne veulent pas que
je les oublie auprès de vous et de nos Sœurs.

Dites s'il vous plaît, à Mère P. que je lui écrirai bientôt et à toutes, quelque chose de particulier ; si je ne vous les nomme pas, elles ne sont pas moins présentes à mon esprit et à mon cœur ; et vous aussi, bonne enfant, vous savez combien je vous suis affectionnée en Notre Seigneur.

XXV.
A la même.
Se faire tout à tous. — On critique par ignorance. Règles de conduite.

Le 16 Septembre 1861.

C'est toujours d'École que je vous écris, ma bonne enfant, et quoique je ne fasse rien nulle part, je suis cependant ici, moins dérangée qu'à Besançon ; j'y suis encore cette fois, avec le bon Curé d'Ars dont j'ai acheté la vie, qui repose l'âme et me fait du bien.

Sœur S. n'est pas forte de santé, mais bien de vertu et repose aussi mon âme d'une autre façon. On prétend que je donne de la vie à École, je crois qu'il n'y a pas besoin d'en donner, il y en a plutôt trop que pas assez. Nos frères n'ont pas le temps d'aller en retraite, le torchon de Samson brûle bien un peu pourtant.

J'ai reçu une lettre de Sœur D. qui me dit qu'elle fait des progrès dans son apprentissage de ménage, je l'en féliciterai moi-même. Mettez-la aussi au fait de vos comptes, c'est un service que vous rendrez à la Congrégation et un grand moyen de conserver et d'entretenir la charité, je dirai même, presque le seul, cela vous paraîtra un peu singulier et cependant, rien n'est plus vrai; je vais expliquer ma pensée.

Nous ne sommes pas universelles et tant s'en faut; ce n'est qu'avec peine, que nous pouvons apprendre quelque chose, quelle que soit notre aptitude, notre facilité, notre bonne volonté, il nous restera une foule de choses que nous ne saurons pas, d'autres que nous ne saurons que très imparfaitement; d'autres pour lesquelles nous n'aurons pas d'aptitude et pour lesquelles, les autres peuvent en avoir. Eh! bien, si vous voulez bien regarder de bonne foi, c'est précisément, cette ignorance jointe à l'amour propre, qui est la cause de la plus grande partie des manquements à la charité et si, tout bonnement, nous pensions que nous avons quelque chose à apprendre de tout le monde et réciproquement quelque chose à montrer, il y aurait peu de froissements. La plupart de nos peines, viennent de nos défauts et de notre ignorance ; nous n'étudions pas assez et pas avec assez de soin, ce qui peut nous rendre moins incapables, et, au lieu de nous en prendre à nous-mêmes, nous nous en prenons aux autres. Je voudrais pouvoir vous rendre un peu nettement ma pensée et je ne le puis pas, en voici une esquisse : Dieu est parfait et infini, son immensité et sa sagesse gouvernent tout l'univers, il s'occupe d'une fourmi comme d'un potentat, de la feuille d'arbre comme de l'Océan et de la conduite des astres ; du soleil, de la lune et des étoiles ; tout se meut par sa volonté ; grand et petit, chacun sur la terre a sa place et tend à son but. Nous au contraire, nous sommes restreints au possible, mais, dans la pensée du souverain Dispensateur, chacun occupe son coin et personne ne peut s'enorgueillir, parce qu'il ne sait pas ce qu'il fait. Or, si nous voulons nous approcher de Dieu, il faut le suivre et non le précéder ; pour le suivre, il ne faut rien négliger d'apprendre, en tout ce qui concerne les devoirs de notre position.

Nous sommes religieuses, il faut par notre extérieur, édifier le prochain ; par conséquent, lorsque nous prions, il faut que nous le fassions bien, dans le ton de la voix, comme dans la prononciation, il faut que nous évitions tout ce qui peut déplaire au prochain ; par un ton brusque ou trop mielleux, par quelque chose de trop haut ou de trop bas, trop lent ou trop précipité ; il faut pour cela, de l'étude, de la vigilance pour apprendre à le faire et de la patience pour attendre celles qui ne le font pas.

Nous devons encore édifier le prochain par notre modestie ; mais ici encore, il faut du discernement, pour ne pas se tromper et se faire tout à tous ; car ce qui va à l'un, ne va pas à l'autre, et pour se faire tout à tous, il faut toujours se renoncer et apprendre, c'est l'ouvrage de toute la vie. Ainsi, en voulant façonner tout le monde sur soi, on brise, on froisse, on se plaint des autres, tandis qu'on ne devrait se plaindre que de soi-même.

Ainsi, une Sœur qui n'aura jamais récuré, tuera son monde de récurage. Une qui ne sait pas faire la cuisine, la commandera de travers; une autre Sœur qui ne sait pas faire les comptes, croira qu'on y passe trop de temps. Une qui ne connait rien en pharmacie et qui voudra la faire, mécontentera les médecins, les malades, fera murmurer tout autour d'elle et criera à la persécution. Une qui voudra satisfaire sa piété en parant les Autels, et qui ne fera pas attention à contenter plutôt la piété des autres que la sienne, fatiguera, ennuiera tout le monde, elle se blessera de n'être pas applaudie et dégoûtera de la piété par la sienne.

Une qui sera minutieuse pour la propreté et l'ordre, en dégoûtera celles qui n'en ont pas; et tout cela pourquoi? parceque on ne s'instruit qu'à moitié de ses devoirs, qu'on ne les comprend pas ou que superficiellement; parceque, plein de son mérite personnel, on n'observe pas, on ne voit pas dans les autres, ce qu'il peut y avoir de bon, pour se perfectionner soi-même et perfectionner les autres.

On demande trop du prochain, et souvent, plus que Dieu ne lui demande et plus qu'il ne lui a donné. Delà, les mécontentements, les murmures, les railleries, les plaisanteries mordantes et toutes sortes de misères.

Oh! mon enfant, apprenons toujours, non seulement pour nous, mais pour communiquer aux autres; apprenons de chacun et montrons à chacun. On apprend à tout âge, l'ignorance est notre partage, c'est la suite du péché. Apprenons spirituellement, apprenons matériellement, et nous mourrons encore bien ignorantes et très imparfaites.

J'ai reçu ce matin, une lettre de notre Mère qui me dit qu'elle compte aller vous voir, la semaine prochaine, je ferai en sorte de répondre à toutes nos Sœurs; en attendant, dites-leur pour moi, tout ce que vous savez de plus affectueux.

Adieu, ma chère enfant, je vous embrasse bien tendrement.

XXVI.

À la même.

Simplifier la besogne. — Régler les petites choses.

Le 20 Octobre 1861.

C'est encore d'École, après bien des révolutions, que je viens me reposer avec vous, ma bien chère enfant. Depuis quelques semaines, nous avons été battus par la tempête, par les changem. qu'ont occasionné ceux de nos frères. Hélas! la vie est partout une vallée de larmes, et plus je vais en avant, plus je sens le besoin de nous travailler pour nous façonner et nous réformer suivant les autres.

Il me tarde bien d'aller chez nous et de n'avoir plus à changer de peau comme le serpent; si tout au moins on ne s'écorchait pas en changeant de peau; mais l'âme a toujours à déplorer des pertes et tout n'est pas profit dans le combat.

Notre pauvre petite Sœur D. n'a retiré que de la tristesse et de l'ennui de son voyage, joints à une petite déconfiture d'amour-propre. Hélas! la pauvre enfant, elle en

aura bien d'autres, si elle vit un peu long-
temps. Les déconfitures d'amour propre,
lorsqu'on veut apprendre à devenir vertueuses,
sont le chemin le plus court et le plus sûr ;
c'est le pain de chaque jour ; ceux qui n'en
ont point, ne les voient pas et ne veulent y
voir que des injustices.

Vous voilà donc, ma chère enfant,
dans vos belles salles et vous avez pu procurer à nos sœurs quelques aisances, je vous
en félicite. C'est à mon avis, un grand
point que de faciliter le service ; c'est une
économie de temps et de monde, et peut-être
le plus grand moyen d'entretenir la charité ;
cela porte plus de fruits que tous les sermons
du monde.

Simplifier la besogne, c'est en faire beaucoup ; savoir bien commander, bien ordon-
ner, bien occuper, bien faire faire avec peu
de monde et avec le monde que l'on a,
c'est le moyen de conserver son âme en
paix et de la donner à ceux qui nous
entourent. Il faut avoir l'air de donner
à chacun, un degré de confiance ; puis,
il ne faut pas les perdre de vue ; c'est cette
vigilance inaperçue et qui n'est point à

charge), qui tient tout le monde en bride.
Je crois que c'est bien difficile, parceque
je trouve peu de personnes qui compren-
-nent la pratique des petites choses, et
cependant, c'est la multitude des petites
choses et leur accord, qui fait mouvoir
les grandes.

Ma lettre est commencée depuis long-
-temps, les changements survenant et
m'étant mise en retard; il faut si peu
pour dérouter une vieille femme, quand
on n'a ni bras, ni jambes; mais par
bonheur que c'est le chemin du Ciel et
qu'on abrège la route qui y conduit, en
manquant de bras et de jambes.

Adieu mon enfant, je vous renou-
-velle l'assurance de mon tendre et
constant attachement..

XXVII.
À la même.
L'esprit de Dieu en tout. — Soin des petites choses. —
Organisation de la maison.

Le 12 Novembre 1861.

Je suis ici depuis dix jours, ma chère enfant, et je ne vous ai pas encore écrit; cependant, je n'ai point perdu de temps. J'ai tenu à fond tous les coins: les écuries, les poulailliers; les voitures, les ustensiles de jardiniers, les bûchers, et partout j'ai trouvé bien à faire et me suis convaincue davantage de l'importance de s'universaliser, si on ne veut pas perdre ou laisser perdre une infinité de choses, en les confiant aux domestiques sans regarder après eux, en ne formant pas ses Sœurs à la surveillance et les laissant vivre dans un petit cercle de routine qui n'élargit pas leurs idées et ne les habitue pas à une vigilance large et étendue, qui s'applique aux petites comme aux grandes choses.

On parle beaucoup et partout, d'ordre et d'économie, mais peu de personnes s'appliquent à se former à l'ordre et à l'économie véritables;

les théories ne manquent pas pour toutes sortes de choses; mais la pratique, c'est différent; l'amour propre en est la cause, on dit toujours: oui et on fait: non. Si l'on s'adonne à la vie intérieure, on néglige les devoirs matériels; si on se livre au matériel, on s'y livre trop et on néglige son âme; tandis que, toute notre application doit être de nous instruire de nos devoirs extérieurs, dans nos rapports intimes avec Dieu; il est le Maître absolu de tout ce qui existe, sa bénédiction seule peut donner du fruit à nos travaux; sans lui, nous nous fatiguerons en vain; de nous-mêmes, nous ne pouvons que gâter son ouvrage. Notre ignorance, notre amour propre, sont des obstacles incessants à ses vues, à ses desseins, et si nous le perdons de vue, ce que nous croyons le mieux faire et le mieux fait, est mal fait. Hélas! sommes-nous misérables!

Vous vous plaignez, mon enfant, de vos domestiques, cela ne m'étonne point; ce n'est pas la moindre partie de notre responsabilité, ni le moindre de nos devoirs; il ne faut pas oublier que nous avons pour eux charge d'âmes et que nous devons en rendre

compte. Il ne suffit pas de les faire travail-
-ler, mais il faut les instruire, les surveiller
et leur apprendre leurs devoirs ; puis, ne leur
donner de la confiance qu'avec poids et mesure,
sans le leur laisser apercevoir. C'est avec
ce petit monde là, qu'il faut l'esprit du
Seigneur, pour que l'équilibre soit bien
gardé. Oh! oui, mon enfant, il faut
l'esprit du Seigneur pour tout ; puis, pour
traiter avec tout le monde, donner à chacun
ce qu'il peut porter et rien de plus.

Sr B. est rentrée hier à Besançon où
elle fait sa retraite ; Sr V. y est je pense, pour
peu de temps ; je ne retournerai que quand
elle reviendra. Pendant mon séjour ici,
je fais faire des allées de jardin et nettoyer autour
de la maison.

Sr E. est aussi entrée hier en retraite. Sr B.
m'a dit que ce serait le Cardinal qui ferait
la visite de la Communauté, mais on ne sait
pas quand, il faut qu'il en ait le temps.

Dites à Sr L. que le bon Dieu bénit la berge-
-rie des moutons, les agneaux nous pleuvent ;
Sr V. n'est pas aussi heureuse avec ses poules,
elles ne lui donnent point d'œufs.

Adieu, bonne enfant, ne m'oubliez pas près

de nos bonnes Sœurs que j'aime bien tendrement, et croyez-moi bien comme toujours.

Votre meilleure amie.

XXVIII.

À la même.

Éviter la singularité.—

Il est bon de ne pas être toujours applaudie.

Le 2 Mars 1862

Me voici à École où, par conséquent, je puis vous écrire plus à tête reposée. Je commence mon épître par les commissions de notre Mère. La 1re, c'est de laisser Sœur P. parfaitement libre, pour vous accompagner ici quand vous viendrez, et de ne pas la presser.

La 2me, que cette bonne Mère doit demander à notre Père, la permission de se confesser à l'Aumônier ; mais si notre Père l'accorde, notre Mère et moi, sommes d'avis qu'on fasse bien sentir à la pauvre Sœur, que c'est à regret qu'on la lui donne, et seulement, pour éviter les écarts d'une pauvre tête ; il faut faire cela avec bien du tact, afin de l'humilier sans la froisser, prendre un air de compassion sur sa faiblesse, un air d'indifférence sur le contentement qu'elle pourra manifester, un air de mépris pour les petites attentions et gracieusetés féminines qu'elle pourrait avoir pour son confesseur ; avec des airs ménagés à propos, vous pourrez faire votre affaire sans dire grand'chose ; elle sentira, et, comme elle ne manque pas d'orgueil, elle en aura honte ; elle est du nombre des personnes desquelles il ne faut pas avoir peur, ou, on les rend plus audacieuses.

Dites à Sr S. que ma petite pharmacie sera bien jolie, on y travaille ; le jardin St. Joseph sera aussi bien beau ; petit à petit, les affaires se font. Mes jardins d'hiver sont très bien et sans grands frais ; j'ai beaucoup d'attrait pour faire mes affaires sans grandes dépenses.

Vous avez donc toujours Mr P. pour exercice de patience ; c'est, mon enfant, un ange gardien que le bon Maître place à vos côtés, pour vous former à beaucoup de bonnes et excellentes choses ; d'abord, cela tient en haleine votre vigilance ; 2° Cela ne vous laisse pas oublier que vous avez pris le beau titre de servante et non celui de maîtresse.

3º Les misères qu'on vous répète sans cesse et les engagements à l'économie que l'on vous fait, sont des préservatifs contre l'esprit mondain, qui n'aime que ce qui paraît beau et grand ; cet esprit là se trouve, malheureusement, dans les Communautés comme partout ailleurs.

Oh ! qu'il est bon, mon enfant, que nous ne soyions pas toujours loués et applaudis; c'est dans les contrariétés journalières que sont cachés tous les trésors de la vie intérieure ; là nous apprenons à nous estimer à notre juste valeur, par l'opposition que nous sentons en nous avec ces mille riens qui excitent en notre âme l'impatience et les révoltes d'amour propre ; là nous apprenons à modérer nos désirs, à faire plier notre volonté à celle des autres, à vivre avec toutes sortes de caractères, à ne pas écouter nos sympathies et antipathies, et tant d'autres choses dont Dieu vous dira le secret.

Adieu, ma bonne enfant, il me tarde bien de vous voir ; en attendant, je suis tendrement, toute vôtre en Notre Seigneur.

XXIX.

À la même.

Consolation sur la mort d'une Sœur.

Ce qu'il faut pour entrer en religion.

Le 10 Février 1862

Ma bonne enfant.

Il y a bien long-temps il est vrai, que je ne vous ai rien dit, et, en arrivant avant hier d'École, j'ai appris la perte que vous avez faite, de Madame votre Sœur et de suite je me suis transportée à Semur, pour y prendre part à votre juste douleur, me réservant bien le premier moment libre pour écrire.

Hélas! mon enfant, tout nous dit que nous passons comme l'ombre et que nous ne pouvons pas compter un seul moment de repos en cette vie; la mort nous environne de toutes parts et tout nous dit que l'Époux est proche. Oh! que sont insensés ceux qui ne vivent que pour ce monde!

Notre Mère m'a dit ce matin qu'elle pensait vous renvoyer vos Sœurs cette semaine. Sœur S. est toujours à École, elle dit qu'elle ne s'ennuie pas, je ne puis en croire que sa politesse et son abnégation.

Je l'ai fait conduire à St Ferjeux, la semaine dernière, avec deux novices que notre Mère avait envoyées pour les sortir du mauvais air et dont la santé branlait au manche.

Sœur B. est toujours très malade et on flotte pour elle, entre la crainte et l'espérance; Mme sa Mère est ici en chambre, elle est retenue au lit, pour un rhumatisme dans les reins et n'a pu voir sa fille depuis quatre jours ; le bon Dieu sait assaisonner les croix pour tout le monde et nous pouvons dire avec David : « Quand serons-nous rassemblés dans ton temple, O Jérusalem ! »

Je ne peux rien vous dire pour votre postulante, pas plus que pour ses dépenses, notre Mère vous en parlera. Il ne faut pas que des considérations humaines, telle que la délicatesse de l'éducation, nous guident dans le choix des sujets. Une famille honnête, une intelligence médiocre avec du bon-sens, un bon caractère, de la bonne volonté, de la docilité et par-dessus tout, une bonne vocation venant d'en haut ; voilà ce qu'il faut.

Vous me dites, ma bonne enfant, que

Monsieur votre Aumônier ne vous va pas trop bien, cela ne fait rien; il faut bien apprendre à vous façonner aux différents caractères, nous ne trouverons jamais la perfection sur la terre, pas plus dans les autres qu'en nous. Toute la vertu consiste à supporter plutôt qu'à corriger.

Dites à Sœur L. que nous avons quatorze moutons et à Sœur P. que Sœur V. fait bien ses fromages, mais qu'elle réclame de la liqueur pour les faire.

Ne vous inquiétez pas de l'importunité de Mr de P., c'est par ces sortes d'importunités que la confiance s'établit; on y a tout à gagner et rien à perdre.

Adieu mon enfant, je vous quitte pour aller près du bon Dieu; dites mille et mille choses à nos Sœurs, à toutes, toutes, et à vous la première.

Toute à vous.

XXX.

Ce qu'il faut faire pour devenir bonne religieuse.

Je bénis Dieu, ma bien chère enfant, des grâces qu'il vous a accordées pendant votre retraite et des lumières qu'il vous a données pour voir ce qui s'opposait en vous à son règne dans votre cœur. J'espère que vos bons sentiments se soutiennent et que, fidèle à suivre l'étoile, vous mettez la main à l'œuvre et suivez cette étoile qui vous conduit à Jésus votre Époux et votre modèle.

Voyez, mon enfant, j'admets toutes les tentations, toutes les inclinations perverses, tout cela peut nous servir d'échelons pour aller à Dieu par une vraie humilité; mais les seuls redoutables défauts sont: la lâcheté et la tiédeur, ceux-là sont la perte de nos âmes.

Pour devenir bonne religieuse, il faut le vouloir, le vouloir fortement et persévérer dans la recherche des moyens qui nous conduisent à la correction de nos défauts. Creusons plus profond dans notre âme, pour asseoir sur un terrain solide, cette première pierre de notre édifice spirituel : la bonne volonté.

Et n'ayons pas peur de faire mal à notre nature, elle est défectueuse en tout et pour tout ; nous avons le talent de gâter et de souiller les dons de notre Créateur et nous avons besoin d'une grâce soutenue, pour persévérer dans la lutte contre nous-mêmes ; mais, notre Époux y a marché le premier, il nous tend la main et nous ouvre son cœur ; il veut le nôtre pour le refaire, pour l'échauffer, pour le dégager et l'unir à Lui. Ne lui refusons pas ce qu'il nous demande et donnons à ce Dieu d'amour tout notre être, sans réserve, sans partage et pour toujours.

Adieu, ma bien bonne enfant, prions beaucoup et retrouvons-nous en Jésus et Marie, les deux liens de la véritable affection.

XXXI.

Se connaître soi-même.
Ce qui constitue une bonne religieuse.

Je suis bien heureuse, ma bien chère enfant, que vous ayez fait votre retraite et que le bon Dieu vous ait ouvert la porte de la connaissance de vous-même ; c'est aussi la porte de toutes les vertus et celle du Ciel. En vous envoyant à Lucerne, nous avions cela en vue ; et le bon Dieu a secondé nos désirs pour le bien de votre âme ; car, il ne suffit pas, pour être une bonne religieuse, d'avoir reçu une pieuse éducation, d'être une bonne enfant, bien gentille ; il faut comprendre qu'on est de la race d'Adam et que nos qualités naturelles ne sont pas des vertus, qu'elles portent toutes le cachet de l'impureté de notre origine, que toutes ces qualités pour lesquelles le monde nous loue, sont empreintes de souillures, et que nous avons plutôt de quoi nous en humilier, que de nous en glorifier. Profitez donc bien, ma chère enfant, du temps précieux que vous avez à passer à L., sous la direction d'un si habile maître, afin d'apprendre à vous bien connaître et à renoncer à vous-même, ce qui est la marque distinctive des disciples de Notre Seigneur.

Priez bien pour votre petite cousine, qui a bien du bon et qui aussi, a besoin de sortir d'elle-même pour arriver au but où Dieu la veut.

Notre petite Sœur K. a enfin pris l'habit, j'espère que le bon Dieu la conduira et la protégera ; priez pour elle-même et pour nous toutes qui vous sommes unies du fond du cœur, dans celui du petit Jésus.

XXXII.

Nous sommes dans la maison de Dieu, pour servir et non pour être servies.

Je suis heureuse, ma chère enfant, que nos petites illuminations vous fassent plaisir et je suis encore plus contente que vous profitiez dans l'étude de l'Allemand et que vous travailliez à vous rendre utile.

Nous avons besoin, ma chère enfant, de nous pénétrer souvent et profondément, que nous sommes au service de Dieu, que nous sommes entrées dans la maison du Seigneur pour servir et non pour être servies, qu'il n'y a de perfection pour nous, que dans l'accomplissement de nos devoirs et l'esprit intérieur qui les accompagne ; que les pauvres sont les maîtres de la maison, et nous, les servantes, qu'ils sont chez eux et nous non ; que nous leur devons tout ce que nous avons d'intelligence, de force, de courage, de cœur, parcequ'en eux, est J. C. notre Époux et due, quoique nous fassions, soit dans les salles, ou à la cuisine, ou à la pharmacie, ou à la lingerie, c'est à Dieu que nous le faisons. Si vous apprenez l'Allemand, c'est pour parler le langage de Dieu et vous faire comprendre par lui-même qui veut que vous le lui parliez. Demandez-lui donc, bien chère petite, qu'il fasse des illuminations dans votre âme, pour vous faire comprendre toute l'étendue de vos devoirs et qu'il ouvre votre cœur à une grande fidélité.

Adieu, ma bien chère enfant, je ne puis vous dire assez combien je vous suis tendrement affectionnée en Notre Seigneur.

―――

XXXIII.

La vertu en théorie et en pratique. ―
Ne pas s'appuyer sur les hommes mais sur Dieu seul.
Se résigner à souffrir.

Ma bonne enfant,

Je ne puis vous faire attendre une réponse, je voudrais même pouvoir vous écrire tous les jours et partager toutes vos souffrances; non pour vous affaiblir par des compassions inutiles, mais pour vous fortifier par la pensée de l'utilité que vous pouvez et devez en retirer.

Il est facile, ma bien chère enfant, de parler de la pauvreté, de l'humilité et des souffrances, de rêver ces vertus, tranquilles aux pieds de N. S., dans une jolie chapelle, et de vivre ainsi d'imagination; mais, de goûter l'amertume du calice et de vivre au milieu de l'amertume, des renoncements, cela n'est, ni facile, ni commode à l'âme qui n'en a que la théorie sans pratique. C'est donc, mon enfant, pour faire de vous trois, de vraies <u>Épouses</u> de Son cœur, qu'il vous met sous l'enclume et le marteau et qu'il vous donne quelques gouttes de son Calice ; il est toujours près de vous et veut vous dépouiller de votre humanité, pour vous revêtir de sa divinité.

C'est très heureux, mon enfant, que votre cousin soit aussi peu favorable à l'Établissement, la chair et le sang n'y seront pour rien ; vous y gagnerez bien davantage et le bon Dieu en sera plus glorifié.

Oh ! mes enfants, ne nous confions pas dans les enfants des hommes, ce serait nous appuyer sur un roseau ; traitons tout avec Dieu et ne regardons les hommes que comme des machines entre ses mains. Plus je vais en avant, plus aussi je perds la confiance dans tout ce qui tient à la nature et à l'humanité, pour la rejeter sur <u>Dieu seul</u> qui fait tout et qui peut tout.

Je n'ai donc pas d'inquiétude sur votre mission, pourvu que, fidèles dans l'épreuve, vous ne vous en serviez que pour entrer plus avant dans l'esprit de N. S. et que vous vous détachiez de plus en plus de votre volonté propre, des vues et des considérations humaines. Il faut un peu de temps pour se comprendre et pour que la confiance mutuelle s'établisse. Ces Messieurs, avec les meilleures vues possibles, ne peuvent avoir que des vues imparfaites de l'administration d'une maison comme la vôtre. Ayez donc patience, tout s'aplanira avec le temps, jusqu'à l'orage qui met votre âme en émoi. Oh! mes enfants, n'ayez pas peur, les saints ont tous passé par ce chemin et le Saint des saints l'a tracé!

Adieu, mes enfants bien aimées, puisque vous êtes les plus affligées et par là, les plus aimées de Notre-Seigneur. Toutes nos Sœurs prient pour vous et vous disent les choses les plus affectueuses; et moi, je vous embrasse mille fois.

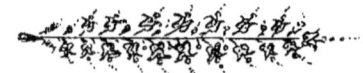

XXXIV.

*La vertu est utile à tout.= Elle est supérieure au talent.=
Être un lien de charité.= Modérer ses paroles.*

Ma bonne enfant.

Monseigneur est d'avis qu'on ne touche les vases sacrés qu'avec des gants et n'approuve pas que J. tienne le Corporal, s'il n'en a pas une permission expresse. Je n'ai pas reçu de nouvelles plus satisfaisantes de Besançon. Je compte toujours retourner à Y. passer avec vous quelques jours pour vous affermir dans la résolution de ne plus vous fâcher et de devenir un lien de paix pour vos Sœurs, par votre bonté, charité pour chacun, votre respect et déférence pour votre Mère. Le bon Dieu vous le demande, mon enfant, il attend cela de vous, il le veut ; donnez-lui donc tout ce qu'il vous demande.

Au nom de votre Époux, je vous en con--jure, faites-vous un devoir d'être un lien d'union pour vos Sœurs. Que le Seigneur se plaise au milieu de vous ; cela mon enfant, dépend de vous, plus que de toute autre ;

quelque talent que vous ayiez, quelque piété qui vous enflamme, rien ne peut procurer la gloire de Dieu, le bien de votre maison et ne peut attirer les bénédictions du Ciel sur vous toutes, sur vos malades, sur vos domestiques, sur la maison, que le support de tout ce qui vous contrarie et fait mourir votre nature. Mourez donc, mon enfant, mourez à tout, mourez de bonne grâce, c'est trop dommage si vous ne mourez pas; mais, afin que vous le fassiez plus efficacement, voici quelques conseils pratiques que je vous donne :

1º Quand vous vous sentez émue, ne parlez pas et faites-vous une loi de ne rien dire qu'après avoir pensé devant Dieu: premièrement, si vous devez dire quelque chose; deuxièmement, quand vous devez le dire; troisièmement, quel est le ton et la manière de le dire.

2º Quand vous avez parlé sous l'impression ou de l'ombrage ou de la nature qui vous porte à croire que vous avez raison, ne craignez pas de dire bonnement : j'ai eu tort; dites-vous-le à vous-même d'abord, puis vous le direz plus facilement aux autres. Soyez bien sûre, mon enfant, que ce n'est pas vous abaisser, mais vous élever dans l'esprit des personnes à qui vous parlez.

3º Rappelez-vous bien que les talents que le bon Dieu vous a donnés, sont bornés et qu'ils sont inutiles à la gloire du Maître à qui ils appartiennent, s'ils ne sont pas revêtus d'obéissance, d'humilité et de simplicité ; ils deviennent alors, plus nuisibles qu'utiles.

Je vous envoie pour le petit Benjamin, qui est si avide des théories de perfection, une pratique pour le mois du Sacré-Cœur, que j'ai fait ici pour nos Sœurs ; vous leur direz à toutes ces bonnes Sœurs, que je les aime bien et vous aussi.

XXXV.
En quoi consiste la vertu.

Ne faites pas consister votre vertu, ma bien chère enfant, à porter la ceinture que vous vous réjouissez tant de porter ; j'y attache très peu d'importance, non pas à la chose en elle-même, puisque tous les Saints en ont fait usage, mais parceque, souvent, les jeunes filles en amusent pieusement leur imagination et en repaissent leur vanité ; je tiens donc plus fortement, à votre simplicité, à votre ouverture, à votre obéissance et à votre fidélité à vos devoirs, qui font la base de votre édifice et qui plait au Cœur de Dieu.

Je ne sais pas encore quand nos Sœurs partiront ; je ne pense pas que ce sera avant le 23, parceque Sr P. n'a pas encore vu notre Père qui, je crois, sera content qu'elles soient ici pour la rénovation ; il va faire la visite de la Communauté ainsi que plusieurs instructions, et comme il y a long-temps qu'elles ne s'y sont trouvées pour ce moment-là, il ne les laissera pas partir avant, je le présume.

Je ne sais pas si je vous ai dit que nous avons à présent, une Messe fondée pour les premiers Vendredis du mois et une bénédiction ; cela fait bien plaisir à tout le monde ; depuis que la chapelle du Sacré-Cœur est faite, toutes les personnes de la maison le prient beaucoup.

Sœur B. et Sr E. font leurs demandes pour leur profession et trois capettes pour leur prise d'habit. La nièce de Sœur R. est retardée et la petite Sœur S. le sera probablement.

Soyez, ma très chère enfant, bien fidèle et bien religieuse, c'est le vœu le plus ardent que forme pour vous,

Votre affectionnée

XXXVI.

O Crux ave !

Mourir au monde et à soi-même.

Ma bien chère enfant,

Je vous ai bien fait attendre un petit billet, mais celui que Monseigneur vous a écrit à toutes trois, vaut bien mieux que tout ce que je pourrais vous dire, et je ne doute pas qu'en le pratiquant, vous éprouveriez déjà de très grandes consolations.

Ah! ma chère enfant, livrez-vous bien à la pratique du renoncement à votre jugement, à votre volonté et à tout vous-même. Quand vous le pourrez, allez aussi faire votre retraite et ne vous répliez pas sur ce qu'il peut vous en coûter de revenir à Y.. Où est la croix, là est notre patrie et la croix est partout où nous sommes, puisque la grosse croix, c'est nous, notre amour propre, nos recherches, nos passions et les misères de nos âmes.

Oh! mes enfants, mourons chaque jour comme St. Paul et mourons à tout. Nous ne posséderons vraiment Jésus, qu'à proportion de notre mort à tout ce qui n'est pas lui. Mourons, mourons, chère enfant, pour faire l'œuvre de Dieu et pour obtenir la grâce de ressusciter avec notre divin Sauveur.

J'entre en retraite ce soir, priez pour celle qui est toute vôtre en Notre Seigneur.

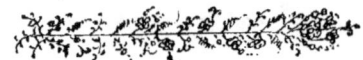

XXXVII.
L'exactitude à observer la règle est le chemin du Ciel.

Je suis bien heureuse, ma chère enfant, que l'époque de la rénovation vous ait remise dans la ferveur de votre Profession et ait resserré les liens qui vous attachent à Dieu; votre retraite vous rapprochera encore de notre divin Époux; attachez-vous-y fortement, mon enfant, par la pratique parfaite de la règle; étudiez-la, méditez-la et pratiquez-la toujours plus parfaitement; elle est pour nous toutes le chemin du Ciel et la porte qui doit nous l'ouvrir. Toutes nos oraisons, nos Communions, nos retraites, nos exercices spirituels, ne doivent avoir d'autre but que de nous rendre plus ferventes pour l'accomplissement de la règle ; il n'y a point d'amour de Dieu pour nous, sans l'accomplissement de notre règle. Appuyez tout là dessus, mon enfant, et vous bâtirez votre édifice sur le roc.

Je termine là, chère petite, parceque, peut-être, je vous verrai après demain ; en attendant, je vous embrasse bien affectueusement.

XXXVIII.
S'appliquer à se connaître soi-même — Difficultés et moyens.

Croiriez-vous, ma chère enfant, que c'est avec vous que je viens chanter l'Alleluia ; Sœur D. ne veut pas le faire, elle se réserve pour son retour ; elle me charge seulement de vous dire avec ses tendres amitiés, qu'elle ne s'ennuie pas ; elle n'en aurait guère le temps ; elle a déjà fait un voyage à École et un à St Ferjeux, elle garde un de nos frères qui est malade ici, dans une chambre; elle va faire de petites excursions de droite et de gauche, et à présent, elle est en apprentissage de savonades et de repassage, pour la profession des quatre jeunes sœurs qui sont entrées, hier soir, en retraite et dont la cérémonie doit avoir lieu le 7. Elle voit par elle-même, que le diable de la paresse a peine à trouver une porte pour entrer ici, et elle comprend que, ne faisant rien ici, je me reposais cependant à Semur.

Elle a vu deux fois M⁰ N. qui, lui aussi, a plus d'ouvrage que chez vous ; elle est allée, Jeudi dernier, conduire les vieillards au lavement des pieds fait par Monseig'; elle a assisté Samedi, au chapitre, sans cependant y prendre part activement.

Elle ne sait pas encore le moment précis de son retour, elle a vu notre Père qui, malgré sa bonté pour elle, lui a fait une impression terrible, dont elle rit maintenant. Elle vous dit à toutes, les choses les plus affectueuses.

Je pense beaucoup à vous, ma bonne enfant, et à toutes, depuis S' L. chacune en particulier, et je vous prie d'être auprès d'elles toutes, l'interprète de mes affectueux sentiments.

Vous voulez être toute au bon Dieu, mon enfant, je n'en doute pas, et pour cela, vous voulez apprendre à vous connaître ; c'est en effet, la pierre fondamentale d'un édifice solide ; je dois vous prévenir que vous ne le verrez pas beau et que, moins vous le verrez beau, plus vous le verrez <u>vrai</u>. Ensuite, la seconde instruction à vous donner, c'est que, ce n'est pas le travail d'un jour et d'un moment et qu'il faut, pour y parvenir, bien de la patience, une grande vigilance et de la persévérance. En troisième lieu, nous ne pouvons pas nous connaître sans le secours d'autrui, c'est-à-dire, sans être blâmées, reprises et averties, et enfin, sans avoir en main le flambeau de la prière et de la foi qui fasse contre-poids à celui de l'amour propre qui nous cache nos défauts et nous détourne de la vérité.

Ainsi, vous ne pouvez penser à rien, humiliez-vous de ne penser à rien. Vous avez envie de dormir à l'examen, à l'oraison, humiliez-vous de votre paresse et lâcheté ; vous ne retenez rien de ce que vous lisez, humiliez-vous de votre défaut

d'application et, sans perdre courage, re-
commencez.

On vient me déranger, je suis obligée de
vous quitter. Dites à la Mère et à Sœur D.
que je leur écrirai sous peu ; je ne veux pas
écrire à toutes, afin de le faire plus souvent.
Notre Mère vous dit à toutes, les choses les
plus affectueuses ; cette bonne Mère est bien
occupée. Je n'ai plus que le temps de vous
renouveler l'assurance de mon entier et
affectueux dévouement.

XXXIX.
Lire la règle et la pratiquer. —
S'appliquer à bien faire son office.

Je vous fais attendre une pauvre ré-
-ponse, ma bien chère enfant, mais que vou-
-lez-vous ? Tous les jours je m'aperçois que
je ne participe guère à l'immensité de Dieu,
si ce n'est par la pensée, qui marche plus
vite que ma plume.

Je bénis le bon Dieu, ma bien chère
enfant, de ce que vous commencez à compren-
-dre ce que c'est que la liberté des enfants de

Dieu et des Epouses de Notre Seigneur; j'ai toujours bien pensé que notre divin Epoux vous ouvrirait le cœur en vous montrant le sien; renouvelez-lui bien, tous les jours, le don que vous lui avez fait le jour de votre profession, de tout vous-même, en la présence de vos Supérieurs. Renouvelez vos vœux, lisez, chaque jour, quelque chose de notre Sainte règle; appliquez-vous à la pratiquer à la lettre, à en comprendre le sens et l'esprit; c'est elle qui est pour nous, le chemin du Ciel et la seule chose que nous emporterons en mourant.

Collez-vous à vos sœurs par une sainte union, que notre divin Epoux soit toujours entre vous; soyez, mes bien-aimées enfants, très fidèles à vos petites pratiques de dévotion qui nourrissent vos âmes. Aimez le silence, le recueillement; notre Epoux n'aime pas le bruit.

Appliquez-vous à bien faire tout ce que vous faites, à être propre et soigneuse; la maison de Nazareth était pauvre, mais proprette. Soignez bien la cuisine et que tout ce que vous faites soit bien fait; c'est pour l'Epoux! Priez Sainte Marthe de vous apprendre; elle était bien soigneuse.

Adieu, mon enfant et mes chères enfants ; soyez bien sages ; je vous cache toutes dans le Cœur de Celui qui nous aime tant.

XL.
Ne pas écouter la nature.

C'est avec beaucoup de regret, ma bien chère enfant, que je laisse vos lettres sans réponses et que je ne puis vous envoyer qu'un petit billet ; mais depuis mon retour de Suisse, je n'ai pas eu le temps de savoir si je vivais et les jours se passent sans que je les aie aperçus. Je suis dans la matière jusqu'aux oreilles et nos pauvres Sœurs n'ont plus qu'une Mère de plâtre, de bois et de mortier. Nos malades sont casés, mais que de choses sont en arrière ; cependant, je dois partir le 25, pour le Jura où je ne suis pas encore allée.

On doit bénir la chapelle Mardi ; nous y faire renouveler nos vœux, donner l'habit à Sœur V., la capette à deux postulantes ; c'est Monseigneur qui doit faire tout cela. Le lendemain, on doit fêter St Stanislas qui, ainsi que notre rénovation, a été renvoyé ; puis, le lendemain, je partirai.

Votre cousine pleure un peu, mais j'espère qu'elle se remettra et qu'elle ira bien ; elle a des compagnes qui sont très courageuses et bien gentilles, cela lui donnera du courage et de la force.

Ne vous laissez pas aller, mon enfant, à votre nature, elle ne peut que vous tromper et vous affaiblir ; c'est une mauvaise compagne. Appuyez-vous fortement sur N. S., sa parole et ses exemples ; mettez sous vos pieds, votre amour propre, votre volonté et vos petites idées. Soyez petite, humble, et volontiers la dernière. Sachez vivre d'oubli de vous-même et le bon Dieu vous bénira ; je le fais en son nom, et suis toute vôtre.

XLI.
Ne pas se replier sur soi-même — et s'abandonner à la direction de la Providence.

J'ai bien tardé à vous écrire, ma très chère enfant; mais vous n'en serez pas peinée puisque c'est la Croix qui m'a privée du plaisir de le faire.

En suivant, mon enfant, les conseils de Monseigneur, vous êtes sûre de ne pas vous tromper; ne lui faites pas de résistance lorsqu'il vous demande, ou par écrit ou autrement, un compte exact de ce qui se passe dans votre âme; c'est un point de sécurité pour vous.

Nous ne pourrons pas faire d'acte d'abandon trop étendu, pourvu que nous ne comptions pas sur nous pour nous maintenir dans cet abandon qui élargit notre cœur et l'empêche de se replier sur lui-même.

Restons bien, ma chère petite, sous la main de Celui qui nous conduit et qui ne demande que notre cœur. Donnez bien à ce Dieu d'amour, tout ce qu'il vous demande et laissez-le le Maître de votre âme et de tout votre être. Oh! que nous sommes insensées, quand nous lui refusons quelque chose !

Priez bien pour nous, ma chère enfant, qui sommes sous le poids de la croix : nos Sœurs malades, la misère de la maison, sont des épreuves qui nous viennent de Dieu.

Si vous pouvez vous procurer les Ouvrages de Faulère, qui est un auteur Allemand, je crois que cela ferait du bien à votre âme ; j'en ai la traduction que j'aime beaucoup ; il y a ses institutions et ses sermons. Minedo l'a en Allemand, ce qui me fait croire que vous pourrez vous les procurer.

Adieu, ma bien chère enfant, priez beaucoup pour nous, et, pleine de confiance en ce bon Maître, mettez-vous entre ses mains, pour qu'il fasse de vous tout ce qu'il voudra ; retrouvons-nous toujours à ses pieds et dans son divin Cœur, dans lequel je suis toute vôtre.

XLII.

Soyons bien humbles. — Ne craignons pas de nous voir telles que nous sommes.

Vous voilà donc toute renouvelée, ma bien chère enfant, dans les saints exercices de la retraite. Le bon Dieu semble verser sur notre communauté, dans quelque pays qu'elle soit répandue, ses plus abondantes bénédictions.

Notre Père vient de faire sa visite annuelle, et de la manière la plus complète et la plus religieuse. Nos bonnes Sœurs y ont mis tout le sérieux et la bonne volonté possible; nous y avons été préparées par une retraite de trois jours donnée par Monsieur Léguin, notre confesseur extraordinaire, qui va nous quitter pour aller à Montauban.

La semaine dernière, je suis allée chercher Sœur G. à P. et conduire Sœur J. pour la remplacer. Sœur G. est à la lingerie en remplacement de Sœur G.; cette bonne Sœur m'a, on ne peut plus édifiée, dans cette circonstance.

Nous allons à Dieu, ma chère enfant,

Oh! quel bonheur! Il nous attire, nous presse de nous jeter dans ses bras avec confiance et nous serre contre son cœur! Entrons dans le chemin avec courage; soyons bien petites, bien enfants, bien humbles; ne craignons pas de nous voir telles que nous sommes et de faire connaître toutes les plaies de nos âmes à nos Supérieurs; plus nous nous trouverons effroyables et plus nous nous approcherons de Jésus, qui n'a paru le Fils bien-aimé du Père Céleste, que lorsque, chargé de nos péchés et de toutes nos misères, en présence de tout le peuple, il s'est mêlé à la foule des pécheurs.

Cherchons, mon enfant, ce divin Époux, au fond de la corruption de notre cœur; il y est, et, n'ayons pas peur de nous trouver mauvaises.

Adieu, ma toute bonne enfant; je suis en ce bon Maître, toute à vous.

XLIII.
Il faut combattre sans se décourager.

Si le bon Dieu, ma bien chère enfant, ne se chargeait pas de répondre pour moi, à vous et à vos compagnes, et que vous comptiez trop sur mes conseils pour votre avancement, vous tomberiez bien en défaillance; mais le bon Dieu est près de vous, il voit vos combats, il vous relève de vos chûtes, il vous redonne le baiser de paix en vous pardonnant et, plus tard, il vous donnera la victoire. Mais d'ici là, il faut supporter les fatigues de la guerre qui est plus longue, selon qu'il plait à Dieu; il s'agit seulement de ne pas perdre courage et de se relever cent fois, si on tombe cent fois.

Ne désirons pas avec trop d'empressement, la paix et la victoire; prions, souffrons et attendons; profitons seulement de nos chûtes pour connaître le peu que nous valons et descendre de l'estime que nous avons de nous-mêmes, pour trouver Jésus le bon Pasteur, qui nous cherche parmi les épines et les ronces de nos mauvais penchants.

Je n'ai plus que le temps de vous dire, ma bien chère enfant, que je prie pour vous et vous aime en Notre Seigneur.

―――――――――――

XLIV.
Il n'est pas facile d'être fervente.

Ma chère enfant,

Vous avez dû recevoir une lettre de moi, de vieille date, si vous ne l'avez pas reçue, elle se sera perdue en passant par différentes mains ; je l'avais confiée à Sœur E. qui l'a remise à Sœur E. et cette dernière l'a fait passer par Sabins ; vous voyez, ma bonne petite, qu'il n'en faut pas tant pour perdre un objet de si peu de valeur. Dans le cas où vous ne la recevriez pas, la perte ne serait pas grande, et je ne puis que vous répéter ce que je vous disais alors : travaillez à vaincre votre caractère qui paraît moins pénible à vos Supérieures qu'à vos égales et à vos inférieures. Les défauts du caractère sont les plus difficiles à corriger et quand on ne travaille pas à les vaincre dans la jeunesse, ils prennent de l'accroissement dans un âge plus avancé.

Nous approchons, ma chère enfant, des grandes solennités qui sont bien propres à toucher notre cœur, à nous exciter à la vertu et à la reconnaissance envers Dieu qui nous a donné tant de témoignages de tendresse. En allant à la Crèche, portons-y un cœur droit et simple comme les bergers et confondons-nous de notre peu de conformité avec ce divin Modèle.

Nos Sœurs novices sont à peu près comme vous les avez laissées. Sœur T. est à Ornans ; Sœur R. va partir pour École ; Sœur A. est dans son pays où elle se meurt de scrupules ; Sœur de M. partie ; voilà ma petite, tout ce qu'il y a de nouveau depuis votre départ. Quant à la ferveur, elle est à peu près la même que de votre temps, faut-il s'en étonner ?

Ce n'est pas chose facile, d'être fervente, c'est l'œuvre de la grâce et de la fidélité à la grâce, qui demande de notre part, du renoncement et des sacrifices que la nature n'est pas toujours d'humeur de faire.

Soyez, ma chère enfant, au renouvellement de cette année, l'interprète de mes sentiments affectueux près de votre Mère et de vos bonnes Sœurs. Toutes vos compagnes qui sont ici, ne veulent pas que je les oublie près de vous.

Restez, mes chères enfants, toujours unies par la prière et la charité de N.S.

Adieu, ma chère petite, croyez-moi toujours

Votre toute dévouée.

XLV.

Les âmes ont tôt ou tard, une épreuve.— Se confier en la bonté de Dieu.

Oui, ma bonne enfant, je vous ai comprise et vous avez bien fait d'obéir à Monseigneur ; vous voyez que le bon Dieu a béni votre obéissance et que votre bonne Sœur est mieux. Je ne doute pas que, tôt ou tard, le bon Dieu n'affranchisse cette bonne Sœur des tentations qui la fatiguent ; c'est une belle âme que le bon Dieu aime et purifie par l'humiliation

de la tentation ; il faut prier pour elle et
l'aider autant que possible.

 Monseigneur a eu raison en vous disant
qu'il y avait des exceptions aux règles générales ;
c'est aux Supérieurs à juger quand elles doivent avoir lieu. Soyez en paix, mon enfant,
et bien petite fille sous la main de Dieu.

 Vous n'avez pas encore goûté l'amertume de l'épreuve, et, portée dans le Cœur
du bon Maître, la vertu ne vous a pas fait
sentir ce qu'elle pourrait avoir de pénible et
d'amer ; que ce soit bien pour vous, chère
enfant, un motif d'humiliation et d'abais-
sement. Oh ! soyez bien petite et prenez
bien garde de sortir du petit chiffon.

 Priez un peu pour notre pauvre Sœur
F. qui est malade, par suite des frayeurs
qu'elle a eues d'un cholérique qu'on nous
a amené ; son état est très pénible.

 Dites à votre Mère que je lui écrirai
ces jours-ci ; je suis toujours en retard
avec tout le monde et plus avec le bon
Dieu qu'avec les autres. Demandez-
lui, ma bonne enfant, que fidèle à Sa
grâce, je ne sois pas pour vous toutes,
un obstacle à celles qu'il veut répandre

sur vos âmes.

Adieu, ma bonne enfant, Melle E.
va bien et vous dit mille choses affectueuses
et moi aussi.

Je suis toute à vous en Notre Seigneur.

XLVI.

*Respecter les usages et les pratiques d'une Communauté.
S'édifier de tout.*

Je n'ai pas pu vous répondre plus tôt, ma
chère enfant ; un peu de souffrance qui me
perd du temps, et puis, les éventualités de tous
les jours, m'empêchent de me mettre au ni-
-veau de mon ouvrage.

Je dois partir pour la Suisse, le 20, je ne
sais si la voiture me permettra de vous voir à
mon retour, ainsi que nos bonnes Sœurs, parcequ'en allant, je passerai par Bâle, c'est plus
court.

Sœur B. a été bien heureuse de son voyage;
Sœur M. en est sortie de l'infirmerie et tou-
-tes deux en conservent un souvenir aussi
agréable que celui que je conserverai longtemps,

du séjour que j'ai fait près de nos bonnes Sœurs auxquelles je vous prie d'offrir ma vive reconnaissance et respectueuse affection. Mère F. en tête ainsi que M. P.

Quand on est dans une maison, ma bonne et chère enfant, c'est pour en suivre tous les usages ; il ne faut se distinguer en rien. Chaque maison a ses usages particuliers que l'on doit respecter et suivre lorsqu'on y est, et se donner bien garde de les blâmer et de les comparer à ceux de sa maison ; tous entrent dans l'économie de la Providence, ils dépendent des lieux et du pays que l'on habite et sont appuyés sur les exigences de la position. Ainsi, mon enfant, suivez en tout, les conseils de vos dignes Mères et profitez bien de tous les exemples de vertu, de dévouement et de charité que vous avez sous les yeux. Je ne vais nulle part, que je ne trouve des sujets de honte et de confusion, en particulier à P. où la charité brille dans toute sa splendeur.

Rappelez-moi, ma bonne enfant, au souvenir de vos bonnes Mères et Sœurs, et offrez-leur l'assurance de ma respectueuse affection ; croyez à celle de votre dévoué en N. S.

XLVII.

*Dieu se sert de tout, pour
nous former et nous purifier.*

Ne croyez pas, ma chère enfant, que je veuille quitter S. sans vous dire un mot et vous annoncer que, moins difficile que vous, j'ai fait inaugurer, de concert avec nos bonnes Sœurs et M. le Curé, votre fameux Chemin de croix, que vous aviez indignement réprouvé; il est placé, le même, sans qu'on l'ait retouché et il fait très bien; il n'est ni trop grand ni trop petit et plaît à tout le monde, Monsieur le M. excepté, lui seul ne l'a pas trouvé bien et on a passé outre sans le consulter: un oiseau ne fait pas le printemps. M. le Curé avait annoncé à la paroisse, le jour et l'heure de la cérémonie, il a amené le prédicateur du Jubilé qui a fait une très belle instruction; Melle P. est venue chanter avec nos Sœurs, puis on a donné la bénédiction du St Sacrement et tout s'est bien passé. Melle de L. a encore promis hier, cent francs pour la Sainte

Vierge du jardin ; toutes ces nouvelles vous feront plaisir, j'en suis sûre.

Je suis arrivée ici il y a sept jours et je dois partir après demain ; c'est Sœur P. qui est ma compagne.

Sœur D. fait très bien ; elle a bon ton avec chacun. M. P. va mieux ; toutes sont bien bonnes et vous aiment tendrement. Sœur L. veut que vous veniez à sa cinquantaine pour le premier Juillet, avec notre Mère, Mère d'O. et moi.

Le fameux Mr de P. est toujours malade, je ne l'ai pas vu ; on m'a dit qu'il aimait beaucoup la jeune Mère qui en a moins peur que vous et qui va à lui sans gêne et sans façon ; souvent la timidité nous fait tort et tous les hommes ne se prennent que par la confiance, comme les femmes ne se prennent que par l'intérêt qu'on leur témoigne.

Sœur B. souffre un peu de ce que la Mère partage sa confiance entre elle et Sœur D. Chacun aime être la mimi et on est peiné quand on ne l'est pas ; le bon Dieu se sert de toutes ces petites misères pour nous former et nous purifier.

Cependant, moi qui suis si ronde avec vous, je ne peux pas ne pas vous dire, que toutes étaient jalouses de votre affection marquée pour Sœur B.; votre cœur a besoin, je le sais, d'expension de tendresse, d'affection ; mais, votre âme a aussi besoin de purification, et c'est pour l'opérer, que Dieu permet ces misères.

Cependant, ma bonne enfant, veillez sur vous-même pour ne pas exciter la jalousie; vous savez qu'à S¹ J. de L. cela avait déjà eu lieu. Aimez de préférence les moins ai--mables, les plus infirmes de corps et d'esprit, les Marie Jeanne, celles qui ont le plus besoin de vous, et il tombera mille ennemis à votre droite et dix-mille à votre gauche. Je ne puis vous dire combien de fois j'entends répéter votre nom dans un jour ; je pense à vous à chaque pas que je fais dans cette mai-son et je n'ai pas besoin de vous dire que je fais souvent le voyage de Y. pour y voir vous et vos Sœurs.

C'est en N. S. que je suis toute Vôtre.

XLVIII.

Maître, je vous suivrai partout où vous irez.

Je suis bien heureuse, ma chère enfant, des bonnes dispositions que le bon Dieu met dans votre cœur, j'espère que c'est pour votre âme, la porte d'une demeure plus affermie dans le cœur de votre divin Époux, qui n'aime que les petits et les humbles. Oh! ma petite! Que nous sommes folles quand nous voulons autre chose que cela.

Nous ne ferons point de changements avant l'élection et jusqu'à ce temps là, mon enfant, méditez bien la Loi du Seigneur qui est notre règle; disposez-vous à faire sa S.te volonté et répétez-lui avec effusion: — Maître, je vous suivrai partout où vous irez. Tenez-vous bien petite sous sa main et n'ayez peur de rien.

Dites, s'il vous plait à Sœur L. que je ne peux pas lui répondre; je n'ai plus que le temps de me préparer à ma déposition et de vous assurer toutes, de mon tendre attachement, et vous, ma chère enfant, en particulier.

XLIX.

Utilité d'une retraite
Se connaître soi-même.

Vous êtes donc en retraite, ma chère enfant, conversant seule avec le bon Dieu ; c'est une grande grâce de laquelle vous saurez profiter, je n'en doute pas. Vous avez raison, mon enfant, de chercher à connaître vos devoirs et à connaître le fond de votre cœur ; bien que la vue de nos misères ne soit point agréable, elle est cependant fort utile ; elle nous met dans le vrai ; nous humilie et nous fait recourir à Dieu avec plus de confiance et d'amour. Soyez donc bien reconnaissante de ce que le bon Dieu dans sa miséricorde, vous montre vos faiblesses, vos infidélités et vos manquements. Attachons-nous plus fortement que jamais à ce bon Père, qui ne nous a appelés en religion, que pour nous approcher de lui, nous sanctifier et nous donner plus de témoignages de son amour.

Dans la retraite, mon enfant, le Ciel

est plus ouvert, l'air est plus serein et Dieu plus familier, comme le dit St Bernard; là il répand ses dons avec abondance, il nous apprend à le connaître, à nous connaître nous-mêmes ainsi que nos devoirs et nous donne une augmentation de force et de courage pour les remplir avec fidélité.

Soyez donc bien reconnaissante envers le bon Dieu qui vous donne un tel bienfait et prouvez-lui votre reconnaissance par la constance et l'exactitude dans l'accomplissement de vos devoirs.

Ne m'oubliez pas près de votre Mère et de toutes vos Sœurs; dites à mon cher petit que j'ai prié pour elle pendant sa retraite et que je pense qu'elle me l'a rendu ainsi que vous. Nous avons toujours, mes chers enfants, un point de réunion qui est le Cœur de notre divin Maître, recourons-y avec amour et confiance, il nous est toujours ouvert.

Melle M. est toujours assez malade, cependant il n'est pas probable que sa maladie aura des suites fâcheuses. Sœur S. est malade aussi, on craint pour elle une fièvre.

Toutes les novices vous disent les choses les plus affectueuses. Sœur P. est toujours dans un état très pénible, elle a bien besoin qu'on prie pour elle, afin que le bon Dieu soutienne son courage.

Adieu, ma chère enfant, soyons toujours unies dans le Cœur de Celui qui est le centre de toutes nos affections et qui est aussi celui de l'intérêt bien sincère que vous porte Votre toute dévouée.

L.

La grâce qui humilie vaut mieux que celle qui console.
Nous ne pouvons pratiquer l'humilité
sans le secours du prochain.

Je me hâte, chère enfant, de répondre à votre lettre ; je ne peux panser la plaie que votre Mère a faite à votre cœur, sans vous dire ce que vous sentez déjà ; que vous avez tort, et c'est dans ce sentiment intime, que vous trouverez la paix. Il y a un peu d'amour propre à ne vouloir que Dieu, pour témoin de nos peines et à supporter en silence les contrariétés qui nous arrivent, surtout pour certains caractères fiers dont le vôtre fait partie. Je n'aime pas non plus, ces remords qui vous

agitent; la vraie contrition est calme, paisible et sans tristesse; il peut bien se mêler
dans vos sentiments, un peu de mélancolie
naturelle et de tempéramment, qui est toujour
défaut et qu'il faut combattre. Puis, je ne
me désolerai pas de toute la peine que vous
éprouvez au sujet des reproches que vous a
fait votre Mère; votre faiblesse, dans cette
circonstance, vous humilie et, la grâce qui
humilie vaut mieux que celle qui console;
la répugnance que nous éprouvons pour
l'humiliation, est une preuve du besoin
que nous en avons. Nous ne pouvons jamais pratiquer l'humilité sans le secours
du prochain; les coups que nous donnons
à notre amour propre, sont peu de chose si
nous ne nous laissons pas de bonne grâce,
immoler par autrui. Laissez-vous
donc faire et croyez que là, vous trouverez
la paix.

 Adieu, mon enfant, croyez toujours à
la tendre affection de votre toute dévouée

LI.

Mourir tous les jours à quelque chose.

Comment, ma bonne enfant, pouvez-vous croire, vous et vos Sœurs, que je vous oublie et ne vous aime plus ? Vous êtes donc toujours aussi enfant et vous ne pouvez pas vous mettre dans la tête, qu'avec l'âge, les infirmités augmentent et qu'il faut apprendre à dire joyeusement : <u>Je ne peux plus</u>. Voilà à peu près où j'en suis ; je ne peux presque plus marcher ; je ne peux presque plus écrire ; je ne peux presque plus voyager ; ce qui me reste, c'est la faculté de penser et de recommander au bon Dieu, les personnes pour qui j'ai eu et j'aurai toujours, dans le temps et dans l'Éternité, une affection que Dieu a formée et qui ne peut se rompre. Dites-le bien à vos bonnes Sœurs, et puis, mon enfant bien-aimée, apprenons à aller au Ciel sans l'embarras des vêtements humains qu'il faudra expier pour en Paradis.
   Vous avez appris la mort de Sœur Th.

qui a préféré, au moment de quitter cette vie, faire à Dieu le sacrifice de voir sa nièce, à la consolation qu'elle en aurait eue à ce moment suprême ; elle le retrouve maintenant et ne regrette pas de l'avoir fait. Courage donc, mon enfant, il se fait tard, hâtons le pas et avec St Paul, mourons chaque jour à quelque chose.

Aujourd'hui dimanche, on travaille à grande force, après les foins, pour rentrer ceux qui sont en danger de se perdre ; le temps menace pour demain et nous en avons six grosses voitures par terre, on en a déjà rentré quatre dans la journée d'hier.

Nous avons ici Sœur M. qui nous est venue de Poligny, bien malade de la poitrine et ne pouvant poser un pied par terre à cause d'une plaie variqueuse et d'une jambe couverte de varices, depuis le genou jusque sous la plante des pieds ; elle est mieux à présent, pour la poitrine comme pour la jambe ; avec du temps et bien des soins, elle pourra peut-être se remettre un peu à flot. Sœur R. est ici aussi pour se soigner, elle a deux ou trois vertèbres bien malades et qui font des crochets très saillants.

Toutes deux s'aiment ici et ne s'ennuient pas. Sœur Th. n'est toujours pas très bien ; la mort de Sœur Th. a retardé son départ pour la Suisse ainsi que celui de notre Mère et de M`me` B.

Saint Ferjeux va toujours son petit train ; nous allons démolir le bâtiment qui menace ruine ; il y a quinze enfants et cela n'empêche pas d'aller sans dettes. Oh ! que le Bon Dieu est bon, et qu'il nous vienne toujours en aide, je ne compte que sur Lui.

Adieu, mon enfant, ne me jugez pas si sévèrement sur mon silence, il n'a et ne peut avoir d'autre cause, que mon âge et mes infirmités croissantes et malgré cela, je suis et serai toujours
Toute Vôtre en N. S.

LII.
On édifie en reconnaissant ses manquements.

C'est toujours à École que je fais mon courrier, mon enfant ; à Besançon, je n'en ai pas le temps. Je suis venue ici pour y installer Sœur C. qui vient y passer sa convalescence, elle n'est encore que médiocrement bien.

Notre Frère continue à bien aller, on pense qu'il pourra revenir ici la semaine prochaine. L'horizon paraît s'éclaircir un peu; cela peut ne pas être pour longtemps; dans ce monde les nuits sont plus longues que les jours; il faut bien qu'il en soit ainsi, puisque nous allons à un jour sans fin.

Notre Mère était à Vesoul quand je suis partie de Besançon; j'ai laissé toutes vos lettres et celles de nos Sœurs, à Sœur D. pour les remettre à notre Mère à son retour.

Il me semble, mon enfant, que vous prenez un peu le change; vous m'écrivez comme si j'étais encore chargée de votre maison; je trouve que c'est trop exclure notre Mère de son gouvernement. J'ai eu une mission spéciale et momentanée, sous la direction de nos Supérieurs; cette mission est terminée, il ne doit me rester que l'intérêt que je dois prendre à l'œuvre à laquelle le bon Dieu a daigné m'employer; puis, à entretenir les liens de charité qu'il a plu à la divine Bonté de former entre nous ; mais le gouvernement de la maison, les changements d'emplois et tout ce qui a trait à la conduite de la communauté et de la maison, cela est le fait de notre Mère qui peut, si elle le juge convenable, me demander ou des renseignements ou mon avis, ou bien, me charger pour vous et vos Sœurs, de telle ou telle chose pour laquelle elle me trouvera toujours dévoué ; mais le fond de l'affaire lui appartient.

N'allez pas croire, mon enfant, que je cherche à m'éloigner de vous, de vos bonnes Sœurs, de votre maison ; non, mille fois non. Je vous aime vous et vos Sœurs, profondément, intimement et comme je vous aimerai dans l'Éternité.

Vous avez donc été bien froissée de ma dernière lettre, pauvre enfant ? Vous avez pris pour un reproche, ce qui n'était qu'un avertissement pour vous tenir en garde contre l'empressement naturel, un peu d'entrain qu'il est si difficile d'éviter quand on a du cœur, du désir de bien faire. Vous avez, mon enfant, vous-même provoqué ces avertissements et non pas Mère..... comme votre nature vous l'a fait penser.

C'est vous qui m'aviez parlé des tentations de Sœur....., qui m'aviez dit qu'on venait l'entendre. C'est encore vous qui m'avez parlé du cirage du parquet, que j'étais bien loin de blâmer, puisque je vous avais dit de le faire. Je ne voulais que calmer ce qui aurait pu troubler la paix de votre âme, par l'empressement ou par de petits mécontentements contre l'une ou contre l'autre qui ne vous aurait pas secondée, ou qui ne serait pas entrée dans vos vues ; il est si facile de mêler de la nature dans ce que nous faisons de meilleur, que ce n'était de ma part, qu'un : Prenez garde ! Votre nature s'en est emparée, elle vous a grossi l'objet et obscurci la lumière ; vous avez vu un lion où il n'y avait qu'un moucheron ; vous avez accusé dans votre esprit la pauvre Mère.... fort innocente du fait, vous avez oublié que vous m'aviez écrit, et puis, vous avez pris de l'humeur. Ce n'est pas un mal, mon enfant bien aimée, l'aveu que vous en faites, vous fera du bien et m'édifie ; c'est par nos fautes et nos faiblesses que nous apprenons à penser juste et vrai ; c'est ce qui nous rend souples sous la main de Dieu, plus indulgentes pour le prochain,

plus patientes dans les contrariétés journalières, plus défiantes de nous-mêmes.

Malheur à la Supérieure qui se croit parfaite parce qu'elle professe la perfection et
qu'elle est louée et applaudie.

Enfonçons-nous bien avant, mon enfant,
dans l'abîme de nos misères ; c'est le moyen
le plus sûr, le plus court pour aller au
Cœur de Jésus que vous aimez tant et
dans lequel je vous suis bien affectueusement dévoué.

LIII.
Agir avec l'esprit de Dieu, en toute simplicité et sans crainte.

Vous ne croyiez pas avoir une lettre de moi
et en voici une ; mon cœur m'a dit assez souvent
que je ne vous avais pas écrit et je me suis bien
promis de ne pas retourner à B. sans l'avoir
fait.

Sœur B. est ici, elle y est venue avec une
postulante qu'on saurait de l'air des fièvres
typhoïdes et qui en était menacé et notre
Mère a envoyé Sœur B. pour la soigner ; cette

petite nous a donné quarante-huit heures de vives inquiétudes et à présent elle va bien; elle n'a eu que quelques boutons de varioloïdes, c'est la montagne qui a accouché d'une souris.

On a fait la ponction au genou de Sœur D., hier elle allait bien; nous n'avons pas encore de ses nouvelles aujourd'hui. J'ai vu hier, Mme de P. elle est venue avec la tante de Sœur L. et la tante de Mr de P.; ces deux dernières Dames étant seules avec moi, m'ont tâtée pour savoir si on était content du Monsieur.... Ne sachant pas qu'il était le propre neveu de l'une d'elles, j'ai répondu qu'il était peu poli dans ses procédés et dur envers les pauvres. Si cela lui revient, vous en saurez la source; j'ai ajouté que vous faisiez abnégation de ce qui vous concernait, pour ne faire attention qu'à ce qui regardait vos pauvres; mais, qu'étant bien élevée, vous ne pourriez pas ne pas sentir ce qui était plus ou moins délicat.

Quoiqu'il en soit, je vous engage beaucoup, mon enfant, à profiter de toutes les occasions qu'il vous procure pour vous déprendre de l'esprit du monde, pour ce qui regarde les dehors, le rang, la naissance, l'éducation et la fortune; laissons-là, mon enfant, toutes ces bêtises, c'est de la paille pour brûler. Si notre Mère y consentait, j'aurais cependant avec Mr. de P. une explication franche sur les sorties de nos Sœurs et les vôtres, ce qui n'a pu être prévu dans le traité parce que, dans aucune de nos maisons, cette question n'a été soulevée et que nous ne pourrions consentir à ce point qui peut gêner l'administration de notre Congrégation; qu'il faut que nos rapports soient confiants et consciencieux et que, bien que nous agissions en toute droiture avec les Administrations, nous ne pouvons pas céder les droits de nos Supérieurs et ceux de la Communauté. En lui parlant avec bonté, humilité et fermeté religieuse, il me semble qu'on pourrait lui faire changer de formes.

Vous me paraissez avec Mr. de P. comme avec Sœur H. un peu raide et timide; vous êtes froissés et craintives à l'excès; de qui avez-vous peur? d'un homme, d'un procédé plus ou moins délicat; allons donc, vous n'êtes plus un enfant. Faites bien, ma chère Sœur ce que N. S. nous recommande, priez pour lui, allez à lui en compagnie

de votre bon Ange et du sien ; revêtez-vous
de l'esprit de N.S. pour lui parler quand
vous avez à le faire ; n'ayez pas l'air d'en
avoir peur ni en sa présence, ni devant qui
que ce soit ; puis, votre âme entre vous et
Dieu, regardez-le bien comme un moyen
dont Dieu se sert pour purifier en vous, tout
ce qui reste de l'esprit du monde et ce qui, à
ses yeux, peut rendre vos actions moins belles
et moins pures. Allez, allez, mon enfant,
il vaut mieux que l'ennemi soit dehors que
dedans ; lorsqu'il grandit au dehors, c'est
un bon signe. Je vous le répète, n'ayez pas
peur, il ne veut point vous faire de mal ; servez-
-vous-en pour vous aguerrir au combat.

 Vous me demandez, mon enfant, ce
qu'on fait à St Ferjeux ? On y va pas mal ;
il y a neuf petites filles, sous peu il y en aura
douze ; ma Sœur y est et le gouverne bien. Cela
va doucement et je n'ai pas envie que cela
aille bien vite et plus vite que le bon Dieu
veut ; je n'ai point de dettes, c'est tout ce qu'il
me faut. Le Père P. m'a bien poussée à
ne pas plus lâcher prise pour cela que pour E.
et Monseigneur le Cardinal, par l'entremise
du Père P. m'a fait dire d'aller de l'avant

et donné des permissions fort étendues. Le Père P. m'a prédit que le démon, peu content de moi, m'en ferait des siennes, et moi, je me suis promis de lui jeter à la tête, l'hu-manité de Notre Seigneur qui vaut bien la fronde de David contre Goliath.

Le Père P. aime tendrement M^r le Curé de S. et moi aussi ; offrez-lui s'il vous plait, mes hommages respectueux ainsi qu'à M^r votre Aumônier.

Mes souvenirs à Me L. et toutes mes ten-dresses pour nos Sœurs que j'aime bien affec-tueusement ; puis un grand bonjour à P. à N. à M. à G. et le reste..

Nos Sœurs vous disent mille choses affec-tueuses, en particulier Sœur V. qui vous remercie de votre bon souvenir.

J'espère que si je ne m'y mets pas sou--vent, je le fais amplement ; il faut être à l'École pour avoir un peu de temps, pour vous dire que je vous aime bien et que je suis toute vôtre en Notre Seigneur.

LIV.

Obstacles à la paix du cœur.

C'est avec bonheur, ma bien chère enfant, que j'ai appris les heureux fruits de votre retraite et le changement que la grâce de Dieu a opéré dans vos dispositions.

Tout ce que vous avez éprouvé de peines et de fatigues de l'âme, ne prend sa source que dans l'attachement à votre volonté propre et l'orgueil, qu'il faut vous appliquer à combattre en vous formant à la simplicité de l'obéissance et vous donnant à Dieu dans la personne de vos Supérieurs quels qu'ils soient ; puis vous exerçant à l'indifférence pour les emplois, les maisons, les usages.

Cherchez, ma bonne enfant, dans le fond de votre âme et vous y trouverez une attache, qui est la cause principale de toutes vos peines. La frayeur que vous aviez de revenir en F. montre quelque chose qui n'est pas net et bien dégagé ; du reste, vous le savez, il faut souvent peu de chose pour nous empêcher d'aller à Dieu.

Votre Mère m'a écrit que Monseigneur vous conseillait de voir le Père V., je ne demande pas mieux que de vous procurer tout ce qui peut faire du bien à votre âme ; et surtout, mon enfant, je vous engage à avoir une grande confiance à la Sᵗᵉ Vierge, qui dans ce moment, va répandre sur la terre des torrents de grâces. Ecoutez bien ce qu'elle vous dira au fond du cœur et faites-le.

Adieu, ma chère enfant, soyez une bonne et sage enfant, aussi petite que l'Enfant Jésus dans le sein de sa Mère et croyez à la tendre affection de celle qui a pour vous, la tendresse d'une Mère.

LV.

Moyens à employer pour avoir la paix de l'âme.

Je suis très heureuse, ma bien chère enfant, si vous avez recouvré la paix qui est un bien au-dessus de tous les biens de ce monde. Cette paix, ma bonne enfant, se trouve sous des épines piquantes ; notre divin Sauveur qui est aussi notre modèle, nous dit, dans la personne des disciples d'Emmaüs : ne fallait-il pas que le Christ souffrît et qu'il entrât ainsi dans sa gloire ? C'est, mon enfant, dans la mort à la volonté propre et à notre jugement, que nous trouvons Dieu, le chercher ailleurs, c'est se faire illusion et s'abuser. Croyez-moi, mon enfant, humiliez-vous toujours, vous n'y perdrez rien, et vous trouverez la paix de votre âme que vous font perdre l'orgueil et l'attachement à la propre volonté.

Demandez à N. S. qu'il vous fasse comprendre tous les trésors de vérité renfermés dans ces deux mots : J'ai tort et qu'il vous donne l'intelligence du conseil qu'il donnait à ses disciples en leur disant : « Si vous ne devenez comme de petits enfants, vous n'entrerez pas au royaume des Cieux. Soyons, ma bonne fille, de petites filles ; laissons-là nos prétendues lumières, n'ayons point d'autres prétentions que d'être les dernières dans la maison du Seigneur ; vivons de dépendance envers nos Supérieurs, comme N. S. le faisait envers la Ste Vierge et St Joseph, alors, nous n'aurons plus de noirs.

Adieu, mon enfant, soyons unies en Notre Seigneur et sa sainte Mère.

LVI.

Se bien convaincre de ses imperfections.

C'est une bien grande grâce, ma chère enfant, que celle de se voir mauvaise et d'ouvrir les yeux à la vérité; je vous félicite de l'avoir reçue; on ne peut faire un pas dans la route des solides vertus, sans le sentiment profond et intime de sa propre misère. C'est dans le limon des ordures de nos âmes, que nous trouvons le feu de l'amour divin et la lumière pour nous éclairer; enfoncez-vous-y le plus que vous pourrez, avec amour et reconnaissance envers le bon Dieu, mais sans découragement.

On me dit que vous souffrez toujours de l'estomac, il faut savoir quelle peut en être la cause et faire en sorte d'y apporter remède; il ne faut pas laisser invétérer ce mal que vous éprouviez déjà lors de mon dernier voyage.

Voici, mon enfant, un moment de prière, dans lequel nous serons plus unies que jamais. Qu'il ne soit pour aucune d'entre nous, un sujet d'affliction et de peine; nous ne nous séparons pas, nous restons unies dans le Cœur de Notre Seigneur et la prière franchit avec rapidité la distance des lieux. Demandons au Seigneur, une Mère selon son cœur, qui nous conduise à lui et qui nous présente à sa miséricorde, afin que nous ne fassions qu'un.

Le 14, on donnera l'habit à quatre capettes, Sœur P. est du nombre.

Adieu, mon enfant, la Messe va sonner, je n'ai plus que le temps de vous embrasser affectueusement.

LVII.

S'appliquer à la pratique de la charité.
Consentir à être reprises et averties.

Je vous réponds à toutes, mes bien chères enfants, parceque j'ai peu de temps, d'abord, puis parceque je tiens singulièrement à vous lier les unes aux autres, par les liens d'une vraie et tendre charité, en vous donnant la même nourriture et les mêmes conseils. Vous êtes toutes, les enfants de Dieu, les Épouses de Notre Seigneur ; vous avez, toutes la même Mère qui est Marie, vous puisez à la même source des Sacrements.

En qualité de filles d'Adam, vous avez, à peu près, toutes, les mêmes misères. Vous portez le même habit, vous mangez à la même table ; par conséquent, je peux parler à toutes, le même langage.

Vos lettres m'ont fait bien plaisir, mes chères enfants, et plus vous resserrerez entre vous, les liens de la vraie charité, plus vous serez heureuses et Dieu content de vous.

Affermissez-vous par l'oraison, la Communion et vos autres exercices de piété bien faits, dans la volonté ferme d'être entièrement à Dieu ; appliquez-vous, mes chères enfants, à la pratique exacte de la règle, qui est le chemin le plus court pour aller à Dieu et lui plaire ; lisez-en quelque chose, tous les jours, et cherchez à en prendre l'esprit ; reprochez-vous le plus léger manquement, faites-en l'aveu à votre Mère envers qui je vous recommande d'être bien petites filles ; allez à elle en esprit de foi et non parcequ'elle est bonne et vous plaît, mais parcequ'elle est pour vous, le bon Dieu sur terre et qu'elle est l'Ange qui vous mène à lui par la main. Soyez heureuses, quand elle vous montre les taches de vos âmes, qui peuvent blesser la sainteté et la délicatesse des regards de Dieu ; jetez-vous dans ses bras quand vous êtes tentées ; et, si elle vous reprend, vous contrarie, vous humilie, brise votre jugement, votre volonté propre ; elle rompt les liens qui vous tiennent captives et vous fait élever en esprit et en vérité, jusqu'au cœur de votre Époux.

N'oubliez pas, mes chères enfants, de vous demander humblement pardon, lorsque vous vous serez fait de la peine ; mais de le faire du fond du cœur, comme ayant blessé Jésus votre Époux à la prunelle de l'œil, dans la personne de son épouse.

A présent, il faut vous donner quelques nouvelles ; premièrement, nous avons fait une professe qui est Sœur M. elle va partir pour Salins ; puis, trois prises d'habit. Nous allons faire faire profession à trois novices :

Sœur L. Sœur D. et Sœur M. ensuite, faire prendre l'habit à deux capettes ; j'espère que cela pourra avoir lieu le jour de la rénovation.

Melle E. a une compagne de noviciat, qui est Melle O.

Nous allons faire bien des changements. Sœur L. part pour Arbois, Sœur C. y va aussi, Sœur M. à Ornans. Sœur B. revient à l'École, Sœur B. va à Salins et Sœur M. après sa profession à V., puis Sœur G. à Salins. Voyons, mes chères enfants, tous ces changements, dans la volonté de Dieu et le bien de la Congrégation à laquelle nous nous devons toutes entières et prions les unes pour les autres.

Sœur C. ira vous voir bientôt, sa Mère la demande. Mère L. et Sœur C. sont toujours à Paris pour une affaire très ennuyeuse, ces pauvres Sœurs sont bien sous le pressoir.

Adieu, mes bien chères enfants, le temps me presse toujours, les jours ne sont pas assez longs pour travailler et les heures s'enfuient comme l'ombre; mais j'ai toujours le temps de penser à vous, de prier pour vous et de vous aimer en Notre Seigneur.

LVIII.
Ne pas craindre de faire connaître les misères de nos âmes.

J'ai la confiance, mon enfant, que votre retraite vous sera utile, si vous travaillez sérieusement à vous connaître vous-même. La connaissance détaillée de nos misères, est la base de toute vertu solide, sans elle, il ne peut y en avoir. Mais ce n'est pas tout, ma bonne enfant, que de voir les plaies qui déchirent nos âmes, il faut encore les dire; ce n'est pas encore tout de les dire, il faut le faire simplement et humblement, la honte sur le front; ce n'est pas encore assez de les dire une fois, il faut les dire autant de fois qu'elles se représentent, parceque c'est une fosse à vider que les misères de nos âmes et ce n'est qu'en purifiant nos cœurs par l'ouverture, que nous pourons recevoir la lumière du Ciel et l'onction de la grâce; il faut que nos cœurs soient vides pour y recevoir Jésus notre Epoux, le Dieu de toute pureté.

Vous êtes bien heureuse, ma chère enfant,

d'avoir Monseigneur, qui peut puissamment vous conduire dans ce chemin de la connaissance de vous-même et vous aider à vous voir mauvaise dans toutes les parties de votre être, sans découragement et sans perdre de vue le grand réparateur de toutes nos misères, qui, depuis dix-huit cents ans, les a expiés. Il s'en est chargé en les regardant comme siennes ; serons-nous donc, mon enfant, plus douillettes que notre Époux ? Oh ! non, ma bonne enfant ; creusons sans crainte, chargeons-nous de ce qui nous appartient ; délogeons en nous, s'il est possible, ce qui peut être un obstacle à son règne entier et absolu.

Le papier me quitte, mon enfant, je n'ai plus de place que pour vous dire que je suis votre bonne Mère.

LIX.

Craindre de faire des confidences inutiles.
Motifs qui soutiennent au milieu des difficultés.

Malgré tout mon désir de vous être agréable, ma bonne enfant, ainsi qu'à nos Sœurs, je n'ai pas pu vous écrire.

Les jours, comme je m'y attendais, sont plus mauvais selon la nature et meilleurs selon la grâce. Notre Maîtresse est morte; notre Frère ne va pas bien; M. s'est mise au lit le jour de la mort de sa compagne, elle va mieux à présent.

Sœur E. va mieux, mais elle est loin d'être sur pieds. — Depuis que ma lettre est commencée, M. s'est remise; Sœur R. est toute souffrante, Mr N. m'a envoyé son paquet qui contient quatre volumes: deux de la vie du Père de Ravignan et deux de la vie de Benoît Joseph Labre. Puis, j'ai reçu une lettre de vous et celle de Sœur L. aujourd'hui, remerciez-la en attendant que je le fasse moi-même, ce que je pense pouvoir faire cette semaine, puisque je dois aller à l'École pendant l'absence de Sœur B. qui doit aller voir son frère qui crache le sang; je pense revenir ici, vendredi ou samedi.

Sœur C. continue à mieux aller, mais sa convalescence sera longue, elle est bien maigre et bien faible. Sœur B. est malade, on dit que ce sera long; Sœur G. aussi. Notre Mère a bien des maux et ne se plaint pas.

Je vous dirai tout franchement, mon enfant, que je n'ai pas approuvé la petite confidence de Sœur.... sur ce qu'elle a à souffrir de Sœur....; ce sont des consolations humaines qui ne sont pas toujours aimées de Dieu; elle vous provoquait une tentation pour se satisfaire, et elle n'a pas eu la pensée qu'il est plus contraire à la charité d'exposer à pécher, que de refuser un service; nous nous reprochons un procédé peu poli, et nous ne nous reprochons pas de glisser du poison dans l'âme du prochain. Vous connaissez Sœur.... et vous avez souffert de ses défauts, elle a souffert des vôtres; elle sent ses souffrances comme vous avez senti les vôtres;

c'est passé pour vous et c'est au tour d'une autre, que Dieu a placée près d'elle, pour la limer et la former au renoncement et au support. La pauvre Sœur est notre sœur, l'épouse de Notre Seigneur, elle lui plait, puisqu'il l'a choisie comme elle est, qu'il la nourrit comme nous de sa chair et de son sang ; et puisque nous aimons le Cœur de Jésus, il faut que nous aimions ce qu'il aime ; il nous aime bien, toutes misérables que nous sommes ; et s'il s'élève dans notre âme, quelques sentiments qui ne soient pas ceux-là, humilions nous-en doucement et d'une bonne façon, et prions pour elle.

Vous me demandez, ma bonne enfant, quels sont les motifs qui me soutiennent au milieu des embarras où je me trouve :
Le premier, c'est que le bon Dieu le veut et le permet pour mon bien.
Le second, c'est qu'il ne nous met pas dans une position, sans y mettre sa grâce.
Le troisième, c'est, qu'il y a des moments durs pour tout le monde, que les amis de Dieu de l'ancien et du nouveau Testament, ont eu de ces moments difficiles à passer.

Le quatrième, c'est, qu'on n'avance pas les affaires en se plaignant et se repliant sur soi.

Le cinquième, c'est, de voir plus malheureux que soi et de sentir les peines des autres.

Le sixième, c'est de les regarder comme le chemin du Ciel et un moyen de faire pénitence.

LX.

Profiter du temps et de la position pour se former au bien.
Vaincre son caractère.

Il vous faut, ma chère enfant, une longue patience pour m'attendre ; j'ai été, il est vrai, souffrante pendant quelques semaines et à présent, je vais mieux, je cherche à réparer le temps perdu.

Je suis fort contente, ma bonne petite, que vous vous trouviez bien dans la maison que vous habitez, elle est bien solitaire et favorise le recueillement ; le bon Dieu est tout près de vous et vous avez là, plus de moyens de vous unir à Lui, qu'ici où l'ouvrage pressant toujours, est un sujet de distractions continuelles pour les âmes qui n'ont pas encore contracté l'habitude du recueillement. Profitez bien, ma bonne petite, du temps précieux que le bon Dieu vous accorde pour l'écouter et lui parler, car il est Maître par excellence et le seul qui instruit, éclaire et console. Profitez encore, mon enfant, de ce moment de paix et de recueillement, pour vous former aux vertus qui font l'ornement de la vie religieuse qui sont: l'humilité, la charité, la modestie, la patience; puis encore, profitez bien des exemples que vous avez sous les yeux pour vous former aux qualités qui constituent une bonne hospitalière, comme le dévouement, l'oubli de vous-même, la propreté, l'économie; l'ordre et le zèle pour le salut de vos malades; c'est dans l'application que l'on apporte à se former à toutes ces vertus, que consiste le vrai Noviciat; vous en recueillerez les fruits plus tard, si vous êtes fidèle à suivre la lumière que Dieu vous donne et à pratiquer ce que je vous recommande.

Quelques unes de vos compagnes sont très souffrantes: Sœur R. Sœur M.; Sœur S. a toujours mal aux yeux. Sœur S. est à l'infirmerie pour une saignée du pied.

———— Depuis que ma lettre est commencée, Sœur S. est guérie ; je voudrais bien pouvoir en dire autant de vos deux autres compagnes.

C'est aussi depuis que cette lettre est commencée, que j'ai reçu votre dernière et que j'ai appris la mort de votre grand'Mère ; c'est une peine pour vous, ma chère enfant, et pour votre famille, aussi, je la partage, n'en doutez pas, et, pour le repos de son âme, j'unirai mes prières aux vôtres.

Faites en sorte, ma bonne petite, de vaincre votre caractère pendant que vous êtes jeune, car les défauts du caractère sont un grand obstacle au cours des grâces de Dieu dans nos âmes ; ils troublent la paix des communautés et nuisent à la charité qui doit nous unir et ne faire de nous, qu'un cœur et qu'une âme.

Adieu, ma chère enfant, dites mille choses de ma part à votre Mère et à vos Sœurs et croyez-moi toujours,

Votre toute dévouée.

LXI.

Éviter les préventions.—
Agir dans des vues de foi.

Je savais déjà par Sœur L. ce que vous donne à souffrir Sœur N. pour son caractère et hier, avant la réception de votre lettre, j'en ai fait partir une pour elle et une pour Sœur N. en réponse à trois qu'elle m'avait écrites, tant à .... que depuis son retour. La pauvre Sœur se sent de n'avoir point fait de Noviciat, bien qu'elle l'ait passé entièrement ici, mais dans un silence si parfait, qu'à peine l'ai-je entendu parler. Ne vous fatiguez pas pour sa conscience, le bon Dieu ne la juge pas aussi sévèrement que vous et que nous ; et d'ailleurs, il a ses moments de grâce qu'il faut attendre patiemment et charitablement. Tout dans ceci, peut tourner à votre grand avantage en le prenant du bon côté, et vous avancer dans la vraie vertu et perfection ; vous avancerez plus dans un jour à .... que dans vingt ans à ...... Étendez vos pensées et envisagez votre position sans prévention; du côté de Dieu dont vous êtes l'envoyée; du côté de Sœur N. dont vous êtes la __Mère__ et la __Sœur__, et du côté de vous-même et de votre perfection.

Distinguez bien, chère enfant, votre place et votre charge de votre personne; par votre charge, vous êtes la représentante de Dieu et par vous-même, vous êtes une pauvre créature, remplie de mille défauts et misères, sous l'influence de préventions qui vous fatiguent, vous privent plus ou moins de la lumière et vous embarrassent dans votre course. Apprenez à vous dépouiller de ces misérables préventions humaines, qui vous portent à désirer les sympathies, les liens humains du cœur, les formes délicates, la vie douce et paisible; l'envoyée du Seigneur doit être comme le Seigneur qui, quoiqu'il soit la Sagesse incréée, n'est cependant pas toujours adoré par les personnes pieuses même, comme le __seul Saint__, le __seul Grand__, le __seul Très haut__; et cependant, cela ne l'empêche pas de poursuivre sa course et de faire ce qui convient à sa sagesse. Dépouillez-vous de la nature, mon enfant, et vous trouverez douceur, fermeté, lumière et force du Dieu de qui vous tenez la place.

Sœur N. a de la foi, de la piété, de l'esprit, elle est votre enfant et votre Sœur; elle est l'épouse de votre Époux, c'est Lui qui l'a choisie, ce n'est ni vous ni moi; Il l'aime et vient en elle par la Ste Communion, comme en vous. Quand il l'a choisie, il connaissait toutes ses misères, comme il connaissait les vôtres et les miennes, cela ne l'a pas rebuté, cela ne doit pas nous rebuter; il faut donc établir votre charité pour elle, sur celle du Cœur de Notre Seigneur et penser d'elle ce qu'il en pense.

Vous cherchez depuis long-temps, ma chère enfant, la perfection, la vie intérieure et vous êtes sur le droit chemin pour y arriver: le dépouillement, le dégagement; recueillez avec soin les miettes qui vous tombent en partage et qui vous feront mourir à la nature pour reprendre de nouvelles forces dans l'esprit de grâce.

Cultivez bien votre Sœur L. par le cœur, il y a en elle plus d'étoffe qu'on ne peut le croire, et, j'en ai été très édifié pendant son séjour ici.

Je suis bien contente que vous le soyiez de votre mécanique à repas ; faites en sorte de hâter la réparation de votre fourneau et de votre séchoir, cela vous donnera bien du temps.

Ne vous heurtez pas de ce que vos employés demandent des traitements, ils ne sont pas religieux et ont des familles à élever.

Apportez bien de l'esprit de foi dans vos confessions et prenez, sans prévention, tout ce que le bon Dieu vous donne ; le fruit que nous pouvons en retirer, dépend plus des actes du pénitent joints à l'absolution, qu'à la morale et à l'habileté du confesseur.

Adieu, mon enfant, le papier me quitte et je n'ai plus de place que pour vous renouveler l'assurance de ma tendre affection.

LXII

Ne point s'affliger d'être jugée.
Ne pas se séparer de la Communauté,
pour vaquer même à la prière.
Ne pas trop parler, ni dire ses impressions.

J'ai une lettre de commencée pour vous à Besançon, depuis près de quinze jours, je voulais la finir aujourd'hui, mais venant à École sans l'avoir prévu, je la recommence pour vous dire la même chose.

J'ai mené Sœur S. bon train, je vous l'assure; et s'il n'eût tenu qu'à moi, elle ne vous serait pas retournée; quelque bien qu'elle aille aux Y. elle n'est pas assez religieuse pour être envoyée si loin; je l'ai accusée d'être la cause de la maladie de Sœur N. à laquelle je n'ajoute pas foi; un peu d'indifférence religieuse, du dévouement religieux pour les pauvres et la Congrégation, seraient les meilleurs remèdes et les meilleurs bains minéraux. Oh! Dieu, que de misères dans les têtes de femmes!.....

Quant à vous, bonne enfant, vous ne seriez pas contente, si je ne vous disais quelques vérités, eh bien, en voici :

Vous êtes trop timide, le bruit court que vous pleurez lorsque vos sœurs vous disent qu'elles ont des tentations contre vous ; c'est un grand défaut ; si cela est, il faut, ma bonne enfant, être là-dessous impassible, savoir que c'est la tentation la plus ordinaire des inférieurs, pour deux raisons : la première, parceque les Supérieurs ne sont pas des anges et qu'ils ont leurs défauts, et la seconde, parceque le poids de l'autorité double ces défauts aux yeux des inférieurs qui d'ailleurs, ont un intérêt à nous flatter et à nous dissimuler ce qu'ils pensent de nous ; la vérité n'aborde pas souvent le trône.

Il nous importe donc beaucoup de savoir ce qu'on nous reproche et nous ne pouvons le savoir que par l'humble aveu qu'on nous en fait et pour cela, il faut que ce soit la matière, non de nos <u>larmes</u>, mais bien de notre examen.

On vous reproche donc, ma bonne enfant, quand vous êtes en retard de vos prières, de quitter la récréation pour les faire et d'en faire autant, lorsque votre empressement naturel vous pousse à quelque chose; ce qui ne se doit pas faire; la Supérieure doit présider la récréation, surtout dans une Communauté peu nombreuse.

On vous reproche encore de parler trop de S. et de l'affection dont vous y étiez entourée; puis, d'être bonne, peut être trop. et j'ajoute : peut-être trop humainement, parceque la bonté surnaturelle n'exclut pas la fermeté, elle la soutient.

On vous reproche encore, de dire trop votre sentiment sur la direction, dont vous pouvez ne pas avoir besoin, et d'autres, quoiqu'en abusant un peu, peuvent ne pas pouvoir s'en passer. Il est des âges et des dispositions où il faut de la condescendance et il faut ne point avoir d'idées arrêtées sur rien, ni vouloir faire marcher chacun par son chemin; cela demande du renoncement et du tact que le St Esprit seul peut donner.

Ne soyez pas pleureuse, ma bonne enfant; soyez petite, simple, ferme et forte; les larmes sont une grande faiblesse.

Croyez-moi toujours,
Votre tendre et constante amie.

LXIII.

*Prendre garde de s'endormir dans
la lutte des petites tentations.
Ouvrir son âme aux Supérieurs.*

Vous avez donc, ma bien bonne petite, toujours de la peine avec vous-même et votre amour propre, cela n'est pas étonnant.

Le bon Dieu jusqu'à présent, ne vous a pas donné de grandes lumières sur vous-même et les inclinations mauvaises de votre cœur, ce qui est la grâce fondamentale de toute perfection. Née sans inclinations qui vous aient occasionné de grandes tentations, vous avez fait peu d'attention aux petites et, par là même, les avez peu combattues; vous êtes allée un peu au gré des vents qui, n'étant pas bien forts, vous ont laissée dans une vie toute routinière et pas assez active; par suite de tout cela, vous vous trouvez en retard dans la course et peu exercée au combat contre vous-même. Regagnez le temps perdu, ma bonne enfant, par votre générosité et, avec du courage et de la persévérance,

vous pourrez faire bien du chemin en peu de temps et pour cela, je ne vous fais que la recommandation de N.-S. à ses Apôtres: veillez et priez. Veillez, mon enfant, sur vos pensées, sur vos paroles, sur vos moindres actions, sur vos intentions, sur tous les mouvements de votre cœur afin d'y voir, non ce qu'il peut y avoir de beau, de bon, d'agréable, mais ce qu'il y a de défectueux; chaque défaut que vous rencontrerez en vous, est une perle précieuse qu'il faut conserver avec soin, pour vous en humilier en la montrant à vos Supérieurs, non en gros, mais en détail, car il faut que vous en soyez humiliée, non seulement en vous-même, mais encore au dehors. Puis, mon enfant, priez et soyez bien fidèle à vos exercices de piété, non seulement pour les bien faire, mais pour rendre compte à votre Mère de la manière dont vous les faites. Il faut, mon enfant, qu'une religieuse soit une enfant dans les bras de sa Mère; c'est dans ceux de Marie que je vous laisse bien tendrement et que je suis
    Toute à vous.

LXIV.

Les peines de famille sont utiles aux Religieuses.—

Je suis bien fâchée, ma chère enfant, que ce soit la maladie qui retarde votre retour; d'un autre côté, je suis très contente que vous profitiez encore de ces beaux jours; prenez votre temps, guérissez-vous le mieux que vous pourrez.— Remerciez vos bonnes Mères en mon nom et de ma part, des soins qu'elles vous donnent et de la permission qu'elles ont la bonté de donner à votre Sœur et à votre cousine, de vous ramener, nous les verrons avec grand plaisir.

Vous avez donc eu des peines, ma bonne enfant, pendant votre séjour dans votre famille; c'est une grâce, pour les religieuses, de ne trouver que de l'amertume dans les choses qui semblent devoir nous procurer des jouissances. Nos joies, mon enfant, ne peuvent pas être pour ce monde et nous ne pourons goûter de vraie paix, que dans la séparation de ce qui réjouit les mondains.

Prenons la croix, mon enfant, attachons nous y et ne recherchons pas les jouissances qui sont si dangereuses et si peu de chose.

Sœur C. est toujours dans son lit, il n'y a qu'elle à l'infirmerie. On vendange à force. Nous avons peu de malades, du reste, nous ne sommes pas bien pressées pour le moment ; vous pouvez donc, mon enfant, prendre votre temps pour vous guérir.

Adieu, chère petite, ne m'oubliez pas près de vos bonnes Sœurs, chacune vous dit les choses les plus affectueuses, et moi, je vous renouvelle l'assurance de mon tendre et cordial attachement.

LXV.

Quelle est la meilleure des retraites — Ouvrir son cœur aux Supérieurs.

Les meilleures retraites, ma chère enfant, ne sont pas celles où l'on jouit des plus douces consolations, mais celles où la lumière de Dieu nous conduit dans l'abyme des misères de notre âme et nous fait voir tout ce qui met obstacle au règne de Dieu en nous.

Je bénis donc ce Dieu de bonté de ce que, battue par le vent de la tentation, il vous a forcée de la découvrir à votre Mère. C'est dans ces ouvertures que l'âme se dégage, se délie et fait place à son Époux. Ne vous effrayez donc pas, mon enfant, si de pareilles secousses viennent encore assaillir votre pauvre cœur: «parce que tu étais agréable à Dieu, disait l'Ange à Tobie, il fallait que la tentation t'éprouva.» Et l'auteur de l'Imitation nous dit que la tentation nous éclaire, nous fortifie et nous instruit. Ayez des tentations tant que Dieu le voudra, ma bonne enfant, mais dites-les toutes, ne les gardez pas pour vous, montrez tous vos maux et qu'aucune considération ne vous retienne. Donnez-vous à Dieu, dans la personne de votre Mère et n'ayez peur ni du démon ni de l'enfer ni de vous. C'est le Seigneur qui vous conduira à votre Mère, c'est le Seigneur qui mettra sur ses livres, les paroles qu'elle vous dira et c'est le Seigneur, je l'espère, qui conduit ma plume et vous dit avec moi qu'il vous aime; et, en Lui je suis, Toute à vous.

LXVI.

Souffrir les ennuis et les tentations.
Il est utile de voir et de sentir ses misères.

Vous avez très bien fait, ma bonne enfant, de m'écrire tout ce que vous pensiez, continuez, et lors même que je pourrais ne pas faire comme il vous paraîtrait bon, votre pensée ne me serait pas plus inutile qu'à vous qui, par ce moyen, pourrez élargir votre âme et vous dégager de vous-même.

Je suis fort contente que le bon Dieu permette que mes lettres vous fissent du bien, je n'ai en vue que cela et de vous envoyer toujours la paix du Seigneur.

N'ayez pas peur, mon enfant, de vous voir exposée à toutes sortes de tentations, acceptez-les, loin de vous éloigner de Dieu, elles vous en rapprocheront. Mon Dieu, que nous sommes insensées de ne vouloir pas creuser dans l'abîme de nos misères! c'est là que nous trouvons Jésus qui s'en est revêtu pour nous, qui les a expiées et qui ne demande de nous, que la droiture pour les avouer à nous et à nos Supérieurs. Si notre pauvre Sœur G. avait pu s'avouer ses misères, elle aurait moins souffert et souffrirait moins encore. Allez, allez, mon enfant, vous êtes bien heureuse de mal parler et de le sentir, d'être peu aimable et d'en être humiliée; ce sont les plus belles qu'on puisse recueillir.

Priez bien pour Sœur M. afin qu'elle profite de sa maladie pour avancer près de Notre Seigneur qui l'aime et désire tant son cœur; puis, vous mon enfant, donnez-lui le vôtre pour le temps et pour l'éternité et conjurez-le de le prendre et de le posséder entièrement.

Toute vôtre en Jésus.

LXVII.

*Renoncer à ses goûts et à ses répugnances. —
S'attacher à faire la volonté de Dieu.*

Je remercie le bon Dieu, ma chère enfant, de la grâce qu'il vous fait d'adoucir le sacrifice que sa bonté vous a mis dans le cas de faire; c'est un hommage que vous avez porté à son berceau et qui servira à dégager votre âme et à la rendre plus digne de Dieu. Tant qu'il y a dans notre cœur des goûts et des dégoûts, des désirs, des répugnances, c'est une preuve que nous vivons et que nous avons besoin de mourir, pour nous établir dans la parfaite indifférence qui nous introduit dans la liberté des enfants de Dieu. Ne tendez donc, ma chère enfant, qu'à une seule chose, vous établir dans cette sainte indifférence, qui vous fera dire avec N. S. : ce qui plaît à Dieu, je le fais toujours. Pour lui être agréable, il faut qu'il puisse faire de nous tout ce qui peut servir à son œuvre et non pas ce qui peut servir à nos goûts et à notre propre satisfaction; le service de

Dieu et de notre petite Congrégation, doit être la pensée première et principale qui doit nous occuper. Établissez-vous bien dans ces dispositions et la paix du Seigneur vous couvrira partout où sa Providence vous conduira ; c'est le vœu que je forme pour vous de tout mon cœur qui vous est tout dévoué.

LXVIII.

Dieu bénit l'obéissance.

Depuis quelques jours, ma chère enfant, notre Mère m'avait chargée de vous envoyer une lettre de votre Maman et je n'ai pas eu le temps de vous écrire un mot pour vous l'envoyer ; je profite du premier moment pour vous remercier de la vôtre et des vœux que vous voulez bien faire pour moi.

Je suis bien contente que le bon Dieu vous dédommage de ce qu'il vous a fait quitter. Oh ! Il n'a pas besoin de ses créatures pour vous combler de ses bienfaits et il est aussi près de vous à P. qu'à Besançon, s'il vous prive de la présence des personnes qui vous étaient chères, il n'en sera que plus près de vous, il s'unira plus intimement à vous et se plaira à vous confier les secrets de son cœur. Relisez, et pratiquez plus que jamais, les résolutions de votre Prise d'habit, c'est le temps de les exécuter et de vous coller à Dieu seul.

Dites, s'il vous plaît, à votre Mère, les choses les plus affectueuses pour moi et remerciez-la de ses bontés, lors de mon dernier voyage. Offrez aussi mes vœux à Sœur J. et Sœur L. et retrouvons-nous toujours, ma chère enfant, dans le cœur de notre divin Maître, c'est en Lui que je suis

Toute à vous.

LXIX.

Union, renoncement et charité.

Oui, mon enfant, je vous comprends très bien, vous pouvez m'écrire quand et comme vous le voudrez.

Ce n'est point mon avis qu'on se presse pour la chapelle, ce ne l'a jamais été ; on ne peut faire, en se pressant autant, que du mauvais ouvrage, de grosses bêtises et fatiguer le bon Monsieur H. et ces Messieurs ; c'est donc contre mon gré qu'on se presse tant. Sous quelque dehors que se cache l'ennemi, c'est toujours l'ennemi ; et la nature est aussi bien sous l'apparence des choses les plus saintes, que partout ailleurs. Oh! que nous sommes peu de chose! et, que facilement, nous nous laissons tromper. Je dois une réponse à votre Mère, je veux lui dire qu'elle n'en parle qu'au bon Dieu et à moi.

Oh! je vous en prie, sachez supporter les privations et prenez le véritable esprit des fondations, qui est un esprit d'abnégation, de renoncement et de mort à soi-même, qui doit être la première pierre des édifices du Seigneur. Mon Dieu! que je voudrais vous le faire comprendre!

Ne vous tourmentez pas pour obtenir la permission d'avoir le St Sacrement et ne tourmentez personne pour cela ;
vous pourriez mettre votre …

dans l'embarras et vous pourriez aussi l'indisposer en demandant la permission à Rome.

Quant à votre domestique, c'est fort heureux qu'il vous fasse des farces, puisque d'ailleurs il ne vous convient pas. Recommandez bien vos affaires au bon Dieu et parlez-en peu avec les hommes, c'est Dieu qui fait tout et les hommes ne sont que des machines.

Soyez surtout bien unies, bien religieuses; c'est, nous dit notre divin Sauveur, la marque à laquelle on reconnaît les disciples qu'il s'est choisis. Sans union, sans charité, on ne peut que détruire; aimez-vous et tout ira bien; que vous sachiez faire plier vos goûts et vos idées particulières, à la règle; vous supporter et vous entr'aider, cela vous servira plus que tout le reste.

Au revoir, mon enfant, que la paix du Seigneur soit gravée dans votre cœur et vous accompagne toujours, c'est le vœu de votre très affectionné.

LXX.

Renoncer à ses propres idées pour accomplir la volonté du Seigneur.

Je suis toujours bien contente, ma chère enfant, que vous m'écriviez souvent et que vous me découvriez toutes vos peines, parceque j'ai le désir de vous aider à en tirer tout le profit que le bon a en vue, en vous les envoyant. Vous n'êtes pas à Y.. simplement pour y soigner les malades, mais pour vous y sanctifier par la pratique des vertus religieuses, parmi lesquelles l'obéissance tient le premier rang; la difficulté que vous éprouvez pour céder votre manière de voir et votre jugement à celui de votre Mère, les défauts que vous trouvez dans son gouvernement, ce qui vous blesse dans ses procédés; tout cela, chère enfant, doit vous prouver que le propre esprit n'est pas mort et que votre pauvre nature se révolte contre l'esprit de N. S. obéissant jusqu'à la mort et à la mort de la croix; vous êtes bien heureuse, ma chère enfant, que le bon Dieu vous montre d'une manière aussi claire ce qu'il demande de vous.

Attachez-vous donc, mon enfant, à cette obéissance passive qui ravit le cœur de Dieu et qui sera pour vous un foyer de lumières et la source d'une paix profonde ; poursuivez cette vertu avec constance et persévérance ; lisez souvent la règle en ce qui concerne l'obéissance, appliquez-vous à la considérer dans Notre Seigneur ; faites-lui, tous les jours à l'oraison, l'offrande de votre jugement et de votre raison, renouvelez cette offrande à la S.te Messe, à l'examen, à votre visite et dans toutes vos Communions ; reprochez-vous, comme une infidélité, le plus petit acte d'indépendance, tel que : ne pas dire pourquoi vous pouvez être en retard, ne pas demander les plus petites permissions, laisser paraître le plus petit signe de désapprobation de ce que fait la Mère ; reprochez-vous la négligence à combattre les tentations dès que vous les sentez, présentez-les à N. S. tous les matins, ces tentations, afin qu'il les brûle sur l'autel de son Cœur et ajoutez à votre nom, celui de Fille de l'obéissance ; faites cela, mon enfant et vous vivrez.

C'est sur le Cœur de Jésus obéissant,

que je vous dépose et vous embrasse tendre-
-ment.

―――――

LXXI.

Supporter les caractères et prier.

Je suis à L. depuis douze jours, ma
chère enfant, pour y faire faire la retraite
à nos deux Mères et je dois retourner à Y. mardi, en revenir samedi et partir le 17 pour B.
je ne sais pas encore avec qui, ni si je passerai
par Bâle ou par Neufchâtel ; dans tous
les cas, je dois retourner, la semaine après la
Ste Trinité.

Vous me dites que j'ai dû faire du progrès
dans la langue Allemande, hélas ! non ;
c'est le chemin du Ciel, plus on avance, plus
on voit qu'on ne sait rien. Je ne peux toujours, ni parler ni comprendre qu'avec mes
yeux, je n'ai ni langue ni oreilles ; je ne
pourrais ni parler ni comprendre quand
on parle tant ; il est vrai que les théories
ne servent qu'à nous illusionner.

Je trouve que d'année en année, le luxe

gagne dans toute la Suisse et par suite,
l'immoralité. Il y a bien de la misère
partout et c'est un triste progrès que celui
qui conduit en enfer.

Je suis allée hier, en voiture, à la cathé-
drale pour y voir ses trésors, on a refait ses autels, c'est superbe.

On a à présent ici, un petit orgue qui, à
mon avis, fait trop de bruit et couvre trop le
chant qui est très beau. Monsieur …. est
d'un zèle pour la chapelle et pour le culte
qui, comme tout ce qui est sur la terre, a son
bon et son mauvais côté. Tout le mois de
Marie, on a eu la bénédiction et de la musique ; on a aussi deux bénédictions tous
les samedis. A Y. on a la bénédiction
tous les dimanches et la Messe tous les
jours, cela peut exciter votre jalousie.

Vos bonnes Sœurs font donc leur retraite
et vous gémissez toujours de ne pouvoir rien
leur dire ; si vous ne pouvez pas leur parler, le St Esprit leur parlera ; Notre Seigneur ne dit-il pas : l'Esprit souffle où
il veut et on ne sait ni d'où il vient, ni
où il va ; il parle sans bruit de paroles et
n'a pas besoin de nous pour faire des

merveilles. C'est ce divin Esprit qui vous apprendra à supporter avec paix et bonheur, votre maître des novices. Mᵉ de P., sa dame et Mʳ L. seront pour vous un stimulant, vous ne voudrez pas rester en arrière pour la patience et le support et j'espère que le Sᵗ Esprit vous aura soufflé de penser en le voyant : <u>béni soit celui qui vient au nom du Seigneur</u> et puis, vous aura inspiré la pensée de prier pour lui, avant tout autre ; c'est par la prière que tout doit se faire et que les esprits et les cœurs sont changés.

Dites pour moi, ma chère enfant, les choses les plus affectueuses à vos bonnes Sœurs. Je comprends bien que vous ne pouvez pas suivre les règles du gouvernement de Mère P., mais vous pouvez avoir pour elle, ces égards et le tact du moment pour choisir ce qui lui va, sans la fatiguer par des soins et des délicatesses importunes ; dites lui, à cette bonne Mère, combien je la vénère, et puis, quelquechose à la petite cuisinière et à vous toutes mes tendresses.

LXXII.

Tout ce qui souffre n'est pas mort.

Ma bien bonne Sœur,

Je suis bien peinée de vous en faire, en vous disant que notre Père ne permet pas que vous envoyiez à Y. quelque chose de votre sacristie ; c'est encore un sacrifice pour votre cœur et ne vous en effrayez pas trop ; les sacrifices que le bon Dieu demande, sont une preuve qu'il vous veut toute à lui et qu'il vous dépouille de tout ce qui peut vous attacher à la terre ; laissez-vous bien faire, ma chère enfant et humiliez-vous toujours en pensant que tout ce qui souffre n'est pas mort. Oh ! si vous saviez quel foyer de lumières est caché sous le sentiment de l'humilité et de l'humiliation ; je ne veux point d'autre lumière et d'autre paix que celles qu'elle procure.

Soyons, ma bonne Sœur, dans le fond du cœur, bien prévenantes, bien attentives pour les Sœurs anciennes ; n'exigeons pas plus d'elles que le bon Dieu qui nous aime malgré nos misères et nos imperfections, aimons-nous les uns les autres comme il nous aime avec nos défauts et nos misères; ne demandons de chaque âme que ce qu'il demande et supportons avec indulgence, ce que nous ne pouvons pas corriger en nous ou dans les autres; c'est là le fruit et la pratique de la vraie dévotion au Cœur de Jésus, qui consiste à former nos cœurs sur le sien.

Si cela vous fait du bien de m'écrire, faites, ma bonne sœur, et ne craignez pas de me dire tout ce qui vous passe par la tête; mon cœur vous est bien ouvert et vous pourrez mettre le vôtre bien à l'aise.

Croyez bien, je vous prie, à l'affection bien sincère

de votre toute dévouée.

LXXIII.

Se résigner pour la santé, le temps et la manière.

Ne vous pressez pas trop de reprendre votre office, ma chère enfant, il ne faut pas s'écouter il est vrai, mais il ne faut pas être téméraire et aller comme le bon Dieu nous mène. Allez, ce n'est pas un mal d'être faible et d'une santé délicate; j'aime mieux une religieuse souffrante, qu'une forte qui n'est pas munie de l'esprit de sa vocation: les mauvaises têtes donnent plus de peines et font moins de profit que les mauvaises santés; soyez donc faible, mon enfant, mais bonne et l'enfant du bon Dieu. Ah! soyons bien religieuses et moquons-nous de tout le reste, il ira toujours bien.

Qu'est-ce que cela fait de renouveler ses vœux dans son lit ou aux pieds des autels? Le véritable autel nous suit partout: c'est notre cœur, c'est celui-là que nous devons parer et embellir tous les jours.

Courage et confiance, chère enfant, donnez-vous toute entière à Dieu et aux pauvres; que notre sainte règle soit le chemin qui nous conduise à Dieu, les unes les autres et que notre divin Époux se plaise au milieu de nous. C'est en Lui que je suis,

  Toute vôtre.

LXXIV.

Faire jour par jour ce que l'on doit faire.

Il m'est pénible, ma chère enfant, de vous quitter sans avoir pu vous unir toutes par les liens de la charité et de vous sentir toutes malheureuses dans la maison du Seigneur, du Dieu de paix et de charité. Je ne pourrai bientôt plus que prier pour vous toutes et j'espère que la Mère que le bon Dieu nous donnera, sera plus heureuse et gagnera ce que je ne puis obtenir.

Vous en savez plus que moi sur le retour de Son Éminence, car, depuis le 15 février, j'attends de jour en jour, de semaine en semaine, sans savoir la veille, ce que je ferai le lendemain et où je serai ; notre Père ne me dit rien, absolument rien, et moi, je m'abandonne les yeux fermés. Ce bon Père me dit si peu que, toute la ville et le diocèse retentissent que Monseigneur a été malade, qu'il est retenu pour les suites d'une opération qu'il a subie, et que jamais il ne me l'a avoué. Du reste, cette conduite va on ne peut mieux à mon âme et me fait vivre dans un entier abandon et dans la dépendance d'une enfant, qui fait, de moment en moment, ce qu'on lui dit.

Vous me dites, mon enfant, que je suis au courant de ce qui regarde Sœur H. et que, d'après ce que je connais du fond de toutes, je peux plutôt juger de votre position qui n'est agréable pour aucune et peu profitable pour chacune ; un seul mot suffirait pour remettre tout à l'unisson ; mais ce mot, il n'y a que Dieu qui puisse en donner l'intelligence : c'est le <u>renoncement</u> et personne, sur la terre, ne peut le faire comprendre.

Je crois que vous avez bien fait de demander

une fille pour les salles et je vous engage à la laisser entièrement à Sœur H. sans vous en servir. Ensuite, si vous pouvez faire un peu plus de politesse aux servantes, je crois que vous feriez bien, votre bonne éducation et votre aristocratie les froissent; laissez leur moins voir votre répulsion pour les personnes mal élevées, c'est un défaut, ma chère enfant, qui vous fait du tort devant Dieu et devant les hommes et qui va mal à une servante de Dieu et des pauvres. Ensuite, mon enfant, Monsieur H. vous rend de grands services, soyez-en reconnaissante et vous l'êtes; mais, balancez un peu plus votre affection, de manière à ne pas soulever de la jalousie et donner de l'ombrage, soit contre lui, soit contre vous.

Sœur L. ne va pas avec Sœur H., tâchez de l'occuper avec vous et tâchez de profiter de l'augmentation des malades, pour ôter à Sœur H. le soin du linge et des lessives. Faites aussi tout ce que vous pourrez, pour faire mettre en état le fourneau de la cuisine et votre séchoir, ce sont des choses essentielles. Surtout, ma chère enfant, gardez-vous bien des préventions, cela nous prive de bien des lumières.

Écrivez-moi et ne vous laissez pas dominer par le moi ; priez beaucoup pour Sœur.... et demandez à N.S. qu'il vous donne pour elle, les sentiments qu'il a lui-même et la grâce de l'aimer avec son cœur. Puis, ne laissez pas Sœur L. dans ses noirs sans lui parler et qu'elle vous trouve le cœur toujours ouvert. Adieu, ma bien aimée enfant, soyons toutes bien au bon Dieu.

LXXV.

Être résignée dans l'infirmité et l'impuissance.

Vous avez mes prémices du mois de Marie, ma bonne enfant, qui nous éclaire d'un beau jour ; cela n'est-il pas bien étonnant que je vous réponde par retour du courrier, j'en suis ravie de surprise et bienheureuse de pouvoir le faire, pour vous prouver que lorsque je ne le fais pas, c'est que je ne le peux pas. Je comptais bien, la semaine dernière, aller vous voir et le bon Dieu ne l'a pas voulu, il me fait sentir tous les jours qu'il est le maître et me fournit l'occasion de l'adorer de bien des façons. Je ne suis pas malade mais bien souffrante ; l'usage de mon bras droit, loin de devenir plus libre, devient au contraire plus pénible et difficile ; puis, tous mes membres s'enraidissent douloureusement, mes nuits sont très pénibles ; du reste, ce que je ne peux pas faire, je pense que le bon Dieu s'en charge ; que le corps s'enraidisse tant qu'il voudra, pourvu que l'âme s'assouplisse sous la main de Celui qui est.

Nous sommes ici, jonchés de malades, d'enfants, nous sommes 728 au mouvement et pardessus tout, nous sommes pauvres et au bout de nos ressources ; les vignes viennent d'être gelées, c'est le cas de se confier en la Providence et de se jeter dans ses bras aveuglément ; je ne sais pas en vérité, comment nos pauvres Sœurs pourront faire leurs retraites tant elles sont écrasées d'ouvrage. Sœur E. et Sœur M. sont toujours à l'infirmerie dans un triste état selon la nature. Notre noviciat, quoique assez nombreux, ne l'est pas trop, puisque dans la communauté, l'âge ou les infirmités pèsent sur beaucoup.

Vous avez donc peur du martyr, bonne enfant, j'ai avec vous ce trait de lâcheté et il est toute ma force; plus je suis faible plus je compte sur force du Dieu fort, qui se plait à me voir comme un poisson sur la paille pour que je m'appuie sur sa puissance. O! chère enfant, qu'on trouve de paix dans le sentiment profond, intime de sa faiblesse, qu'il y a de douceur à dire: je ne peux pas, je ne sais rien!

Je ne m'occupe de la guerre que pour dire à Dieu: que votre règne arrive; ce bon Maître a déjà fait tant de merveilles, que j'espère que son bras n'est pas raccourci, et je ne m'appuie que sur sa miséricorde.

Adieu, bonne enfant, on m'attend et je ne vous quitte qu'à regret, mille choses à vos bonnes Sœurs, je suis toute à vous dans les divins Cœurs.

LXXVI.

Grande utilité des peines et des afflictions.

Le bon Dieu vient de vous affliger bien profondément en vous enlevant un frère chéri que vous aimez plus que vous-même et je ne doute pas, mon enfant, qu'il n'ait proportionné sa grâce à la plaie qu'il vous a faite ; tel est le caractère distinctif des croix qui nous viennent de Dieu que, malgré leur amertume, elles sont adoucies par ce fond de résignation qui ne vient que de la grâce qui est jointe à la croix.

J'espère donc, mon enfant, que ma lettre vous trouvera, profondément affligée sans doute, mais comme Marie notre Mère que vous aimez tant, debout au pied de la Croix, calme, résignée, pleine de confiance que Dieu prendra un soin tout particulier de la Mère et des enfants que ce bon frère vous laisse sur la terre.

En pensant à vous, ma bonne petite, il y a quelques jours et au malheur qui vous menaçait, je faisais différentes réflexions qui, peut-être, vous seront de quelque utilité ; je voyais pour vous un avantage bien grand à la peine ou, pour mieux dire, aux peines que le bon Dieu vous envoie. La tentation, nous dit l'auteur de l'Imitation, nous fortifie, nous éclaire et nous instruit. Eh! bien, mon enfant, accablée sous de violentes peines de cœur, vous vous instruirez en considérant la différence qu'il y a entre les peines réelles et les peines imaginaires, entre celles qui nous sont envoyées de Dieu et celles qui sont le fruit de notre vanité, de notre jalousie, et de notre amour propre ; les premières, quelque déchirantes qu'elles soient, sont accompagnées de paix, de confiance en Dieu et d'abandon ; les autres nous aigrissent contre le prochain, contre nous-mêmes et quelquefois même contre Dieu, elles nous rendent nos devoirs difficiles et pénibles, nous font prendre en mauvaise part tout ce qu'on nous dit, nous rendent le caractère difficile et ombrageux, nous ôtent la simplicité envers nos Supérieurs, la bonté envers les domestiques et les malades, le dévouement dans le travail, les douceurs de la dévotion et la lumière si douce de la vérité. Oh! ma chère enfant, puisque vous êtes au pied de la Croix avec Marie votre bonne Mère, faites-y le sacrifice de toutes ces petites misères; faites-le, ce sacrifice, pour le repos de l'âme de celui que vous pleurez, faites-le pour sa femme et ses enfants que vous aimez, faites-le pour votre Sœur qui, dans ce moment, a besoin d'une grâce si supérieure pour ne pas retomber; puis enfin, faites-le pour vous-même pour vous rapprocher de Dieu et répétez-lui avec le saint roi David: <u>Je préfère être la dernière dans la maison de mon Dieu, plutôt que d'habiter sous les pavillons des pécheurs.</u>

C'est, mon enfant, le vœu de celle qui vous aime...

LXXVII.
Ne pas regarder ce qui plaît ou déplaît.

Je vous ai fait attendre bien long-temps, ma chère enfant, ma lettre en réponse à la vôtre, ou plutôt, aux trois vôtres que j'ai reçues en leur temps et que j'ai eues tous les jours sous les yeux avec le désir de vous écrire, sans pouvoir en trouver le moment. Hélas! tous les jours je sens que je ne suis pas universelle et que je ne peux qu'ébaucher la tâche que le bon Dieu m'a mise entre les mains.

Je viens de faire la tournée de nos maisons du Jura, où j'ai trouvé nos sœurs bien sages et j'ai la confiance que vous ne l'êtes pas moins, que vous conservez les fruits de votre retraite; soyez, mon enfant, bien bonne, bien simple et le bon Dieu sera avec vous.

J'aime à croire que vous êtes maintenant, une bonne petite Allemande, que vous ne pleurez plus pour vous confesser, que le bon Dieu est avec vous pour vous faire faire de la bonne cuisine pour ses pauvres et ses Epouses et que vous avez profité de votre séjour à S. pour apprendre de Sœur B. tout ce qu'elle a pu vous montrer. Il faut, ma chère enfant, quand on appartient à une communauté, s'y dévouer pour lui rendre tous les services qu'on peut, sans regarder ce qui plaît ou déplaît. Appartenir à sa Communauté, c'est appartenir à Dieu et vous pensez bien que nous lui devons tout : nos goûts, notre santé, notre vie, notre intelligence, notre cœur. Donnez-vous bien, mon enfant, et ne réservez rien pour vous, c'est le moyen de tout avoir. Méditez bien le petit Jésus et prenez pour devise ces mots : <u>Il leur était soumis</u>; c'est tout ce que je trouve de plus beau dans l'Evangile.

Je vous quitte, ma bonne petite, pour vous dire quelques mots devant le bon Dieu, que je vais recevoir, et vous assurer près de Lui, de mon tendre attachement..

LXXVIII.

La solitude et l'observation, unies à la simplicité, nous instruisent.

Vous voilà donc, ma bien aimée enfant, dans un autre lieu pour y servir le Seigneur et, ce qui peut vous consoler, c'est que toute la terre est à lui, que vous le trouverez partout et que partout, il est prêt à vous secourir, à vous aider et à vous soutenir. Vous êtes dans la solitude et c'est dans la solitude qu'il parle au cœur de l'âme qui le cherche avec fidélité, simplicité et amour. Soyez donc à lui de tout votre cœur, ma chère petite, et confiez-vous en lui ; vous ne savez pas faire la cuisine, mais Celui qui donna l'intelligence aux cuisiniers saura bien suppléer à ce qu'il sait vous manquer, pourvu que vous soyez bien simple, bien obéissante et bien humble ; il est toujours à côté de l'âme simple et humble ; Il l'a promis et il n'est pas comme ceux qui disent et ne font pas.

Écrivez à Monseigneur qui peut vous faire tant de bien et soyez gaie et attentive à tout ce qu'on vous montrera.

J'ai encore des petites lampes pour faire des illuminations, je vous les réserve et, en éclairant votre bonne Mère extérieurement, elle vous éclairera intérieurement, l'un vaut bien l'autre.

Votre petite cousine va mieux depuis son retour, elle a bien à prendre sur elle pour devenir hospitalière, elle est si timide et si molle, qu'elle a peine à prendre le dessus, mais elle a beaucoup de bonne volonté.

Nous avons quatre postulantes et bientôt nous en aurons une cinquième, elles paraissent toutes bien bonnes ; priez mon enfant, pour elles et pour celle qui sera toujours

Votre bonne Mère.

LXXIX.

*S'appliquer à l'étude d'une langue
pour être utile aux âmes.*

Ma bien chère petite,

Je suis bien heureuse que vous ayez repris courage et que votre bonne volonté se soit accrue. Je vous tiens parole et j'étudie comme vous ma grammaire; vous ferez plus de progrès que moi, parceque vous parlerez et entendrez parler; puis, vous avez une grâce plus forte que moi, puisque vous en avez besoin pour faire l'œuvre de Dieu et enfin, parce que vous avez un bon maître. Je vous en prie, ma chère enfant, pensez et priez en alle-mand; demandez bien aux Saints Apôtres le don des langues pour faire l'œuvre de Dieu où vous êtes par sa volonté et son ordre. Appre-nez tout ce que vous pourrez apprendre; soit pour les ouvrages de la maison, soit pour la cuisine et pour tout; le désir d'apprendre ne vous laissera pas le temps de vous ennu-yer ni de le trouver long. Remplissez-vous bien, mon enfant, de la pensée que vous

servez le bon Dieu, que vous êtes utile à
votre Congrégation et à l'Eglise.

Adieu, ma bonne petite, prions beau-
-coup et aimons-nous de loin comme de
près

Toute à vous.

LXXX.

On ne peut servir deux maîtres
Observer la règle.

Je suis bien contente, ma chère enfant
que vous vous trouviez bien à O. et que le
bon Dieu qui vous y a conduit, vous fasse
sentir qu'Il est là comme à B..

Prenez bien garde, ma chère petite,
d'ouvrir votre âme à la dissipation, à la
curiosité, à la recherche des jouissances ter-
-restres. On ne peut pas servir deux maîtres,
l'Epoux l'a dit et il ne veut habiter que
dans une âme fermée à toute autre chose
qu'à Lui seul; serrez-vous toujours près
de Lui par l'étude et la pratique de notre
sainte règle, elle est le lien qui unit à Lui

et nous ne pouvons nous en approcher que par notre fidélité à l'observer.

Soyez pleine d'égards, d'attentions pour Mère C... dont la conduite est si édifiante et prenez bien garde à tout ce que la fille de la salle peut vous dire et vous raconter, cette bonne enfant n'a pas tout le respect qu'elle devrait avoir pour la Mère et les Sœurs. Tenez-vous bien à votre affaire et laissez bien les morts ensevelir leurs morts.

Adieu, ma bonne petite, priez pour celle qui vous aime bien tendrement en Notre Seigneur.

LXXXI.

La croix est la clef du Ciel.

Je n'ai guère de temps, ma bonne petite, pour vous dire quelques mots et cependant, je ne veux pas laisser votre lettre sans réponse, afin de vous assurer que je ne vous oublie pas et que je ne vous oublierai pas quand le bon Dieu vous aura donné une Mère à toutes. Rappelons-nous bien, chère petite, que la croix ne nous sépare que pour nous réunir et que la souffrance doit être le partage d'une Épouse de Jésus-Christ; qu'elle soit Française ou Allemande, qu'importe, il faut qu'elle souffre et qu'elle souffre avec amour, parce que la croix est la clef du Ciel; c'est elle qui a réconcilié l'homme avec Dieu et, c'est la Croix qui nous a été donnée comme anneau de noce au jour de notre profession. Nous la baisons avec amour, parcequ'elle porte l'empreinte du Cœur de notre Époux et de sa Sainte Mère; mais, l'un est couronné d'épines et l'autre, percé d'un glaive, ce n'est pas pour que nous recherchions les jouissances de la vie, mais bien pour nous engager à les immoler sur l'autel de l'amour que nous devons à notre Dieu, en qui je suis, ma bien chère enfant.

Toute vôtre.

LXXXII.

Le travail vient à bout de tout.

Ne perdez pas courage, ma chère enfant, si vous éprouvez des difficultés pour appren-dre la langue du pays que vous habitez, vous avez la grâce pour en venir à bout et c'est la même grâce que celle des Mission-naires qui vont en Chine ou dans les pays barbares; c'est le bon Dieu qui a permis la confusion des langues, pour punir l'hom-me de son orgueil, c'est Lui encore qui a donné à ses Apôtres le don des langues et qui le doit à votre fidélité à le suivre où il vous appelle. Ne vous laissez donc pas abattre par la tristesse et envahir par le noir; invoquez le nom du Seigneur, mettez-y toute la bonne volonté dont vous êtes capable et comptez sur la grâce de Dieu.

Je me doutais bien que vous seriez à votre aise avec Monseigneur, que vous ne retrouverez pas souvent dans le cours de votre vie, profitez-en bien, mon enfant, et ne laisser pas tomber une des miettes du pain qu'il vous donne ; soyez généreuse et ne refusez rien au bon Dieu ; ma bonne petite, donnez tout et Il vous le rendra au centuple. Priez pour celle qui est, bien affectueusement, votre Mère.

LXXXIII.

Vaincre les difficultés par la constance.

Ne faites pas trop d'attention, ma chère petite, à vos dégoûts pour la langue allemande ; on double les difficultés par ces retours sur soi-même ; humiliez-vous de les éprouver, regardez-les comme de la recherche de vous-même et de la misère humaine, cela vous rendra plus forte pour les vaincre. Oh ! que nous sommes éloignées de la générosité de ces bonnes religieuses qui vont dans les pays étrangers, se dévouant à la souffrance et à la mort ; cette pensée, en nous humiliant, nous sera salutaire pour nous fortifier et nous dégager des regards sur nous qui nous affaiblissent ; soyez généreuse ma bonne petite, le bon Dieu de L. est le même que celui de B.; les pauvres sont à L. ce qu'ils sont à B. les représentants de notre divin Époux; Dieu les écoute à L. comme à B. et c'est Lui qui vous a choisie pour les soigner; servez-les avec amour, faites tout, mon enfant, avec votre cœur; apprenez à parler et à lire avec amour; confiance donc.

Je vous envoie la copie de la lettre d'Alléluia, que nous avons reçue du Père B., son neveu vous donnera de nos nouvelles et vous dira que nous n'allons pas mal. La petite cousine a été un peu souffrante, elle va mieux; elle commence à parler, elle a encore plus de timidité que vous. Toutes les novices et les jeunes professes vont bien, elles sont bien sages.

Adieu, ma bien bonne enfant, soyez toute au bon Dieu; ne lui refusez rien; dites à vos sœurs que je les aime bien tendrement et croyez bien que vous y avez bonne part.

LXXXIV.

Combien souvent nous avons tort,
Se le dire souvent.

Depuis le 29 Mai, j'avais une lettre commencée pour vous, ma bien chère enfant, et je n'ai pu la finir pour le départ de Sœur E. Je finis par ne rien faire, je ne vous quitte cependant pas et je ne cesse d'espérer que le lien de la charité entre vous, votre Mère et vos Sœurs, se resserre d'une manière indissoluble par le Cœur de N.S. qui réunit les contraires.

Vous êtes mieux, me dites-vous, ma bien chère enfant, j'en bénis Notre Seigneur et vous serez toujours de mieux en mieux tant que le flambeau de la foi vous guidera et que vous prendrez l'humilité pour vous conduire par la main; cette vertu Mère, vous fera trouver une paix profonde dans ce mot si difficile à prononcer et à sentir: j'ai tort. Oui, nous avons tort de vouloir dans nos Supérieurs une perfection que nous n'avons pas; nous avons tort de vouloir réformer les autres des défauts que nous avons nous-mêmes et que nous excusons en nous pour les blâmer dans les autres ; nous avons tort de prendre souvent la piété pour de la vertu et de les confondre. Oh ! mon enfant, que de gloire nous procurerions à Dieu, que d'utilité au prochain, que de paix à notre âme, si nos idées étaient plus justes et notre esprit éclairé par la foi et l'humilité ! Vous vous plaignez avec raison, de cet empressement naturel qui fatigue toute votre maison ; c'est un ennemi qu'on ne redoute pas assez parcequ'il se couvre du manteau du zèle et du dévouement ; ce n'est pourtant, que le loup couvert de la peau de brebis. L'empressement est le fruit de la nature et ne peut porter que des fruits de nature. Dieu ne manque pas de zèle dans le gouvernement de l'univers, il agit toujours et ne sort pas de son repos éternel ; ses épouses doivent s'efforcer de Lui ressembler en agissant sous ses ordres et ne voulant que ce qu'il veut et comme il veut.

Soyez bien fidèle à vos petites pratiques et Dieu les bénira.

Votre Mère est souffrante, le bon Maître vous éprouve par la maladie; supportez paisiblement l'épreuve et la croix et répétez souvent ces paroles de Saint André: O bonne croix! Les maisons qui sont fondées sur le roc du Calvaire, sont les plus solides; courage donc et confiance.

Je suis bien contente que Monsieur L. soit Président, il a de la tête et des moyens et, je lui crois l'esprit bon; faites-lui mon sincère compliment. Aidez tant que vous pourrez votre P. et n'en concevez pas du mépris; il est là par la permission de Dieu, regardez-le donc comme son envoyé, sans lui accorder plus de confiance que son intelligence n'en peut porter.

Vous allez voir Sœur E. qui se fait une fête de sa visite près de vous; je vous en fais une tous les jours, par la pensée et par le cœur, avec l'intermédiaire de mon bon Ange qui a des ailes plus légères que les miennes.

Vous savez déjà, que la bonne petite Sœur M. est en paradis, elle a bien édifié pendant sa maladie. Mère B. et nos Sœurs d'ici, vous disent les choses les plus affectueuses et moi, bonne enfant, je vous charge de toutes mes amitiés pour votre Mère et nos Sœurs ; je vous embrasse bien affectueusement.

LXXXV.

Respecter les Supérieurs.

Il faut, ma bonne petite, que vous preniez votre grand courage et que vous disiez à la Sœur qui vous parle contre votre Mère, que vous ne pouvez pas l'entendre ; que vous ne connaissez que le chemin de l'obéissance pour aller à Dieu et que vous ne voulez pas en sortir ; c'est le seul chemin, mon enfant, pour aller à Dieu, tout autre est trompeur et peut vous conduire au découragement le plus absolu. Soyez donc pleine de courage pour dire ce que je vous recommande. Ne dites rien à votre Mère de ce que l'on peut vous dire d'elle ; le bon Dieu ne le veut pas, parlez-en à Lui seul et priez pour celle qui murmure, afin qu'il la délivre de ses tentations. Ne vous laissez pas influencer par le mauvais esprit.

Je ne peux vous en dire davantage, nous ne savons rien de nouveau pour ma déposition. Monseigneur n'est pas de retour de Paris.

Adieu, chère petite, croyez-moi toujours
Toute vôtre

LXXXVI.

Fidélité dans les petites choses.

Puisque votre Sœur n'est pas mariée et que vos frères et sœurs peuvent faire vos terres, je suis loin de le trouver mauvais; mais, fixez avec eux le montant des revenus qu'ils vous donneront et l'époque à laquelle ils vous paieront. Quant à la maison, attendez que vous puissiez la vendre à votre frère, c'est le plus convenable; votre dette ne presse pas à rembourser, c'est bien comme cela jusqu'à ce que vous le puissiez.

Faites bien attention, ma chère enfant, à tout ce qu'on vous montre à faire et à ce qu'on vous recommande, rappelez-vous bien que c'est pour le service de Dieu et des pauvres ; que les actes de soumission et de dépendance montent vers le trône de Dieu ; que plus vous serez humble, plus Dieu vous regardera avec complaisance et bénira vos travaux ; que si vous êtes fidèle dans les petites choses, il en fera de grandes pour vous et avec vous et que, plus vous serez généreuse, plus il sera libéral.

Adieu, chère petite, dites mille choses à votre Mère et à vos bonnes Sœurs, à chacune en particulier et prenez pour vous, mon enfant, la bonne part de ma tendre affection.

LXXXVII.

Ne pas se décourager.
Se supporter soi-même.

Je ne veux pas laisser partir Monsieur M., ma chère enfant, sans vous remercier des peines que vous avez prises pour mes petits tableaux ; puisque vous ne pouvez pas me les faire faire, c'est une preuve

que le bon Dieu ne le veut pas et, je ne
veux que ce qui peut lui être agréable.
Vous remettrez donc à Monsieur M.
mon petit cadre, il me le rapportera.

Oh! ma bonne petite, ne soyez donc pas
noire, prenez en patience vos misères et vos
imperfections, voyez-les, mon enfant, avec
franchise, avouez-les sans crainte, ne craignez pas de vous voir imparfaite et de
montrer à votre Mère tout ce qui se passe
dans votre âme; dites-lui vos tentations
d'amour propre, de susceptibilité; vous
trouverez dans ces actes là, le bon Dieu
et une paix profonde. Chargez ce divin
Maître des soucis de votre office; ne vous
abandonnez pas à votre propre sens;
gardez, mon enfant, les coutumes, les
usages avec lesquels on vous a formée,
faites-le par esprit d'abnégation et de renoncement à votre esprit propre.

Ne vous laissez pas aller volontairement,
aux préventions qui pourraient s'élever
dans votre âme, regardez-les comme une
tentation dangereuse, humiliez vous-en
et n'en retirez que plus d'abandon à
Dieu et en vos Supérieurs qui vous

tiennent sa place. Courage, ma bonne enfant, soutenez le bon combat du Seigneur contre vous-même; cachez-vous, bien avant, dans son Cœur, il est ouvert pour vous recevoir; s'il vous fait goûter quelqu'amertume, il l'a bue à longs traits pour l'amour de vous et pour vous obtenir la force de ne pas reculer dans la poursuite de son amour. C'est dans ce divin Cœur que je suis,

Toute vôtre.

LXXXVIII.

Que pour faire le bien, il faut souffrir.

Vous me dites, mon enfant, de ne pas vous répondre et je ne peux pas ne pas le faire; je vous sais dans la peine, comment pourrais-je ne pas vous tendre la main? Vous avez, mon enfant, de la foi, on peut vous en parler le langage et vous pouvez le comprendre. Ne vous appesantissez pas sur vous-même et ne vous livrez pas à votre nature timide et mélancolique, comprenez mon enfant, que vous êtes à .... par la volonté de Dieu, que vous y êtes pour y faire son œuvre, que pour la faire, il faut de la souffrance, l'immolation de la nature, l'abnégation de sa volonté et de son jugement ; mais aussi, le bon Dieu ne peut pas manquer de vous venir en aide et vos efforts seront payés par un accroissement de paix et de lumières.

Vous avez bien fait de demander des poids et quels que soient les scrupules qu'on ait voulu vous donner, soyez en paix. Je tiens essentiellement à ce que les remèdes soient bien faits, c'est une affaire de conscience pour laquelle je ne peux rien céder ; vous pouvez le dire à votre Mère et l'assurer que vous suivrez mes intentions en faisant comme on vous a montré ; soyez, mon enfant, honnête et respectueuse, mais ne cachez pas que je tiens à ce que les remèdes soient bien faits.

Je ne vous en dis pas davantage, le temps me presse. Ne soyez plus noire, priez et confiez-vous au bon Dieu qui vous aime et vous veut toute à Lui. C'est en Lui que je suis.

Toute vôtre.

LXXXIX.

Devenir enfant à l'exemple de Jésus.

C'est aujourd'hui, ma chère enfant, que commence la neuvaine de préparation à la grande fête de Noël qui réjouit toute l'Église et qui nous réunit toutes au pied du Saint berceau. Oh! mon enfant, que de leçons nous avons à y recevoir; que de charmes dans l'Enfant et la Mère! Que d'amour nous devons y exprimer, que de regrets nous devons y déposer dans le Cœur de ce divin Enfant! Allons-y donc avec toute confiance, pour recevoir ses divines leçons; donnons-nous entièrement et devenons poupons avec ce <u>Divin poupon</u>.

Sœur H. commencera, je crois, ses demandes avec Sœur V. et Sœur B., vendredi, jour de Saint Thomas; je pense que vous prierai pour ces bonnes petites. Oh! mes enfants, puissions-nous, toutes, comprendre la valeur de nos saints engagements et le bonheur dont nous jouirons dès ce monde, si nous y sommes fidèles; mais il faut tout donner à l'Époux qui n'aime pas le partage.

Nos Sœurs de O. vont mieux et Sœur S. aussi.

Adieu, ma bien chère enfant, prions, prions beaucoup et avançons dans la petitesse et l'enfance religieuse. C'est le vœu le plus ardent de votre affectionnée Mère.

XC.

Détachement du monde.
S'attacher à Dieu seul.

Je ne peux pas prendre du grand papier pour vous répondre, ma bien chère enfant, parceque mes lettres ne se font pas à la vapeur. Je crois que la procuration que vous avez faite pour vos partages, ne peut pas servir pour toucher votre argent et que vous ferez bien d'en faire une, afin qu'on puisse régir votre bien et surveiller la manière dont on le fait valoir; ce sont les mains des infidèles que les Sœurs et les frères mariés, pour régir les biens des Religieuses, parcequ'ils croient qu'elles n'ont besoin de rien. Le bon Dieu le permet ainsi;

pour nous apprendre à nous détacher et à ne trouver de véritable amour qu'en Lui qui seul, nous aime d'une manière désintéressée. Ah! rendons lui amour pour amour et soyons aussi généreuses envers Lui, qu'il est libéral envers nous. Voyez, mon enfant, comme il se donne à vous tous les jours; pourriez-vous lui refuser quelques petits actes de vertu et d'amour qui lui plaisent? Non assurément; et, vous aurez toujours gravée dans le fond de l'âme, la pureté que doit avoir cette âme qui se nourrit tous les jours du Dieu trois fois Saint.

Adieu, ma bien chère enfant, priez pour moi et croyez-moi bien affectueusement.

Toute vôtre en Jésus et Marie.

XCI.

Consolations sur la mort d'un Père.

C'est avec bien de la peine, mes chères enfants, que j'ai appris, hier à mon arrivée, le malheur qui vous avait frappées et qui, bien qu'il ait été attendu, n'en est pas moins sensible et pénible. On ne sait pas ce que c'est qu'une douleur du cœur, quand on a son Père et sa Mère et toutes les peines pâlissent à côté de celle de leur perte ; mais, mes chères enfants, vous avez sous les yeux l'exemple d'une Mère si forte, si courageuse ; le bon Dieu vous a appelées à son service ; tout cela, avec la foi qu'il a mise dans vos cœurs, vous fera lever les yeux pour voir dans le sein de Dieu, ce Père chéri qui reçoit la récompense du don volontaire qu'il a fait de ses enfants bien aimées. Votre bon Père est plus près de vous que jamais, il vous suivra désormais partout ; vous le retrouverez dans toutes vos prières, dans toutes vos actions, il veillera sur vous, priera pour vous et vous, réciproquement, vous prierez pour lui. Oh ! que la foi sait essuyer de larmes !

Exprimez à Madame votre Mère, la part que nous prenons toutes à sa douleur.

Quant à votre retour, je ne puis rien fixer, vous êtes assez raisonnables pour l'effectuer quand vous le pourrez. Vous me ferez plaisir de revenir toutes deux ici ; vous pourrez prendre Sœur O. en passant ; vous comprenez que j'ai besoin de vous voir.

Au revoir donc, mes bien chères enfants, croyez-moi toujours bien affectueusement,

Toute vôtre.

XCII.

La vertu se perfectionne dans les infirmités.

Je vous ai fait bien attendre et malgré moi, ma bonne petite ; j'aime bien, je vous l'assure, vous aider à porter votre croix que je regarde comme la mienne et qui me pèse plus que celles qui me sont personnelles. Mais, mon enfant, le vieil homme ne meurt pas sans souffrance et l'homme intérieur se fortifie dans l'adversité et le combat de la nature avec la grâce. On n'est vraiment obéissante, qu'après avoir foulé aux pieds la volonté propre, le jugement propre, et qu'on les a pliés sous le joug des personnes que l'on n'aime pas, comme sous celui des personnes que l'on aime. On n'est pas humble lorsqu'on s'humilie, mais bien lorsqu'on est humilié; on ne devient pas patient sans souffrance et la tentation nous conduit à la connaissance de notre néant, au sentiment de notre faiblesse, ce qui vaut mieux que les douceurs de la dévotion; elle nous plonge enfin, dans l'abyme de nos misères et de la miséricorde du Cœur de Jésus que vous aimez tant. Parceque tu étais agréable à Dieu, disait l'Ange à Tobie, il fallait que la tentation t'éprouvât; et le St Esprit dit ailleurs : Mon fils, si vous entrez au service de Dieu, préparez votre âme à la tentation; toute l'Écriture Sainte est remplie de passages qui nous apprennent quels sont les avantages des tentations.

 Lisez souvent, mon enfant, le treizième chapitre du premier livre de l'Imitation, puis, priez beaucoup pour votre Mère, mettez le Cœur de Jésus entre elle et vous, humiliez-vous de toutes les pensées et des sentiments qui s'élèvent dans votre âme à son sujet ; demandez pour elle, l'esprit de Sagesse et offrez à Dieu votre vœu d'obéissance en le lui renouvelant souvent.

Adieu, chère enfant, soutenez avec humilité le bon combat du Seigneur, afin de déposer chaque soir à ses pieds, les palmes des victoires remportées sur vos ennemis et les siens ; priez un peu pour celle qui est.

Toute vôtre en Lui et pour Lui.

XCIII.

Simplicité et humilité de cœur.

Je ne peux pas vous écrire longuement, ma bien chère enfant, et je ne puis trop comprendre, pourquoi il vous est si pénible d'écrire à Monseigneur vos dispositions, si ce n'est parceque vous ne les pouvez pas bien rendre comme vous les éprouvez ;

mais, Monseigneur les comprendra comme que vous lui soumettiez.

Soyons, ma bonne enfant, simples et humbles et donnons-nous pour ce que nous sommes sans façon ; la simplicité est une vertu qui plaît tant à Dieu ; je ne peux que parler de l'humilité, de la simplicité, de l'obéissance ; le bon Dieu ne me demande que cela et me retire tout le reste ; eh ! bien, pourvu que je me dise : j'ai tort, j'ai tort et que je veuille bien que les autres le pensent de moi, c'est là tout ce que j'ambitionne.

Le bon Père P. est un bon Maître pour conduire à l'humilité pratique et heureuses celles qui sont sous la conduite d'un si digne guide.

Soyons bien rien, rien du tout, et souples sous la main du Seigneur dans le cœur duquel je suis.

Toute vôtre.

XCIV.

Dévotion à Saint Joseph.

Je vous remercie, ma chère enfant, de ce que vous m'avez envoyé de la part de Monseigneur. Depuis longues années, j'avais remis entre les mains du bon Dieu, tout mon être et la propriété de moi-même et j'aurai tout à gagner en faisant partie de cette sainte société. Soyez près de Monseigneur, l'interprète de ma reconnaissance. Oh! qu'il ne faut rien garder pour nous, car nous sommes à nous-mêmes, de grands embarras.

Nous avons fait, le jour de St Joseph, la consécration solennelle de notre Maison à ce grand Saint; cette cérémonie a fait pleurer tout le monde. Je vous enverrai plus tard, la prière que nous voulons faire imprimer. On fait ici, avec beaucoup de dévotion, ce mois qui lui est consacré; nous avons placé une de ses statues à l'autel du Sacré-Cœur qui se trouve dans le premier chœur et qui est très beau. J'ai bien distribué des médailles de Monseigneur. Il faut que ce bon Saint Joseph nous prenne pour ses enfants ; recommandez-lui, ma chère enfant, vos leçons de pharmacie et celles que vous donnez de langue Allemande, à votre petite Sœur H. et soyez pleine de confiance, le bon Dieu est là ; que peut-il nous manquer ?

Adieu, ma bonne enfant, courage, soyons à Dieu ; c'est en Lui que je suis.

Toute à vous.

XCV.

Nous appartenons à Dieu.
Ce qui plaît à Dieu, je le fais toujours.

C'est avec plaisir, ma bonne enfant, que j'ai appris que vous alliez mieux et que, pendant votre maladie, vous avez été moins pénible à vous et aux autres ; c'est un progrès qui ira toujours croissant si vous vous habituez à juger de toutes choses selon la vérité et à les peser au poids de l'éternité. Nous appartenons à Dieu puisque nous sommes ses créatures, qu'il nous a tirés du néant sans nous, qu'il nous donne en santé, en esprit, en talents, ce qui lui plaît et que nous ne pouvons pas ajouter une ligne à notre taille, un cheveu à notre tête et que Lui seul sait le nombre de nos jours. Nous lui appartenons encore comme chrétiens, puisque par le baptême, il nous a marqués du sang de l'Agneau, comme autrefois les Israélites et marqués du signe de la Croix. Enfin, nous lui appartenons plus encore, en qualité d'Épouses et nous nous en faisons gloire en nous revêtant de notre saint habit et nous montrant au monde, revêtues des livrées de notre divin Époux.

Travaillons donc, mon enfant, non à relâcher les liens qui nous unissent à Lui, mais à les resserrer ; ces liens sont nos vœux et notre sainte Règle qui est le droit chemin qui nous mène au Ciel ; ne la pratiquons point par crainte, par vanité, par respect humain ; tout cela n'est que de la paille pour brûler en

Purgatoire; ne la pratiquons que par amour. L'amour est un feu qui purifie le cœur, une lumière douce et pénétrante qui nous éclaire sur tout ce qui blesse la sainteté des regards de notre Époux ; l'amour consume l'amour propre, les vues mondaines et humaines ; il nous humilie sans nous abattre, nous relève sans nous rendre présomptueuses ; il grave en traits de feu, dans notre cœur, ces belles paroles de N. S. : Ce qui plait à Dieu, je le fais toujours.

Aimez donc, mon enfant, et tous les vents viendront se briser sur vous sans vous ébranler. C'est bien ce que vous désire, celle qui vous est très affectueusement dévouée.

XCVI.

*Parler peu, agir avec foi
et simplicité.*

C'est avec bonheur, ma bien chère enfant, que j'ai reçu de vos nouvelles ; elles m'ont été d'autant plus agréables, qu'elles sont bonnes et que vous êtes heureuse ; et vous le serez toujours, ma chère petite, tant que vous vous tiendrez près du bon Dieu ; continuez, il fera pour vous, avec vous et par vous.

Je n'ai pas pu écrire à votre bonne Mère que je la priais de laisser venir Sœur P. avec Sœur B. pour faire sa retraite ; j'ai chargé Sœur B. de le lui demander, elles seront de retour pour la Sainte Marthe ; cela pourra bien vous retarder un peu dans vos ouvrages, mais l'occasion était trop belle pour la manquer.

Ne vous inquiétez pas de ce que votre compagne ne peut pas prendre des leçons de cuisine près de Sœur H., cela viendra plus tard ; dites lui de ma part, de ne pas s'en préoccuper, rien ne nous presse, le feu n'y est pas. Allons doucement et profitons seulement des moments lorsqu'ils se présentent ; la chose essentielle, c'est de ne perdre aucune circonstance, pour se former à la vie hospitalière ; je ne vais nulle part que je n'apprenne quelque chose et que l'expérience des autres ne me serve.

Soyez toujours bien au bon Dieu, ma bonne petite ; bien recueillie, parlant peu, travaillant humblement, dirigeant votre compagne avec douceur et simplicité, conduisant votre domestique avec bonté, soignant vos malades avec esprit de foi et un cœur façonné sur celui de votre Époux ; puis, mon enfant, le bon Dieu vous bénira et vous jouirez des caresses de Celui en qui et par qui je suis et serai toujours,

Votre toute dévouée.

XCVII.

Comment il faut être utile à sa famille.

Je ne vous écris que quelques lignes, ma bonne Sœur, pour vous rassurer au sujet de l'observation que vous a faite votre Mère, de ma part ; ce n'est qu'une simple observation et vous ne m'avez point fait de peine. J'ai regretté de ne pas vous voir, ma bonne Sœur, mais que voulez-vous ? Nous ne pouvons pas faire tout ce qui pourrait nous être agréable ; puis d'ailleurs, nous ne sommes jamais séparées ; le Seigneur ne nous réunit-il pas aux pieds des Saints Autels ?

Pour en revenir à mon observation, ma bien bonne Sœur, je tiens à vous dire toute ma pensée, non pour vous faire un reproche mais pour vous éclairer.

Nous sommes dans nos familles, la gerbe que le Seigneur s'est réservée et qui doit être offerte en sacrifice pour le bien spirituel de la famille ; lorsque nous y allons, ce ne doit pas être pour y jouir des plaisirs de la famille, mais pour y porter la paix du Seigneur et l'édification à tout ce qui nous entoure, ce qui ne s'opère que par la pratique des vertus qu'on attend de l'habit que nous portons : la retenue et la modestie de nos paroles, la gravité et la simplicité de notre maintien, la douce charité de nos conversations, sont les vertus qui sont attendues de nous et qui nous rendent, pour nos parents, des Anges de paix et de consolation.

Je vous quitte, bonne Sœur, pour aller souhaiter une bonne fête à Mère L. N'ayez point de souci et, croyez-moi, travaillez toujours bien à trouver les secrets qui sont renfermés dans le mot : j'ai tort. C'est le secret des secrets et la fleur cachée de la vie éternelle.

Je n'ai plus que le temps de vous embrasser bien affectueusement.

XCVIII.
Nos fautes sont utiles par l'humiliation qu'elles amènent.

Ne vous inquiétez pas, ma bien bonne enfant, si la tentation vient encore troubler la paix dont vous jouissiez depuis quelque temps; la tentation nous humilie, nous fortifie et nous instruit. Ne craignons donc pas, mon enfant, ce qui peut nous abaisser à nos propres yeux et aux yeux des autres. Que le bon Dieu est bon de faire servir à sa gloire et à notre sanctification, nos fautes et toutes les misères de nos âmes !

Vous me direz peut-être : mais mes fautes scandalisent ? Oui, mon enfant, et c'est par ce scandale apparent que vous êtes humiliée plus profondément ; puis, vous les réparez et Dieu est content et ne vous en aime qu'un peu plus. Ne perdez donc pas courage et allez toujours, ne craignant pas que le bon Dieu vous laisse et vous abandonne ; il vous aime d'autant plus, qu'il voit en vous plus de faiblesse ; et moi, qui ne veux aimer que ce qu'il aime et comme il aime, je

partage toute sa tendresse et toute son affection pour vous et suis, plus que jamais,
Toute à vous.

XCIX.
Supporter cordialement les défauts du prochain.

Ma bien bonne Sœur,

C'est à vous que je me fais un plaisir de répondre la première, parce que je suis bien heureuse de vous voir rompre une espèce de gêne qui ne pouvait que vous faire souffrir sans profit ; en mettant votre âme plus au large, vous aurez plus de vraies lumières et plus de paix au milieu des petites contradictions qu'il plaît à la Providence de vous envoyer.

Ne vous inquiétez pas trop de ce que votre Mère n'inspire pas toute la confiance que vous désirez ; j'aime mieux que les commencements soient un peu durs et que le bon Dieu fasse son affaire, comme il a coutume de le faire, c'est à dire, au rebours du sens humain. L'essentiel pour nous, c'est de nous tenir sous sa main, de ne mettre de notre côté, que de la sou- plesse, la prière et un grand abandon. Tenez-moi, bonne Sœur, bien au courant de tout et n'ayez pas peur, le bon Dieu ne veut pas vous laisser. Ne vous effra- yez pas des résistances de la bonne Sœur G., c'est sa nature qui combat et, avec sa force, son tempérament et son âge, il est difficile de se réformer et de soutenir sans blessures, le combat de la grâce; il faut donc lui passer beaucoup de choses, non seulement extérieurement, mais dans le fond de nos cœurs.

Tenez, je vous le dirai franchement, ce qui me donne de la répulsion pour les affiliations, c'est que je ne trouve jamais assez de charité dans nos Supérieures lo- cales, pour des Sœurs agées qui ont fait ce qu'elles ont pu et qui n'ont pas reçu toutes les instructions que nous avons re- çues. L'auteur de l'Imitation nous dit : ce que nous ne pouvons pas corriger en nous et dans les autres, il faut le supporter et en le supportant par le cœur, c'est le moyen le plus doux et le plus facile.

Je ne puis vous dire la tendresse de cœur que j'ai pour les personnes faibles de corps et d'esprit et le respect que j'éprouve pour les personnes âgées, et, je sens croître en moi ces sentiments, à proportion que je consulte davantage l'esprit de Notre Seigneur et là dessus, mon cœur est entièrement d'accord avec ma raison et ma foi. Je trouve que, en général, on n'étudie pas assez le Cœur de Jésus pour en faire le Maître et le modèle du sien. Oh! Soyez bonne, bien indulgente pour vos Sœurs anciennes, mais bonne par le fond du cœur, le bon Dieu vous le rendra et s'approchera de vous.

Ne soyez pas trop en peine de la Mère de Y.; j'ai à sa disposition, pour sa chapelle, sept cents francs. Je ne peux pas vous donner la permission que vous me demandez, il faut que je consulte et je vous rendrai réponse après. La bonne Mère a des peines, mais le bon Dieu l'aime et la fera croître à l'ombre de la croix; je souffre avec elle et je me réjouis de ces souffrances, parce qu'elle sortira plus pure du creuset.

Adieu, ma bonne Sœur, je n'ai pas besoin de vous dire toute l'affection avec laquelle je suis, en Jésus et Marie,

      Votre toute dévouée.

C.

Ne désirons rien
et nous souffrirons peu.

C'est de Lucerne et non d'Ecole, que je vous écris aujourd'hui ; j'y suis depuis avant hier au soir et me dispose à partir pour Zug, ces jours-ci, car c'est pour cela que je suis envoyée.

La semaine dernière j'étais à Poligny.

    Zug, le 9 Mai.

Vous voyez, ma bonne enfant, que je vous traine après moi partout ; depuis lundi que je suis partie, Sœur G. ne m'a pas laissé écrire un mot, elle m'a complètement accaparée ; c'est elle qui m'a amenée ici ce matin et elle vient de partir avec Sœur B. que j'ai prise avec moi pour voir la famille K. Je vous écris dans votre chambre, jugez si je pense à vous !

J'ai trouvé toute la maison améliorée depuis deux ans et bien tenue; mais hélas ! le reste se verra plus tard, puisque j'y suis pour quelque temps. Oh ! que nous avons besoin, mon enfant, d'apprendre l'art si essentiel du renoncement, sans lequel il n'y a ni paix ni bonheur. Et quand on considère que le bon Dieu, avec toutes nos misères, veut bien se servir de nous pour faire son œuvre, on est saisi d'étonnement et de reconnaissance.

Souvent, nous parlons de croix et de souffrances et nous nous en prenons à tout autre qu'à nous, de nos souffrances. Ne désirons rien et nous souffrirons peu; voyons le prochain dans le cœur de Dieu et nous souffrirons peu; façonnons-nous à tous les caractères et ne cherchons pas à façonner tous les caractères au nôtre et nous souffrirons peu. Mourons, mourons, mon enfant, et nous aurons la paix et le bonheur, même dès cette vie; nous irons au Ciel, nous irons à Dieu qui seul peut et doit remplir notre cœur. Mère R. est déjà venue me presser de finir et elle ne se trouve pas plus disposée à me laisser écrire que Sœur G.; je le lui pardonne bien, c'est pour moi un vrai bonheur d'être au service des âmes de nos Sœurs; quoique bien éloignée de vous toutes, je suis cependant bien près de vous par la pensée et l'affection; dites-le bien à vos Sœurs, à toutes en particulier, je n'oublierai jamais leurs bontés et leurs vertus.

Adieu, ma bonne enfant, Mère R. vous embrasse bien affectueusement et moi aussi; je ne puis écrire à Sœur G. malgré mon désir de le faire, dites-le lui.

CI.

Consolation sur la mort d'un père.
Accepter la croix avec confiance.

C'est malgré moi, ma bien chère enfant, que je ne vous ai pas témoigné plus tôt la part que j'ai prise à toutes vos peines et en particulier à la maladie et à la mort de de votre digne Père, qui est allé recevoir la couronne qu'il a méritée par son attachement à notre sainte religion et du haut du Ciel, il ne sera que plus votre bon Père, n'en doutez pas, ma chère enfant ; il veillera sur vous, ma petite, sur votre bonne Mère, si cruellement éprouvée, sur vos frères et sœurs, et, il est plus près de vous que jamais. Levez donc les yeux, et après avoir payé le juste tribut de la nature, redoublez de confiance et d'amour pour le bon Dieu qui vous aime d'autant plus, qu'il vous fait part de ce qu'il aime davantage ; sa croix ; baisez-la, mon enfant, cette croix adorable, ne cherchez pas à vous en séparer, elle est le bâton qui nous soutient pour aller au Ciel. Oh ! ma chère enfant, appuyez-vous sur la croix, serrez-la dans vos bras, ne cherchez pas à la quitter, ne cherchez à l'alléger que par l'amour avec lequel vous la porterez, et allez demander cet amour à Celui qui l'a portée pour nous et qui a dit que lorsqu'il serait élevé de terre, il attirerait tout à Lui.

Nous sommes allées avec votre bonne Mère à Accey, où Mère H. nous a parlé

avec bien de l'intérêt de vos sœurs, elle
les attend avec empressement ; nous y
avons vu la petite nièce de Sœur E. qui
est bien mieux ; notre Mère lui a promis
de la faire venir aux vacances de Pâques,
pour passer quelques jours près de sa
tante, ce qui lui fait bien plaisir ; dites-
-le, je vous prie, à Madame E. en l'as-
-surant de mon respect.

Adieu, ma bien chère enfant, courage
et confiance au milieu de vos peines et
croyez que personne ne les partage plus
sincèrement que votre très affectionnée.

CII.

*On n'a pas besoin d'être en chef pour
entrer en paradis.*

Les joies de ce monde sont courtes, ma
bonne enfant ; le jour où j'ai reçu votre
lettre, Sœur E. se mettait au lit avec une
fluxion de poitrine, elle est fort mal. Le
lendemain, une de nos maîtresses s'y est
mise pour la même maladie et elles sont

autant en danger l'une que l'autre ; notre pauvre Frère en est presque toujours au même point.

Je n'ai pas pu donner votre lettre à Sœur T., elle était trop malade, mais j'ai envoyé votre montre à l'horloger et j'ai gardé l'argent jusqu'à des jours meilleurs ou plus mauvais. Hélas ! la croix nous pèse dessus de bien des côtés et nous sommes au milieu des lessives et presque toutes les filles sont malades ; le bon Mai fait faire le chemin de la Croix à notre Mère sans Tableau ! Le bon Dieu est là et il donne sa grâce à proportion des croix qu'il envoie.

J'ai fait mettre vos cœurs au chemin de fer, je pense que vous les aurez bientôt ; quand ils seront arrivés, vous voudrez bien me dire comment vous les trouvez.

Il va sans dire que c'est un gros Oui pour le chapelet ; j'ai encore une Sainte Vierge pour Sœur L. et Monsieur N. nous envoie un paquet de livres ; il y a la vie du Père de Ravignan et celle du bienheureux Joseph Labre et je ne sais lesquels encore.

Je vais partir pour École, je ne pourrai pas y rester long-temps. Essuyez bien les yeux de Sœur D. et dites-lui qu'on n'a pas besoin d'être en chef dans un office pour entrer en paradis; la porte est basse, il ne faut pas être trop grande pour y entrer. Lisez bien la délicatesse du Père Guilloré.

Adieu, ma bonne enfant, je n'ai que le temps de vous embrasser toutes, toutes.

CIII.

*Se condamner soi-même :
dire : j'ai tort.*

J'ai été bien contente de votre lettre, ma bonne petite; le bon Dieu en vous faisant sentir votre misère, vous accorde la grâce des grâces; nous ne pourrons nous approcher de Lui que par là, toute autre vertu est illusoire.

Dans ce mot : j'ai tort, se trouve

renfermée toute notre perfection et c'est la prière qui plaît le plus à notre Dieu. C'est la vérité, nous avons toujours tort dans tout ce que nous faisons, dans tout ce que nous disons, parceque tout est souillé et entaché, par suite de notre mauvaise nature. Notre divin Sauveur qui est notre Maître et notre modèle, l'a dit avant nous, ce j'ai tort si puissant sur le cœur de Dieu son Père, quand il s'est chargé de tous nos péchés et de toutes nos misères, le Père céleste en a témoigné son approbation en disant: C'est ici mon Fils bien aimé, en qui j'ai mis toutes mes complaisances, écoutez-le; et ce bon Père nous en dira autant, lorsque, nous plongeant dans la profondeur de notre vanité, de notre amour propre, de notre jalousie, de notre envie de plaire, de notre susceptibilité, nous nous l'avouerons franchement, bonnement, humblement. Vous l'avez éprouvé, mon enfant, vous l'éprouvez encore; continuez à baigner votre âme dans l'égoût de vos misères et vous trouverez Dieu et la paix du cœur.

 Vous pouvez faire la pratique que vous

me soumettez ; puis, mon enfant, veillez pour ne voir les défauts du prochain qu'avec les yeux de Dieu, pour aimer le prochain avec le cœur de Dieu. N'approuvez pas la manière de faire de Sœur H..., mais supportez-la, n'en parlez pas et surtout, qu'elle soit l'objet de vos prières ; ne lui voyez rien faire sans élever votre cœur à Dieu pour elle, et, sans approuver ce qui est blâmable, excusez-la sur son défaut de lumière ; mais surtout, mon enfant, priez ; priez pour votre Mère, priez pour vos Sœurs, priez pour vos malades, priez pour vos domestiques ; c'est dans la prière que vous trouverez tout et que nous serons unies en Notre Seigneur.

CIV.

Découvrir avec simplicité, ses ennuis et ses peines.

Ma chère enfant,

Votre franchise m'a fait bien plaisir et le bon Dieu la bénira ; c'est le souverain remède dans les peines que vous éprouvez, mais c'est aussi le plus coûteux, quand on le fait pour la première fois, parce qu'on s'imagine que ces sortes de peines ne peuvent et ne doivent pas arriver à une âme qui a choisi Dieu pour Époux et qui doit être pure. C'est une erreur de votre âge, qui double la répugnance que l'on éprouve pour s'ouvrir sur ces sortes de choses ; vous en avez triomphé, ma bonne enfant, rendez-en grâces à Dieu et continuez à être franche, vous ne courrez aucun danger.

Maintenant, il faut vous instruire sur la conduite que vous avez à tenir avec votre ennemi, qui n'est dangereux que lorsqu'on ne le connaît pas et qu'on veut se le cacher à soi-même et aux personnes chargées de notre âme. Dites tout ce que vous éprouvez, principalement à votre confesseur, sans cependant vous examiner, parce que vous pourriez augmenter vos tentations en pensant à les dire; mais faites-le bonnement, simplement, pour décharger votre âme, prendre conseil, la purifier de la moindre souillure et éviter pour l'avenir des scrupules qui pourraient vous embarrasser. Puis, ne vous imaginez pas, ma chère enfant, que ces tentations soient pour vous seule; peu de personnes en sont exemptes, mais elles passent quand on les combat bien, elles nous humilient et nous instruisent.

Une autre chose qu'il faut que vous sachiez, c'est que votre conscience ne vous oblige pas de donner à vos Supérieures d'ordre, toutes les ouvertures que vous donneriez à votre confesseur; il peut vous être utile de le faire, mais vous n'y êtes pas obligée; ainsi, ma bonne petite, ayez là-dessus, une grande liberté d'esprit; faites ce que vous croyez que Dieu demande de vous et ne vous tourmentez pas inutilement. Travaillez beaucoup, appliquez-vous à bien faire ce que vous faites, par esprit de mortification, soyez obéissante par esprit d'humilité et soyez assurée que Dieu combattra avec vous et pour vous ; priez, répandez votre cœur devant Dieu avec simplicité et abandon et comme un enfant devant le meilleur des pères ; surtout, n'ayez pas peur.

Adieu, ma bonne petite, priez et souffrez un peu pour celle qui est et qui sera toujours.

Votre toute dévouée.

CV.

Bien faire ses exercices de piété.
L'Oraison.

J'ai été bien contente de votre lettre, ma bien chère enfant ; le bon Dieu vous fait bien des grâces, soyez-y bien fidèle. Appliquez-vous, enfant bien aimée, à la pratique exacte de la règle par amour pour Dieu, c'est là ce qu'il attend de votre fidélité ; soignez bien votre oraison et votre examen, ne faites aucun de vos exercices de piété, pas même un signe de croix par routine et superficiellement ; pensez que c'est dans l'oraison que Dieu veut parler à votre cœur, chassez toutes les distractions qui viennent vous y fatiguer, préparez-la avec soin, persuadez-vous bien que Dieu veut s'y communiquer à votre âme, vous montrer vos défauts et ce qui lui déplaît en vous ; qu'il abaisse, pour ainsi dire, le ciel pour converser familièrement avec votre âme. Ne vous laissez donc pas aller à la lâcheté ou à la tiédeur ; le Seigneur est là ! C'est Celui devant qui les Anges tremblent et il veut vous apprendre à l'adorer en esprit et en vérité. Oh ! mon enfant, avec de la foi et de la confiance, que ne ferait-on pas ? Allez donc déposer aux pieds de notre Dieu tout ce qui met en vous un obstacle aux dons qu'il veut faire à votre âme.

Faites donc l'oraison et faites-la le mieux que vous pourrez ; prenez-y toujours

la même résolution, celle qui doit faire
le sujet de votre examen, afin que vous
puissiez vous rendre compte de vos fautes
et de vos victoires, pour vous humilier des
unes et remercier le bon Dieu des autres;
puis, déposez le tout dans son Cœur Sacré.

Adieu, mon enfant, priez pour celle
qui vous aime tendrement en Notre Seigneur.

CVI.

*Voir ses propres misères, se regarder comme
rien; c'est le moyen de faire
le bien.*

Ma bien chère petite,

J'avais emporté avec moi en Suisse,
votre lettre pour y répondre et là, comme
ailleurs, le temps m'a manqué; c'est
toujours ce temps qui nous échappe, après
lequel on court en vain; que nous sommes
insensés de le donner si souvent à vil prix!

Je n'ai pas pu ramener Sœur S. comme
j'en avais le projet; je l'ai fait pour

économiser du temps, il m'aurait fallu trois jours de route et je ne pouvais les prendre. Sœur C. va lui écrire aujourd'hui de venir, puis elles partiront pour aller vous prendre.

Monsieur votre frère a écrit hier à Sœur C. que l'administration de vos biens lui donnait trop d'ouvrage et qu'il fallait les louer, ce qui vous aplanit bien des difficultés ; je pense donc que vous pourrez faire votre voyage, du huit au quinze juillet.

Je ne suis pas étonnée que votre retraite vous ait fait du bien au corps et à l'âme, ce qui vous prouve qu'il ne faut pas vouloir faire plus que le bon Dieu ne veut. Ah ! mon enfant, allons par le chemin que le bon Dieu nous trace ; celui de la vue et du sentiment de nos misères spirituelles et corporelles est, sans contredit, le plus sûr et le meilleur ; c'est l'adoration en esprit et en vérité, vous pouvez en être convaincue, puisque vous ne recouvrez la paix, la joie et la gaieté, que lorsque le bon Dieu vous fait voir toutes les misères qui couvrent votre âme et que vous perdez cette paix, dès que vous voulez être quelque chose.

Il en est de même pour nous toutes, ma bonne enfant ; il faut que nous sentions que nous ne sommes rien, que nous ne pouvons rien, pour être heureuses et faire l'œuvre de Dieu ; autrement, nous nous débattons, nous nous maillons comme des vers sur lesquels on marche et qui sont en convulsions. Oh ! plongeons-nous bien dans notre impuissance, et alors, nous pourrons tout sur le Cœur de Celui qui ne veut que notre anéantissement, pour faire son œuvre.

Dites de ma part, mille choses affec-tueuses à votre Mère et à vos bonnes Sœurs et soyez assurée de la tendre affection avec laquelle je suis.

toute vôtre.

CVII.

Réprimer le trop grand empressement naturel. – Ne pas toujours penser à ce qui manque. – Savoir attendre. – Ne pas se laisser aller à la délicatesse.

Je ne peux pas, ma chère enfant, vous faire attendre une réponse ; mais, ce qui me presse le plus de vous dire, c'est ce qui regarde votre chapelle, parce que je vois d'ici, que voulant faire très bien, vous allez faire très mal et que votre empressement en sera la cause.

Vous parlez, ma chère enfant, à Sœur E. de deux petites armoires à coins coupés que vous voudriez recouvrir d'ornements gothiques. Puis, vous me demandez le dessin d'un autel ; j'en ai parlé à plusieurs personnes, mais on ne veut pas le faire avant d'avoir le plan de votre chapelle, sa longueur, sa hauteur, sa largeur, si les fenêtres sont rondes dans le dessus ou carrées, en un mot, le plan de l'emplacement. Vous ignorez qu'en-

architecture, il y a différents styles et qu'il faut que les décorations d'un lieu quelconque soient en parfaite harmonie; si vous mettez du gothique à côté d'un autre style, vous faites des caricatures épouvantables qui feront qu'on se moquera de vous. Je ne demande pas mieux de vous faire un dessin, mais il me faut le plan. Et puis, mon enfant, n'allez pas trop vite; j'ai pour vous 190 francs et Sœur E. compte toujours vous en donner 500; de grâce, sachez attendre!

Il y a bien de l'empressement naturel en vous et beaucoup de choses qui doivent mourir; le bon Dieu qui vous aime tant, vous a mise au lieu où vous êtes, pour détruire tout ce qui blesse ses yeux et l'empêche de s'unir à vous. Vous faites bien, ma chère enfant, de me mettre votre âme à découvert, cela me procure l'occasion de vous être utile; ne vous peinez pas si je vous dis sans détour, tout ce que je peux remarquer de défectueux en vous; je ne le fais ni pour vous faire des reproches, ni pour vous froisser, mais seulement pour vous éclairer et vous fortifier.

J'ai trouvé donc, ma bonne enfant, que vous aviez été bien douillette d'éprouver de la contrariété pendant votre voyage parceque'il fallait changer si souvent de voitures et que vous croyiez que c'était pour vous encourager que je vous disais qu'il était commode de voyager en Suisse.

J'ai trouvé que vous mettiez bien de l'empressement naturel pour votre chapelle et que vous ne supportiez pas assez surnaturellement, la privation du Saint Sacrement.

J'ai trouvé que vous étiez trop sensible aux procédés, et que vous étiez encore trop sous l'influence de l'esprit du monde qui veut des égards et l'attention des créatures en retour du dévouement que l'on montre et des sacrifices que l'on fait.

Je trouve que vous dites trop vite, que votre maison est une maison de désordre et vous voulez qu'elle soit à l'ordre beaucoup trop tôt. Je trouve que vous ne faites pas assez la part de l'inexpérience

de vos Administrateurs, en fait d'admi-
-nistration d'un hôpital ; ils sont obli-
-gés d'y aller en tâtonnant.

Je vous trouve encore exigeante re-
-lativement à la confiance que vous sou-
-haitez que ces Messieurs aient en vous ;
elle ne peut s'établir qu'à la longue et
par les bons rapports. Rappelez-vous
bien que la femme ne peut obtenir la
confiance des hommes, que par la sou-
-plesse et l'humilité et qu'il faut le
temps de se connaître, pour l'établir ; ce
serait un prodige si, au bout de quelques
semaines, cela était fait. Tâchez de
leur insinuer de ne pas faire imprimer
leur nouveau règlement avant qu'ils
aient fait toutes les modifications que
nécessitera l'expérience.

Je trouve encore, mon enfant, que
vous feriez bien de ne pas vous laisser
aller à votre répulsion pour . . . . . . ; elle
peut venir de préventions nationales qui
privent de la lumière d'en haut et
rendent plus pénible l'exercice de la
charité. Chaque nation, comme cha-
-que individu, a ses bonnes et ses mauvaises

qualités ; la grande civilisation n'amène pas l'augmentation de la foi ni des bonnes mœurs ; le pays que vous habitez est plus reculé sous bien des rapports, mais Dieu ne récompense pas la civilisation, mais la foi et les bonnes œuvres ; il ne récompensera pas la plus polie d'entre nous, mais la plus humble et la plus charitable ; ne nous attachons donc pas à l'écorce mais au fond.

Envisagez, ma chère enfant, les défauts de vos Sœurs, non pas suivant les souffrances qu'ils vous procurent ; ils sont pour vous un moyen de vous assouplir et, par conséquent, c'est une grâce ; mais voyez-les avec le désir de les aider à s'en corriger, pour la gloire de Dieu, le bien du prochain et sa propre sanctification. Ces motifs vous les rendront moins pénibles et vous donneront plus de lumières pour leur être utile. J'ai en effet, remarqué tous les défauts que vous voyez en Sœur....., qui a plus de piété que de vertu et qui ne sait pas encore ce que c'est que de renoncer à elle-même, au premier degré ; il faut donc l'éclairer doucement, la faire approcher des objets qui l'effraient et l'incliner à la connaissance d'elle-même ; puis, lui apprendre à renoncer à sa volonté et à s'assouplir. Je me réjouis de tout ce qu'elle a à souffrir, parceque j'en attends de grands biens pour son âme ; il faut en profiter pour la plonger dans sa faiblesse, c'est le bain le plus émollient que nous puissions prendre.

J'ai reçu une lettre de Sœur.... qui est bien ; elle aussi, a besoin d'être assouplie par la croix et le néant ; mais elle profitera et ira bien. Elle me demande d'aller passer quelques mois à L. pour y apprendre l'allemand. Je verrai cela avec Mère R. ; il ne faut pas se presser.

Adieu, ma chère enfant, soyez pleine de confiance et de courage. Je reçois à l'instant, une lettre de Sœur C. qui est bonne ; laissons faire le bon Dieu et prions, il sait mieux que nous ce qui nous convient ; soyons bien humbles et le bon Dieu fera nos affaires.

Adieu, chère enfant, je vous embrasse mille fois.

CVIII.

Ne pas s'écouter soi-même.
Ne pas gémir sur des riens.
Savoir se passer de ce que l'on n'a pas.

Vous allez être toute étonnée que ce soit moi qui vienne vous donner des nouvelles de nos Sœurs malades ; c'est d'autant plus beau, que vous êtes la première personne à qui j'écris cette année et vous devinez bien que vous n'êtes pas la dernière à qui j'ai pensé ; je suis bien plus paresseuse pour marcher et pour écrire, que pour penser et sentir. Oh! misère de cette vie! elle nous fait toucher au doigt que nous en attendons une meilleure.

Je vais d'abord commencer par vous dire comment j'ai vécu depuis le premier de l'an.

Je suis partie d'ici, le 31 Décembre, au matin et je suis restée à École jusqu'au huit janvier, au soir ; pendant ce temps là, nous avons fait différents ouvrages et arrêté nos comptes de l'année ; nous avons de pauvres compteuses, ce qui prend du temps.

Je ne suis pas gâtée, ma bonne enfant, quoiqu'à la source ; je n'ai pas encore vu notre Père cette année, ni ma sœur ; et hier, je me suis confessée pour la première fois depuis Noël, et je vous assure que l'idée ne me vient pas de m'en plaindre ; quand on voit les peines et les fatigues de notre Mère et de nos Sœurs, on ne se plaint que d'être trop bien.

Pendant mon séjour à École, notre Mère est allée à Salins et à Arbois, elle a laissé ici, les infirmeries pleines et la petite Sœur P. mourante, c'est le mot, puisqu'on a fait les prières de l'agonie pour elle, à l'Eglise. Sœur D. est toujours à l'infirmerie et ne laisse pas de donner du souci, à cause de la faiblesse de sa poitrine. Sœur L. la jeune, attend sa fin. Sœur R. fait une fièvre catarrhale et Sœur L. la tante, s'affaiblit moralement et phisiquement. Toutes nos Sœurs, jeunes et vieilles, se traînent plus qu'elles ne marchent ; et notre Communauté est dans l'état de santé le plus déplorable.

Dites-moi, chère enfant, j'ai vu la lettre que notre Mère a reçue, hier, de vous et, avec mon franc parler ordinaire, j'ai besoin de vous dire, que je vous trouve toujours trop ma colombe gémissante ; gémissante sur le départ de votre ancien curé ; gémissante sur le défaut de mémoire du nouveau, sur son inexactitude, sur la confession à la quinzaine, sur l'absence de conseils ; sur le regret des jolies manières de Sœur D. ; sur ce que vous êtes trop seule ; sur ce qu'on vous regarde et vous traite trop en servante.

Vous dites que la petite Sœur L. est dans le chemin de la perfection, mais qu'elle n'est pas parfaite ; eh ! mon Dieu, qui est parfait sur la terre ? Ce n'est ni vous, ni moi et, quels que soient nos efforts, nous ne le serons jamais.

Je reprends tous vos gémissements, pièce après pièce. Vous gémissez du départ de Monsieur B. ; le bon Dieu vous l'avait donné quand il vous le fallait, il vous l'ôte quand votre cœur s'y colle ; qu'il soit béni, il veut vous avoir à Lui seul.

Vous n'avez plus d'instructions ? rappelez-vous celles que vous avez entendues : un laboureur ne jette pas toute l'année de la semence dans la terre, il la laisse germer et pousser.

Monsieur votre Curé n'est pas exact pour le jour et l'heure de vos confessions ; c'est le bon Dieu qui le permet pour vous faire pratiquer ce conseil de Sainte Thérèse qui dit, qu'une religieuse doit toujours être prête à se confesser, à communier et à mourir ; ce n'est qu'un petit exercice de renoncement et rien de plus. Il vous confesse tous les quinze jours ; c'est une grâce qui vous rend plus attentive et plus vigilante et c'est un remède contre la routine dans la réception des Sacrements.

Vous manquez de conseils ; mais, mon enfant, vous et moi, nous sommes assez vieilles, pour vivre un peu sur le passé et nos positions ne sont pas tellement variables, que nous ayons besoin, tous les jours, de nouveaux conseils.

Quant au regret des jolies manières

de Sœur D.; oh! mon enfant, c'est de l'esprit du monde; il en est de même de la peine d'être regardée comme une servante et de celle que l'on éprouve de n'être pas applaudie par les gens du monde. Oh! allons à la crèche, allons à Jésus Eucharistie, voyons le modèle; a-t-il de belles manières? fait-il entendre une belle voix? par qui est-il adoré? Oh! humilions-nous et ne nous apitoyons pas sur nous-mêmes. Allons au berceau Sacré, non pour y savourer des douceurs, mais pour y voir et ressentir la rude couche sur laquelle repose notre Dieu et notre Époux; il y est notre petit serviteur et c'est pour que son cœur nous soit ouvert, que nous avons pris, au pied des Saints Autels, le glorieux titre de servantes.

J'espère, ma bonne enfant, que vous prendrez en aussi bonne part que vous l'avez toujours fait, tout ce que je vous dis; en vous parlant, je me parle à moi-même, je me dis tout ce que je vous dis et me sers la première. Courage, confiance, allons à Dieu et ne nous tâtons pas le poulx.

Dites mille et mille choses à nos bonnes Sœurs que j'aime et estime plus que je ne peux le dire et croyez à ma tendre et respectueuse affection.

CIX.

Confiance au milieu des embarras.

Vous êtes dans les embarras domestiques, mon enfant, et moi aussi ; vous cherchez la pierre philosophale et moi aussi ; il me faut, non un jardinier pour École, mais un voiturier, à l'épreuve de toute espèce de tentation. Les Frères nous retirent le religieux chargé des voitures, force à nous de le remplacer, et, hélas ! où le trouver ? Je m'adresse à tous les Saints du Ciel et de la terre, aux Anges, aux Archanges, et, jusqu'à présent, rien ne vient. Il ne faut, à mon sens, qu'une espèce de miracle pour nous procurer l'homme qu'il nous faut ; et croiriez vous que je suis assez téméraire pour le demander et assez présomptueuse pour l'espérer ? Je n'ai pas honte de dire au bon Dieu que, s'il me refuse, je serai la première personne qui aura eu pleine confiance en Lui et qu'il aura délaissée. Ce bon Maître, tout charmant qu'il est dans la crèche, se fait bien quelquefois attendre; je ne l'en aime pas moins; il a servi les mêmes plats à St Joseph et à sa bonne Mère; aussi, j'ai une grande dévotion aux perplexités de votre patron, pour apprendre de lui à attendre patiemment le secours d'en haut.

Pendant que je vous parle de mes embarras, je laisse passer le jour de l'an et mes souhaits de bonne année pour vous, pour ma relique Mère F., mon Carpillon frelin, Sœur L. et toute votre chère et bien aimée compagnie, nos bonnes Sœurs; je ne mets pas sur la même ligne mes respectueux hommages à Mr le Curé et à Mr votre Aumônier, que je place, comme de juste, en haut; et, au bas, les Pierrette, les Nannette, les Fanchette et Marie Jeanne, puis le reste. Je ne vous prierai non plus, de présenter mes cordiales salutations à Mr de P. mais bien à sa Dame, à Mr L°.; et pour vous, mon enfant que je laisse à la queue, je vous en donne la bonne part que vous distribuerez à volonté. Puisse cette année, être une année de grâces et de bénédictions et de notre part, une année de fidélité qui fixe sur nous, les regards de Celui que nous voulons aimer uniquement en aimant le prochain avec son cœur, quelque pénible et désagréable qu'il nous paraisse.

Sœur D. va bien, elle doit bientôt vous retourner, elle vous a envoyé une jolie crèche, on en a fait plus de cent.

Notre Mère m'a écrit ce matin que Sœur G. était assez malade.

Monseigneur et notre Père sont de retour depuis Mercredi matin.

Adieu, bonne enfant, vous êtes la première à qui j'écris pour le nouvel an; il y a long-temps que vous savez quelle est votre place dans le cœur
        de votre Mère.

CX.

Il y a deux sortes de confiance.
Voir des yeux de la foi.

C'est toujours avec peine, ma bien chère enfant, que je vous fais attendre mes réponses ; je ne sais comment cela se fait, mais depuis quelques mois, je ne sais plus me tirer de mon ouvrage. Que faire ? prendre patience et exhorter les autres à cette vertu.

Depuis que je vous ai écrit, j'ai fait encore deux voyages ; l'un à V. pour y conduire une de nos jeunes professes et l'autre à O. pour la même fin et y voir nos Sœurs malades. Mère C. y est absolument aveugle et Sœur E. ainsi que Sœur C. ne peuvent se remettre de leur suette. Depuis deux mois, nous avons été obligées de retourner tout le personnel de nos maisons. Nous avons fait quatre professes, il ne nous en reste qu'une. Sœur E. est en Suisse avec Sœur S. ; elle y est allée pour la pénible maladie de son frère; j'espère qu'elle nous reviendra pour Noël.

Ne vous tourmentez donc pas, mon enfant, de ce que vos Sœurs ne sont pas aussi religieuses que vous le désireriez; c'est plutôt l'affaire du bon Dieu que la vôtre. Nous gagnons plus sur l'esprit de nos Sœurs par la patience et la longanimité, que par tout autre moyen; quand nous voulons éplucher notre beau zèle, nous y trouvons bien du <u>moi</u> et au fond, de la <u>crasse</u>.

— Vous me dites, mon enfant, que vous n'avez point de confiance en Mr votre Curé, mais que vous avez l'air d'en avoir et que vous n'avez rien à vous re- procher. Ce n'est pas assez. Ah! que je suis difficile! Il y a deux sortes de confiance: l'une qui est naturelle et appuyée sur l'estime que l'on a pour quelqu'un, sur les bonnes qualités de la personne, sur la sympathie dans les manières de voir, sur l'intérêt qu'on nous porte et autres choses de ce genre, plus ou moins basses; l'autre est appu- -yée sur ces paroles de N.S.: <u>les scribes</u>

et les pharisiens, sont assis sur la chaire de Moyse, faites ce qu'ils vous disent, mais ne faites pas ce qu'ils font. Et sur ces autres : Qui vous écoute, m'écoute ; qui vous méprise, me méprise. La première est sujette a bien des inconvénients et des variations et la seconde fait naître la discrétion, le respect ; elle fait disparaitre l'homme, pour ne laisser que le ministre plénipotentiaire de Notre Seigneur. N'allez pas conclure de là, que je voudrais que vous livrassiez votre âme toute entière et toutes vos affaires, oh non ! mais, que tous vos rapports soient guidés et dirigés par l'esprit de foi et que vous puissiez en recueillir tous les fruits qu'il procure à l'âme qui en fait sa nourriture.

Ne fixez rien non plus pour votre postulante, laissez aller ; c'est l'œuvre du bon Dieu ; il cache à chacun les desseins qu'il a sur votre maison.

Sœur C. n'est pas du nombre des jeunes professes que nous avons faites ; son temps ne finit qu'au mois de Janvier, époque à laquelle nous devons faire encore une cérémonie ; mais, je doute que nous la

fassions aller en avant ; on attendra le
retour de Son Eminence pour décider son
affaire.

Je vous quitte malgré moi, mais j'ai
seize lettres qui attendent leur tour pour
y répondre et je n'ai que le temps de vous
dire et à vos Sœurs, que je vous suis
toujours la même.

CXI.

*La charité ne doit pas être confondue
avec un bon cœur.*

N'ayez pas peur, ma bonne Sœur,
ma main gauche ne risque encore rien,
mais elle ne fait pas de grands progrès
dans l'habileté. Le bon Dieu qui a
soin des siens, sait ce qu'il me faut et
me le donnera quand et comme il le
voudra.

Je suis bien contente que votre retraite
vous ait fait du bien et que vous sentiez
la nécessité de l'esprit de solitude ; je le
regarde comme le rempart de la vie

religieuse et le lieu de notre repos ; nourissez-le en vous ainsi que l'amour de la vie cachée, qui est le seul moyen d'être heureuse en communauté. Craignez la vanité, c'est l'écueil que nous avons à redouter jusqu'à notre dernier soupir et, j'ai vu de grandes âmes culbutées par cette détestable passion ; défiez-vous en donc de toutes vos forces et demandez bien à Dieu de vous en préserver.

Je suis enchantée que votre bonne Mère mette du liant entre vous ; la charité est de toutes les vertus, la plus belle et la plus agréable à Dieu. Mais elle est appuyée sur le renoncement à nous-même et sur le sacrifice de nos intérêts à cause du prochain, enfin, elle doit être universelle. La charité plaît par ses charmes et on la confond souvent avec les effets d'un bon cœur, et, ce n'est pas cela ; un bon cœur lui sert de base, il est à la charité, ce que la pierre brute est à l'architecte qui bâtit une maison et qui emploie le ciseau pour unir tous les matériaux dont il a besoin pour son édifice.

    Voulez-vous, ma bonne amie, dire

à Melle L. que nous avons encore le coffre de ses bijoux, nous les lui enverrons par la première occasion. Mère F. est un peu malade, je pense que ce ne sera rien. Sœur P. est toujours dans le même état, le mieux se soutient, mais ne va pas vite et ne laisse pas sans inquiétude.

Adieu, ma bonne Sœur, la Messe est sonnée ; je vous quitte et vous embrasse de tout mon cœur.

CXII.

Se tenir dans l'humilité.
Ne pas trop exiger.

Ma bonne enfant,

Notre Mère me charge de vous annoncer la mort de notre bonne Sœur C. qu'on a enterrée hier et qui a succombé après dix jours d'une cruelle maladie ; elle a horriblement souffert et a conservé sa pleine et entière connaissance jusqu'au dernier moment. Pendant toute sa maladie, elle a été un parfait modèle de patience et de résignation et ne s'est pas fait illusion un moment sur son état; elle suivait, pas à pas, la marche de sa maladie, a demandé elle-même l'Extrême-Onction, les prières des agonisants et au milieu de ses douleurs, pensait à tout et à tout le monde ; sa mort a été on ne peut plus édifiante. Sa Sœur M. est profondément affligée, mais calme et résignée.

Notre Mère qui comptait aller se reposer en retraite, en a été empêchée par la maladie et la mort de Sœur C. Ces coups redoublés, joints aux fatigues et aux peines courantes, sont bien propres à lui faire désirer une petite halte dans le chemin, et, où peut-on en trouver ailleurs que près du bon Dieu ? Je n'ai pas besoin de vous assurer de tout ce qu'elle vous envoie d'affectueux par mon entremise.

Je retournerai demain à E. pour y passer deux ou trois jours ; après, j'irai à L. j'y resterai quelques semaines. Je serais bien contente de vous voir ici et Sœur P. aussi, pour l'exécution de nos porcs, Sœur P. a pour cela, un talent particulier; ce n'est pas une petite économie que de savoir bien tirer parti de ces pauvres bêtes.

Avez-vous fait le changement de Sœur L. et surtout, s'est-il opéré sans froissement? Il faut bien de la mort à soi-même pour ne pas donner un coup de pied à la charité dans ces sortes de changements et pour mettre l'huile nécessaire dans les rouages.

J'ai vu aussi une de vos lettres et une de Sœur L. où vous aviez l'air de vous plaindre toutes deux, de l'indifférence de Monsieur..... et cette plainte était motivée sur la cérémonie de la rénovation qu'il n'avait pas faite et sur la bénédiction du St Sacrement qui n'a pas été donnée ce jour là. Hélas! mes pauvres enfants, dans ces plaintes-là, il y a bien de la misère, tout n'est pas bien pur dans vos saints désirs, et, la jalousie au vis-à-vis des Ursulines, est peut être en partie, cause de ce petit mécontentement et de cet ombrage qui a obscurci le soleil de ce beau jour.

Regardons-nous bien, mon enfant, comme les dernières dans l'Église de Dieu, croyons que personne ne nous doit rien, et nous serons reconnaissantes sans être exigeantes. Notre Seigneur n'a-t-il pas choisi pour venir en ce monde, le plus petit royaume, la plus petite ville, la plus petite maison ? Ne sommes-nous pas la Congrégation la moins nombreuse, la moins étendue ? Sommes-nous aussi utiles que les autres qui embrassent toutes les œuvres de charité ? Eh bien ! tenons-nous, dans notre esprit, à notre place et disons avec David : J'ai préféré être la dernière dans la maison du Seigneur plutôt que d'habiter sous les pavillons des pécheurs. Pourvu que nos vœux soient reçus par les Anges et portés aux pieds de l'Agneau, qu'importe le reste !

Quant à la bénédiction du St Sacrement, croyez que la privation de la recevoir solennellement, en est une bien réelle et bien intime ; mais elle apprend à mourir à tout désir, quelque bon qu'il paraisse, et n'est-ce rien ? Ah ! mon enfant,

quand les échelons de la terre nous manquent, c'est une preuve que le bon Dieu
veut que nous montions plus haut et
que nous vivions de la foi ; il veut que
notre confiance en lui s'affermisse et
que notre amour devienne plus ardent
et plus désintéressé.

Vous allez me dire, mon enfant, et
avec raison, que je ne vous laisse pas
la place pour respirer ; c'est vrai, pour
respirer humainement ; mais, c'est
pour élargir vos poumons spirituellement. C'est un peu votre faute, vous
voulez de la perfection, et je vous en donne,
peut-être, plus que vous n'en voudriez ;
mais sans gêne, n'en prenez que ce qui
vous va et laissez le reste.

Je ne veux pas vous quitter sans vous
dire un mot pour vos Sœurs que j'aime et
estime de tout mon cœur, un peu rustique,
il est vrai, mais que je veux m'efforcer de
polir sur Celui de notre divin Sauveur.
Dites leur donc tout ce que vous savez de plus
affectueux pour moi, et prenez-en la bonne
part, en me croyant toute vôtre, en Jésus et
Marie.

CXIII.

Ce qu'il faut faire quand on est malade.

C'est bien malgré moi, ma chère enfant que je vous laisse si longtemps sur votre lit de douleurs, sans vous dire que vos souffrances sont les miennes et que la plus forte pour moi, est de ne pas pouvoir vous venir en aide et vous consoler. Hélas! tous les jours, je sens davantage mon insuffisance et combien elle peut et doit vous faire souffrir toutes.

J'ai toujours eu en idée que, pour le genre d'affection dont vous souffrez, il vous fallait du repos et des précautions; puis, ma bonne enfant, un très grand calme d'esprit et de cœur, ce que ne porte pas ce genre de maladie, ni la nature de ma chère petite Sœur.

Quand on est malade, on peut gagner beaucoup et s'approcher de plus près de Celui qui commande aux vents et aux tempêtes et qui guérit toutes les langueurs. La foi, la confiance en Dieu, l'abandon à la Providence, sont de bonnes potions calmantes et la souffrance est un excellent engrais qui fait produire des fruits pour l'éternité.

Faites, quand vous le pourrez, le chemin de la Croix sur votre lit et répétez souvent ces paroles de N. S. mourant : <u>Mon Dieu, je remets mon âme et mon corps entre vos mains.</u>

C'est entre les mains de ce bon Maître, que je vous remets, ma bien chère enfant, en vous assurant de mon cordial et affectueux dévouement.

CXIV.

La Croix est le chemin du ciel.

Nous sommes toutes de pauvres filles, ma chère enfant, et de nous toutes, on n'en pourrait pas faire une bonne ; vous êtes malade et moi aussi, avec cette différence, que je ne m'affecte pas tant de ne pouvoir rien faire ; nous attendons cependant un Inspecteur, qui doit aller chez vous quand il aura fini chez nous ; il ne paraît pas très commode, d'après ce que Mère M. m'a mandé. Dites à Mère C. de se tenir en mesure, si elle n'est pas partie et si elle est partie, vous feriez bien de lui écrire ; cela ne presse cependant pas beaucoup, je ne pense pas que ce soit pour cette semaine. Allons, mon enfant, profitons de tout pour notre sanctification et ne laissons pas perdre le prix de la souffrance. Quelle folie de ne pas se livrer à la grâce et de résister à la main paternelle de Dieu, qui fait tout et permet tout pour notre bien. La croix est le chemin du Ciel et la clef qui nous l'ouvre ; elle nous rapproche du Cœur de Jésus, c'est en Lui qu'il faut nous reposer ; c'est dans ce divin Cœur que je vous place, chère enfant et vous aime tendrement.

CXV.

Que tout arrive pour le bien de ceux qui aiment Dieu.

Avant de partir pour V., j'avais commencé une lettre pour vous, ma bonne enfant, et je n'ai pas eu le temps de la finir; pendant mon absence, j'ai reçu la seconde.

Je bénis le bon Dieu des grâces qu'il vous fait, des lumières qu'il continue à vous donner et de la droiture avec laquelle vous reconnaissez vos misères; avec de la fidélité, vous aurez la victoire, n'en doutez pas.

Ce que vous me dites de votre position avec votre Mère, est encore une grâce de détachement. Il y avait entre vous et votre Mère, un peu de nature, dont le bon Dieu ne veut pas, parcequ'il désire posséder votre cœur plus purement. Il a donc permis vos fautes qui ont été un couteau de séparation pour elle et pour vous; pour elle, parcequ'elle a vu que vous abusiez un peu de ses bontés et que vous ne répondiez à sa tendresse que par votre caractère et votre amour-propre; et pour vous, ma bonne enfant, parceque cela vous fait voir l'inconstance de toute affection qui n'est pas appuyée sur l'esprit de foi et la mort à soi-même. Tout est donc bienfait pour vous de la part de Dieu qui vous aime jusque dans vos fautes et vos sottises. O! mon enfant, bénissez-le de ces fautes qui vous font monter jusqu'à ce divin Cœur.

Avant de venir en retraite, parlez à votre Mère humblement, religieusement et en esprit de foi; offrez tous les jours à Dieu, les peines de votre Mère, elle glorifie ce bon Maître par les misères qui la crucifient; priez bien pour que ses peines, ses frayeurs et ses misères, fassent grandir en vous toutes, l'esprit de foi et de charité; regardez-la avec respect comme la Croix qui est plantée au milieu de vous, comme un gage d'amour et un signe de bénédiction; et allez à votre Mère comme à la Croix, qui est une source de grâces et de lumières. Une âme ainsi crucifiée et humiliée par ses faiblesses, attire les regards des Anges et doit attirer nos cœurs. Oh! mon enfant, que de trésors sont cachés dans une pareille écorce!....

Adieu, ma bien chère petite, dites à vos Sœurs, les choses les plus affectueuses de ma part et croyez à la tendre et cordiale affection,

de votre Mère.

CXVI.

L'amour propre confondu et brisé, ses maux et ses dangers.

J'ai donc donné un grand coup à votre amour propre, ma bien chère enfant, mais, depuis si long-temps, cet ennemi vous en donnait de si forts! il vous menaçait non seulement pour le temps, mais encore pour l'éternité; car, en vous tourmentant en ce monde, il vous prive de la récompense promise aux œuvres de charité, qui, d'après la parole de la vérité même, perdent leur mérite par la vanité. Je vous ai donc rendu un grand service, pauvre petite, et j'espère que, revenue à la raison et à la foi, vous en sentirez le prix. Voyez, ce n'est pas l'âge, les talents, la santé, la naissance, la fortune, qui font la religieuse, mais la vertu, l'humilité, l'obéissance, la douceur, la patience, la charité. Tout le reste n'est qu'un embarras; nous n'emporterons, chère enfant, que nos œuvres, notre règle et l'Évangile.

Que vous reste-t-il de toutes vos susceptibilités, de vos jalousies, de vos désespoirs d'amour propre? la honte pour ce monde, le scandale pour vos Sœurs et, pour l'éternité, le remords et la punition. N'est-ce donc pas le plus grand de tous les services que celui de vous aider à vaincre cet ennemi de votre bonheur et de votre salut?

Ne m'en veuillez donc pas, mon enfant bien aimée, si je coupe les liens qui vous attachent à la terre et vous empêchent d'aller à Dieu; il vous appelle à sa crèche par le chemin qu'il a tracé, je vous y donne rendez-vous, ma bonne petite, et vous y assure de mon tendre attachement.

―――

CXVII.

*Heureuses les âmes qui pensent et qui
disent souvent : j'ai tort !*

Je vous envoie, ma bonne enfant, votre vie
de St Dominique, que j'ai lue tout en entier,
je vous en remercie ; quand vous aurez une
occasion, ayez la bonté de m'envoyer le
deuxième volume des lettres de St François-
-Xavier ; heureuses, si, en lisant la vie
des Saints, nous apprenons à le devenir ;
ce ne sera pas sans être frottées par les
misères de notre pauvre cœur et par celles
des personnes qui nous entourent.
Hélas ! pauvre cœur humain, que tu
renfermes de misères ! et la plus grande
de toutes, c'est de ne voir que celles des au-
-tres et pas les siennes propres ; cependant,
c'est bien la plus commune de toutes, et, on
peut le dire, celle de tous les âges et de toutes
les conditions. Bien savant est celui qui
sait bien dire : j'ai tort, j'ai eu tort ; tant

qu'on ne sait pas le penser et le dire, on ne sait pas le français, quelque talent qu'on ait. Quelles que soient les qualités naturelles qui brillent, on ne sait rien, rien du tout et on ne comprendra rien, on n'acquierera ni vertu, ni prudence, ni tact, ni savoir-vivre, sans cette connaissance de soi-même. C'est là tout le secret de la vie spirituelle et la clef qui ouvre la porte à toutes les vraies vertus. J'ai tort. O! paroles sublimes! O! secret divin, qui peut descendre jusqu'à vous ?....

CXVIII.

Ce n'est pas l'emploi qui fait le mérite. Craindre l'orgueil.— Se regarder comme rien. Dispositions à la S.te Communion.

Ma chère Sœur,

Depuis votre départ, je suis encore à admirer la conduite de Dieu à votre endroit ; c'est vous, si jeune de vertu, comme de religion et d'âge, si faible, si dépourvue de lumières et d'expérience, si remplie de misères, si rien, qu'il a choisie pour un poste si difficile; nous en avions de plus anciennes et de plus capables que vous à envoyer là. Quand Dieu nous a inspiré de vous préférer à toute autre, nous a-t-il aveuglés sur vos défauts? Non; mais il nous a dit comme à vous: mes pensées ne sont pas vos pensées; ce ne sont pas les plus puissants et les plus considérés que j'ai choisis, mais les plus faibles et les plus vils, pour confondre les plus forts, et ce qui n'est pas, pour confondre ce qui est. Ce n'est donc pas parceque nous avions confiance en vous, que nos vues se sont arrêtées sur vous, ma pauvre enfant, mais parceque le Seigneur nous animait de son esprit et que c'était en Lui que nous mettions notre confiance, en Lui, qui se sert habituellement des instruments les plus faibles, comme étant ordinairement les plus soumis et les plus souples sous sa main. Mais, quel malheur, comme quel désordre et quel renversement, si un instrument faible et souple voulait devenir fort et résistant, et si le rien se croyait quelque chose ! Qu'étaient les Anges rebelles tirés du néant par la main de Dieu ? Et, que sont-ils devenus ?. Qu'étaient Adam et Eve formés d'un peu de boue animée par le souffle de Dieu, qu'en a fait le tentateur par l'orgueil, la désobéissance ? O ma fille ! N'oubliez pas votre rien et restez bien dans votre rien ; aimez tout ce qui vous remet et vous enfonce un peu plus dans votre rien ; laissez-vous toujours juger et traiter comme rien ; profitez avec fidélité et empressement, de tout ce qui vous rappellera que vous n'êtes rien, c'est une grâce des plus précieuses. Le rien ne pense pas à lui, il ne s'élève pas, il ne se recherche pas, rien ne lui fait injure ; il ne s'oppose pas aux desseins ni à l'action de Dieu, qui fait en lui et de lui, tout ce qu'il veut. Voilà ce que vous devez être et rester, quoiqu'il vous arrive, que vous réussissiez, ou non, que l'on vous traite bien ou mal, que l'on vous approuve ou non, que l'on vous affectionne ou que l'on ait pour vous de l'indifférence et de la froideur; vouloir l'accomplissement des volontés de Dieu et l'établissement de son règne en vous, à la manière que Dieu le veut, voilà ce que vous devrez désirer et chercher, et non autre chose. Restez donc humble, petite, soumise à Dieu et à vos Supérieurs; soyez toute à Notre Seigneur, à son amour, à ses œuvres et nullement à vous ni à aucune créature, et, ce Dieu de bonté et d'amour, vous bénira, vous et ce qui vous est confié, vous aurez la paix en ce monde et ses récompenses dans l'autre, à proportion que vous aurez été toute à Lui.

CXIX.

Sur la Communion.

Je ne suis pas étonné qu'on vous donne plus de Communions; Dieu qui connaît vos misères et vos faiblesses, sait que vous en avez besoin. Mais, je ne saurais trop vous recommander de communier d'autant plus humblement et saintement, que vous le ferez plus souvent. Ce n'est pas la Communion seule qui glorifie Dieu et nous sanctifie, quand même nous le ferions tous les jours et plusieurs fois par jour, s'il était possible; c'est la Communion faite dans de saintes dispositions. Les principales sont : une grande foi, une grande pureté de conscience, un grand respect, une grande humilité, un grand amour, une grande confiance et un grand abandon de tout vous-même à Celui qui veut bien se donner tout à vous. Et comme vous ne pourrez vous donner ces dispositions

et que vous êtes bien loin de les avoir,
n'en communiez que plus humblement encore et avec une plus entière
perte de vous-même, puisque, malgré
vos misères et à cause de vos besoins, je
veux que vous le fassiez.

CXX.

*Dieu bénit l'obéissance.
L'éloignement des personnes qui
nous sont chères, sert à nous rapprocher de Dieu.*

Combien il y a de temps, ma chère
enfant, que je ne vous ai donné signe
de vie ; ce n'est pas pourtant par oubli,
je pense à vous tous les jours devant
Dieu et je le prie de vous accorder
toutes les grâces dont vous avez besoin
pour devenir une bonne, une sainte
religieuse.

Votre séjour prolongé à Poligny
ne peut pas, ma chère enfant, vous
être nuisible ; vous y êtes par l'ordre de

477

Dieu, vous le possédez près de vous, vous pouvez lui parler à toutes les heures du jour ; vous y avez des Supérieurs pour vous faire connaître ses volontés et vous habitez dans une maison bien recueillie et bien solitaire, qui favorise les doux entretiens que vous pouvez avoir avec le bon Dieu ; soyez donc bien reconnaissante, ma chère enfant, et ne trouvez pas le temps trop long.

Je pense que vous êtes bien contente d'être avec Sœur B., dîtes-lui, à cette bonne enfant, les choses les plus affectueuses de ma part. J'ai vu le Frère L. qui est venu ici avec le petit Œ. pour consulter Mr M. qui l'a trouvé mieux et a décidé qu'il pourrait rentrer dans sa Communauté.

Je pense que vous savez que Sœur J. et Sœur R. vont commencer leurs demandes pour la profession, elles en sont fort heureuses, cela se comprend. Vous devez aussi savoir que Mlle de C. est rentrée, vous trouverez donc de nouvelles compagnes à votre retour, vous n'oublierez pas que vous trouvant, presque, la plus ancienne, vous devez être le modèle de vos compagnes.

Auriez-vous par hasard, un livre à moi, intitulé : le Culte de la Ste Vierge ? Je ne me rappelle plus à qui je l'ai prêté ; je ne le redemande pas ; seulement je désirerais savoir ce qu'il est devenu.

Prenez courage, ma très chère enfant, on est à P. comme partout, sur la route du Ciel et les quelques lieues qui vous séparent de votre maison-Mère, vous approchent de la vraie patrie.

Soyez donc bien reconnaissante envers le bon Dieu qui vous offre l'occasion de lui être agréable, en renonçant à vos goûts naturels et lui en faisant le sacrifice.

Adieu, ma chère enfant, je vous redis que je vous serai toujours.
    —toute dévouée.

CXXI.

Indifférence pour les offices et la demeure.

Je vous dois deux réponses, ma chère enfant, mais je pense que vous ne comptez pas avec moi et que vous n'êtes pas peinée, si vous ne recevez que rarement de mes nouvelles.

Dans votre première lettre, vous m'appreniez que vous habitiez M. et que vous ne saviez pas si vous y resteriez.

Quelque maison et quelque pays que nous habitions, ma chère petite, c'est toujours la maison de Dieu, nous y trouvons ce bon Maître, des Supérieurs, des Sœurs et les pauvres de Jésus-Christ ; aussi, les lieux doivent ils nous être indifférents.

Votre bonne Mère vous racontera tout ce qui se passe à R. ; elle vous donnera des nouvelles de Sœur E. et de Sœur J. qui sont toujours bien malades ; la dernière a bien besoin de prières, elle souffre cruellement ; le bon Dieu éprouve d'une manière terrible, ces deux pauvres enfants.

Vous retrouverez à votre retour, de nouvelles compagnes, puissent-elles remplacer en ferveur, celle que nous avons perdue.

Je n'ai que le temps, ma bonne enfant, de vous dire que je vous suis et vous serai toujours dévoué.

CXXII.

Garder son âme dans le recueillement et parler peu. —
Éviter de se créer des nécessités.

Ma bien bonne Sœur,

C'est, sans contredit, une mauvaise habitude, de prendre du café trop fort ; il faut s'en préserver ; mais quand elle est prise et qu'on ne peut pas la quitter, il faut en rester là.

Ce n'est donc pas à vous, ma bonne

Sœur, que s'adresse ma recommandation, elle doit être un préservatif pour nos jeunes Sœurs, parceque notre nature ne dit jamais : c'est assez, et les jeunes gens sont toujours portés à faire ce qu'ils voient faire. J'écris donc à votre Mère de vous le laisser prendre comme il vous le faut, sans y regarder ; mais, de ne pas permettre aux jeunes Sœurs de le prendre autrement que chacun le fait ; soyez donc bien tranquille.

Je ne suis pas étonné, bonne Sœur, que vous ayez de la peine à retenir vos pensées et vos jugements ; la liberté que vous leur avez donnée, ne se captive pas dans un jour ; mais vous ne jouirez de la paix intérieure, qu'à proportion de votre fidélité à les combattre et à ne pas les laisser maîtres chez vous.

Ne vous mêlez que de votre office, laissez tout le reste ; parlez peu, vous ferez plus d'ouvrage par votre silence, que par tout ce que vous pourriez dire de plus beau et de plus embravant. Notre Seigneur se tait dans les Saints Tabernacles ; pendant sa vie mortelle, sur trente-trois ans, il a gardé le silence pendant trente années. La Ste Vierge parlait fort peu, on ne rapporte que deux ou trois de ses paroles. O! mon enfant, taisons-nous et ne faisons de bruit, ni au dedans ni au dehors, si nous voulons entendre la voix de l'Époux de nos âmes ; c'est avec Lui que je vous laisse et que je vous assure de ma tendre affection.

CXXIII.

Utilité de la régularité dans une maison.

Vous savez, sans doute, que ce n'est pas notre Mère qui est allée en Suisse, comme vous le pensiez ; mais Sœur B. qui a accompagné Sœur E., elle aura vu Madame votre Mère et, bien sûrement, vous rapportera des nouvelles de votre famille et de tout ce qui peut vous intéresser.

Sœur E. m'a écrit une fois depuis

son arrivée. Vous savez aussi que nous avons vu pendant quelques jours, Sœur G.. C'est ainsi qu'au milieu des privations, la Providence ménage quelques moments de bonheur et quelques haltes sur le chemin des douleurs. A votre retour, bonne enfant, vous trouverez des compagnes de plus, si Dieu leur donne du courage et de la persévérance; il y a quatre postulantes, priez pour elles, bonne petite, pour qu'elles répondent à l'appel de Dieu.

Je ne doutais pas, ma bonne enfant, que vous seriez bien vite habituée à P..; le calme qui règne dans cette maison, doit aller à votre caractère et vous pouvez y être plus seule avec Dieu seul. C'est une belle et sublime école que la solitude, puisque c'est là que Dieu parle à notre cœur, qu'il l'instruit et lui révèle ses secrets; profitez bien, ma chère enfant, de tout ce qu'il lui plaira vous enseigner, soit par lui-même dans la prière, soit par votre Mère, soit par votre compagne pour l'accomplissement de vos devoirs envers les pauvres et les malades.

Toutes vos compagnes du Noviciat ne vous oublient pas et me chargent pour vous, des choses les plus affectueuses, elles se recommandent à vos prières; priez aussi un peu pour celle qui vous est sincèrement dévouée.

CXXIV.

Ne pas compter sur les moyens humains, mais sur le seul secours de Dieu.

J'avais commencé de vous écrire pendant mon voyage de St J. de L'osne et je n'avais pas fini à mon retour. Je veux donc profiter de l'obligeance de Madame B. pour vous porter un petit mot.

Je pense que vous avez fait votre retraite et que le bon Dieu aura donné à votre âme, l'abondance des grâces qu'il répand sur les âmes qui ne lui refusent rien. Les secours humains sont bien peu de chose, quand le bon Dieu ne les bénit pas et c'est une grande erreur que de les rechercher avec inquiétude et d'appuyer son avancement sur tel ou tel moyen ; le bon, le seul moyen, c'est de mettre notre confiance en Dieu et de ne rien lui refuser de ce qu'il peut désirer de nous. La confiance en Dieu est l'ancre qui nous empêche de faire naufrage et la colonne sur laquelle nous devons nous appuyer, quand nous sommes accablées sous le poids de nos misères. Priez, ma chère enfant, pour obtenir cette confiance inébranlable, qui vous donnera toujours lumière et courage pour faire tout ce que Dieu peut demander de vous.

Ne m'oubliez pas près de votre bonne Mère et de toutes vos compagnes, dites-leur que je les place toutes dans le Cœur de N. S. et que c'est là que je leur témoigne l'affection que je leur conserve et qui est bien tendre. Prions les unes pour les autres et retrouvons nous au pied des Autels, afin de franchir la distance qui nous sépare.

A Dieu, ma bien chère enfant,
Toute à vous.

CXXV.

Consulter Dieu par la prière.

Puisque vous vous contentez d'un billet, mon enfant, j'en suis bien aise, parce que j'ai peu de temps et beaucoup de lettres à écrire ; mais ce qu'on ne vous dit point par écrit, on le fait monter plus haut et le bon Dieu le fait retomber sur votre âme, comme la rosée du ciel qui la féconde et la vivifie. Montez donc, mon enfant, dans le Cœur de Notre Seigneur, je ferai en sorte de m'y trouver aussi et là, puisons ensemble dans les fontaines du Sauveur, puisons-y l'humilité et la douceur, la charité et l'indulgence pour le prochain, la patience avec nous-mêmes pour nous supporter ; la fermeté et la force pour résister à nos mauvaises inclinations et aux tentations qui nous viennent des personnes ou des choses qui nous entourent, et enfin, la destruction de nous-mêmes. Prions beaucoup, ma chère enfant, les unes pour les autres, prions pour nos pauvres, prions pour l'Église, prions sans cesse, traitons toutes nos affaires avec Jésus et Marie; collons-nous à eux; aimons-les par dessus tout.

Dites, je vous prie, ma bonne petite, les choses les plus affectueuses à toutes vos compagnes et croyez à la à la tendre amitié

de votre toute dévouée Mère.

CXXVI.

Le sacrifice donne la paix.

Votre dernière lettre, ma bien bonne enfant, n'était pas écrite avec de l'encre aussi noire, c'est tout ce qu'il me fallait, elle m'apprend que vous avez l'âme ouverte et dilatée, que vous n'êtes plus aussi pointilleuse avec votre conscience, c'est une nouvelle bien agréable pour moi.

Soyez, ma bonne petite, toujours bien le petit chiffon, le bon Dieu les aime beaucoup. Puis, soyez bien docile à tout ce que Monseigneur vous recommande; l'âme qui obéit ne se trompe jamais.

Pourquoi, ma bonne enfant, ne chercheriez-vous pas à faire du bien à Sœur B.? cela ne peut pas et ne doit pas nous empêcher d'être un chiffon, puisque nous ne pouvons faire de bien à personne que par l'humilité et la mort à nous-mêmes; de même avec votre compagne, faites simplement ce qu'on vous dit, par esprit d'obéissance et de charité et le bon Dieu le bénira.

J'envoie une petite statue de St Joseph, pour votre petite chapelle de communauté; vous prierez ce grand Saint avec ferveur et dévotion et vous direz, de ma part, à votre bonne Mère et nos Sœurs, que je leur demande de le prier pour la Communauté et de dire à cet effet, tous les mercredis, ses litanies.

Voici le mois de Marie qui approche! Oh! mes enfants, faites-le bien et mettons-nous profondément dans le cœur de cette bonne et tendre Mère. Le 3 Mai, le Père B. commencera la retraite pour la communauté; vous prierez, je n'en doute pas, pour nous toutes, afin que nos âmes se fortifient dans les eaux de la grâce.

Sœur M. est toujours dans le même état, la pauvre enfant a bien besoin du secours du bon Dieu pour lui aider à porter sa croix.

Adieu, chère petite, je suis toujours,
Toute à vous.

CXXVII.

Là où est la Croix, là est la Patrie.

Vous voilà donc, ma chère enfant, de nouveau Suissesse; vous le redoutiez; et, je suis sûre qu'à présent, vous goûtez en paix, le fruit de votre obéissance et que vous trouvez que Dieu est aussi bon à L. qu'à B.; vous me dites qu'il paraît quelquefois absent; cela arrive à chacun; mais soyez tranquille, il est toujours près de vous; aimez-le, qu'il soit éloigné ou rapproché, il est toujours le même, et il vous aime.

Vous me dites que l'aspect de vos

montagnes, ne vous fait plus le même effet qu'autrefois ; c'est que vous avez compris ces mots : Où est la Croix, là est la patrie et, toute la terre est la patrie d'une religieuse qui ne veut que Dieu.

Je n'ai pas pu vous envoyer votre prière par la dernière occasion, nos Sœurs qui l'ont, étaient à la Grange ; ce sera pour la première qui se présentera.

Adieu, ma bien chère enfant,
Toute à vous en Notre Seigneur.

CXXVIII.

Retraite. Ouverture de cœur. — Aider le prochain.

Je me mets en train de vous envoyer à chacune, un petit billet, pour vous donner signe de vie et m'efforcer d'augmenter en vos âmes, la paix du Seigneur ; vous allez toutes vous rapprocher de ce divin Sauveur ; dans la retraite, nous dit St Bernard, l'air est plus serein, la lumière plus pure et Dieu plus familier.

Soyez, pour votre compte, mon enfant, bien désireuse de rester le petit chiffon du bon Dieu; mais en même temps, prenez garde de resserrer votre cœur qui doit être élargi par l'amour, plutôt que comprimé par la crainte. Soyez petite fille avec votre Mère; c'est là le moyen de vous conserver dans une paix profonde.

Aidez votre compagne dans le soin et les soucis de son office et ne le laissez pas tout peser sur elle. Soyez unie à N. S. pour chercher à faire du bien à vos Sœurs, et que votre petitesse ne vous rende pas pusillanime. Priez bien pour votre Mère et vos Sœurs, unissez-vous à elles par le Cœur de N. S. et par celui de Marie.

Lorsque vous voyez quelqu'un faire une chose répréhensible, priez pour elle et humiliez-vous; puis, marchez avec paix, amour, confiance et abandon; croyez-moi bien, toute vôtre en Notre S.

Vos résolutions sont bien, ma bonne enfant, et pour les accomplir, faites tout ce que Monseigneur désire de vous pour la gloire de Dieu seul.

CXXIX.

Se réunir par la prière, au pied de l'autel.

Vous aussi, ma chère enfant, vous aurez votre petite, je vous l'ai fait attendre bien longtemps, c'est que j'ai bien de la peine à me mettre au courant de mes lettres cette année et je suis loin d'y être.

Vous avez bien fait d'obéir pour Sœur.... et le bon Dieu a béni votre obéissance ; cependant, je ne compte pas encore trop sur un changement bien constant, je crois son retour en France nécessaire, pour la faire sortir de ses idées.

Quant à vous, mon enfant, faites ce que Monseigneur vous dira et obéissez simplement.

Mère Rp. m'a écrit que vous étiez toujours souffrante et plus faible ; ménagez votre santé, ma bien chère enfant, parceque c'est un bien qui ne vous appartient pas ; tout notre être est à Dieu et nous devons tout lui rapporter. Abandonnez-vous, bien chère petite, dans les bras et le Cœur de notre divin Époux ; soyons, ma bonne enfant, bien petit chiffon et bien enfant avec Jésus enfant, sans soucis pour notre avenir qui est entre les mains et la volonté du meilleur des Pères.

Chacun ici, ma bien chère enfant, vous dit les choses les plus affectueuses, du moins, celles qui vous connaissent, car nous avons bon nombre de Sœurs que vous n'avez pas vues ; mais le Cœur de Jésus et celui de Marie, nous font faire connaissance ; et, par l'union de prières, on se retrouve et on se reconnaît.

Adieu, ma toute bonne enfant, priez pour moi et soyez assurée du retour et de la tendre affection.

de votre toute dévouée.

CXXX.

*Mort édifiante.
Consolations et confiance.*

J'ai reçu, ce matin, votre lettre à E. d'où je suis revenue à midi; j'avais quitté notre bonne malade, hier à cinq heures du soir, avec la pensée que je ne la reverrais plus; je ne me suis pas trompée; chère enfant, votre amie est au Ciel; elle est morte entre onze heures et minuit, sans efforts et avec le calme qui caractérise la mort du juste. Sa maladie a été pour nous toutes, un sujet de grande édification; elle a connu le danger le jour même où elle s'est mise au lit; elle aurait seulement désiré voir Madame sa Mère, pour obtenir d'elle l'entrée de Melle M. à E. et Dieu lui a refusé cette consolation; personne de sa famille n'est encore arrivé; quel coup de foudre pour ses parents!.

Au milieu des douleurs les plus aiguës, sa patience, son amabilité, sa tendre piété et la délicatesse de ses sentiments ne se sont pas démentis un seul instant. Elle a perdu toute connaissance, peu de temps avant sa mort; depuis deux jours, elle avait quelques moments d'absence et son délire était pieux et aimable. Pauvre enfant! que nous la regrettons!

Maintenant, ma chère petite, il ne nous reste plus que le souvenir des vertus qu'elle a pratiquées avec tant de courage et de générosité. Puissions-nous, ma chère enfant, marcher sur ses traces et nous donner à Dieu aussi entièrement qu'elle l'a fait. Faisons, et de bonne grâce, tout ce que le bon Dieu nous demande, petits et grands sacrifices, qu'importe, ils sont faits pour un Maître assez riche pour les récompenser et assez bon pour n'en dédaigner aucun.

Toutes vos compagnes de noviciat unissent leur douleur à la vôtre; quoiqu'éloignées, vous êtes toujours unies; n'avons-nous pas, chère enfant, le saint Autel pour nous retrouver? Et c'est encore là où nous retrouvons ceux et celles que le bon Dieu attire à Lui.

Vous avez pensé avec raison, mon enfant, que vous pouviez écrire à notre Mère et à moi, sans faire voir vos lettres.

Adieu, ma bonne petite, soyez toujours assurée de la tendre affection.

De votre toute dévouée.

CXXXI.

Être indulgent pour le prochain.
Raison de cette indulgence.

Ma bien chère enfant,

Ne vous ennuyez pas trop de tous les embarras de domestiques et ne soyez pas surprise
de leur voir des misères et des défauts. Hélas!
quand nous nous regardons de près avec toutes
les grâces dont nous sommes comblés, nous
nous trouvons avec raison, au dessous de ces
pauvres filles, qui ne sont pas religieuses et
n'aperçoivent pas leurs misères. Pour devenir
charitable, il faut descendre bien bas dans
le fond de son cœur et en sonder toute la corruption. Quand une domestique est sûre
pour la main et retenue avec les personnes
d'un autre sexe, il faut passer sur bien
des choses ; c'est que les personnes qui ne se
connaissent pas ne savent pas faire. Nous

ne pouvons, ma bonne enfant, être utile au prochain, qu'à proportion de la connaissance que nous avons de nous-mêmes ; autrement, nous sommes injustes. Comment voulons-nous que nos domestiques soient plus parfaits que nous ? Qu'ils reçoivent avec humilité, des observations, tandis que nous ne le faisons pas ; qu'ils aient une figure inaltérable, tandis que nous avons l'humeur inégale ; qu'ils trouvent bien tout ce que nous leur commandons, tandis que nous blâmons la conduite de nos Supérieurs ; qu'ils ne murmurent pas, tandis que nous le faisons. Le premier de nos devoirs, c'est de leur donner l'exemple et nous ne pouvons leur faire du bien, que par là. La S.te Écriture dit que Notre Seigneur commença par faire, puis, qu'il enseigna.

Ces pauvres gens n'ont pas fait des vœux, ne reçoivent pas les instructions que nous recevons, ne communient pas si souvent que nous ; ils n'ont pas une règle et une direction suivie pour les garder, les éclairer et les retenir. C'est notre exemple qui doit être leur lumière et il faut que notre conduite leur disc: Soyez mes imitateurs, comme je le suis de J.-C.. Voilà, mon enfant, ce qu'il faut que nous disions tous les jours, vous et moi, pour faire l'œuvre de Dieu. Je vous quitte, la Messe sonne ; je n'ai plus que le temps de vous assurer de ma tendre affection.

CXXXII.

Obéir malgré les répugnances.
Faire ses excuses.
Rester avec confiance dans le lieu où l'obéissance nous a placées.

Je vous dois bien des réponses, ma bonne petite Sœur et je comprends qu'il vous faut beaucoup de patience pour m'attendre ; mais vous en avez, ma chère enfant, et je vois avec plaisir, que mon silence ne vous rebute pas, parceque vous comprenez qu'il me faut plus de temps qu'à une autre, pour écrire moins qu'une autre.

Vous savez que Sœur C. est à E. et qu'elle

a quitté le bureau ; je suis allée y passer quelques jours avec elle ; elle paraît s'y plaire ; elle est si dévouée, qu'elle se trouvera bien partout ; elle m'avait promis qu'elle mettrait un billet pour vous dans ma lettre, mais comme nous nous sommes séparées avant que j'aie pu vous écrire, vous en serez privée.

Vous êtes donc, chère enfant, toujours sous le poids des mêmes misères et le joug de l'obéissance envers votre compagne, vous est toujours pénible. La seule, l'unique manière de vaincre ce dégoût, c'est, ma bonne enfant, de vous attacher à Notre Seigneur. Il a Lui-même marché dans une voie plus pénible et plus laborieuse que celle qu'il nous prescrit et s'il nous exhorte à marcher à sa suite, il a pris pour lui la portion la plus dure et la lie du calice. Lisez, ma chère enfant, ce qui regarde l'obéissance, dans notre règle ; figurez-vous bien que c'est ce que Notre Seigneur demande de vous et ce qu'il nous demande à toutes. Pourrions-nous lui refuser ce qui peut lui être agréable, après qu'Il nous a tracé

la route qui conduit à Lui et qui seule,
peut lui prouver que nous l'aimons en
esprit et en vérité.

Vous me dites, ma bonne enfant, que
le sacrifice d'être éloignée du Noviciat,
vous devient plus pénible, depuis que le
temps fixé pour votre retour est passé.
Ne vous montez pas la tête là-dessus et
soyez persuadée que, si vous vous confiez
au Seigneur, vous ne perdrez rien; vous
êtes toujours près du Maître des novices,
par excellence, qui vous donnera au
delà de ce qu'il vous retire et de ce dont il
vous prive. Il n'a besoin de personne
pour faire les Saints, puisque c'est Lui
seul, qui peut éclairer l'âme et échauffer
sa volonté.

D'ailleurs, ma chère enfant, qu'appren-
-driez-vous au Noviciat? à renoncer à vous-
-même; vous le pratiquez, cela vaut mieux
encore, car, l'exercice est plus utile que les
belles théories. Ne trouvez donc pas le temps
trop long, ma chère enfant, et confiez au bon
Dieu le soin de ce qui vous regarde.

Adieu, ma bonne petite, ne m'oubliez
pas près de votre Mère et de vos Sœurs;

toutes les novices vous disent les choses les plus affectueuses ; et moi, je vous renouvelle l'assurance de mon entier dévouement.

P.S. Ma lettre était écrite, ma chère enfant, lorsque j'ai reçu la vôtre. Ne manquez pas de faire des excuses à votre compagne, toutes les fois que vous vous reconnaissez coupable ; faites-le pour témoigner à Dieu le repentir de lui avoir déplu et pour lui exprimer le désir de vous corriger de ce qui peut lui déplaire en vous ; puis enfin, pour lui donner une marque de votre amour.

Ne vous éloignez pas de la S.te Communion par des craintes mal fondées ; nous aurions toujours des raisons de nous en éloigner, si nous voulions nous juger avec justice. Mais puisque N.S. veut bien permettre que nous lui portions nos faiblesses, nos misères et nos imperfections, plaçons les sous les yeux de sa miséricorde et approchons de la Table sainte, avec confiance et amour.

Nous prierons bien volontiers pour votre bonne Sœur ; toutes vos compagnes s'en feront un plaisir. Adieu ma chère enfant.

CXXXIII.

*L'amour propre est subtil, il se glisse
dans nos actions.
Plus on est parfait, plus on voit ses défauts.
Se regarder soi-même et regarder Jésus
notre modèle.*

Ma chère enfant,

Je n'ai pu vous écrire par votre bonne Maman, je suis si peu libre de mes moments qu'il faut me prendre quand on me trouve. Cette bonne Dame a éprouvé un contre-temps, en revenant d'H... de trouver Sœur C. au lit et cette bonne Sœur en a été contrariée. C'est ainsi que sur cette terre, les plaisirs les plus innocents, sont mélangés d'amertume, pour nous faire lever les yeux plus haut et nous détacher de la terre.

Vous vous plaignez, mon enfant, de l'amour propre qui entache toutes vos actions; c'est une plainte que vous ferez encore longtemps. Il est bien rare que nos vues soient pures et, plus vous serez vigilante, plus aussi vous verrez d'imperfections dans votre conduite. Notre avancement dans la vertu, nous ouvre les yeux sur la profondeur des misères de notre âme, qui sont inaperçues à l'âme tiède et imparfaite ; plus nous regardons Jésus notre divin Modèle, plus aussi nous voyons de traits de dissemblance avec Lui. Mais pour cela, faut-il cesser de le regarder et de nous regarder ? A Dieu ne plaise ! Il faut au contraire, coller, pour ainsi dire, nos défauts à ses vertus ; notre orgueil à son humilité ; notre égoïsme à sa charité ; notre esprit propre à son obéissance, afin qu'il brûle et consume tout ce qui lui est opposé en nous. Ce que je vous recommande, mon enfant, c'est d'être ouverte, franche, droite ; par ce chemin-là, vous trouverez Jésus, il n'y en a pas d'autre pour parvenir à son divin Cœur.

Dites à votre Mère, toutes vos impressions bonnes et mauvaises et dites-les avec esprit de simplicité et d'amour pour Jésus votre Époux et avec Lui, vous deviendrez l'agneau de Dieu, l'Enfant de Dieu, la petite fille de Dieu qui vous bénira et par lequel je vous bénis, en son nom et de sa part.

Adieu, ma chère enfant.

toute à vous.

CXXXIV.

*Ne pas s'exagérer le devoir de la
correction fraternelle.
Respecter ceux qui sont plus
anciens que nous.*

Je réponds, ma bonne petite, à votre lettre qui est déjà un peu vieille de date; peut-être, ne vous rappelez-vous plus ce que vous me disiez et je vous en rafraîchirai la mémoire.

Vous me disiez donc, qu'une Sœur étant venue vous parler d'une autre, d'une manière défavorable, elle était venue vous demander pardon du scandale qu'elle vous avait donné, et que, vous lui aviez répondu qu'elle ne vous avait pas scandalisée, que vous aviez pensé que la personne dont on vous parlait avait eu bonne intention dans ce qu'elle avait fait; puis, vous me demandez si vous auriez dû lui parler plus ouvertement et lui dire, qu'en effet, elle avait manqué à la charité! Oh! non, mon enfant, vous auriez fait en cela, une grosse sottise. La Sœur en venant s'humilier auprès de vous, a pratiqué un acte de vertu, qui réparait amplement la faute qu'elle avait commise et vous devez en être d'autant plus édifiée, qu'il y a entre toutes vos Sœurs et vous, une grande différence d'âge et de religion. Il n'est pas étonnant que nous tombions, hélas! nous sommes si faibles! Mais il est beau, il est grand de se relever de ses chutes et de réparer ses fautes et nous devons être plus édifiées de la réparation, qu'étonnées de la faute.

Gardez-vous, ma chère enfant, du défaut de la jeunesse et de l'inexpérience, qui est la sévérité dans les jugements; ce défaut prend sa source dans notre pauvre nature orgueilleuse, qui s'imagine qu'elle est exempte des fautes et des défauts qu'elle remarque dans les autres. C'est une erreur; hélas! si nous nous connaissions bien, nous verrions que nous blâmons souvent dans le prochain, ce que nous nous pardonnons très volontiers.

J'ai vu Sœur C. qui m'a parlé de vous et qui vous aime bien, mais qui s'aperçoit que vous avez à vous excuser et de votre ténacité à votre jugement et à votre manière de voir et de faire; sacrifiez tout cela, ma bonne enfant, soyez soumise et obéissante comme Celui que vous voulez choisir pour Époux et qui vous a préférée à tant d'autres pour marcher à sa suite et le servir.

Adieu, ma bien chère enfant, ne m'oubliez pas près de votre Mère et de Sœur L. et croyez-moi toujours

Votre toute dévouée.

CXXXV.

Offrir ses larmes à Jésus.
S'armer de courage.

Vous n'avez pas besoin de vous tourmenter, mon enfant, pour dire votre intérieur; vous le faites bien simplement, il n'en faut pas plus. Le bon Dieu vous fait la plus grande des grâces, celle de voir et d'avouer votre faiblesse, n'en cherchez point d'autre, avec celle-là on va au Ciel.

L'Enfant Jésus était faible dans la crèche, il pleurait. David, ce roi si puissant, pleurait et notre divin Sauveur a dit : bienheureux ceux qui pleurent, parcequ'ils seront consolés. Vous me direz que les larmes que vous versez sont des larmes d'amour propre et non pas de saintes larmes ; mais, mon enfant, quand on ouvre une source, la première eau qui en sort est trouble et elle finit par s'éclaircir. Allez toujours porter vos larmes au petit Jésus, dites-lui que vous êtes une enfant, une pleureuse et, si vous voulez, une orgueilleuse ; il mêlera ses larmes aux vôtres et il les sanctifiera ; il aime tant les petits, les humbles, les faibles, qu'il étendra ses petites mains pour vous recevoir et les Anges chanteront avec plus de transport : Paix aux hommes de bonne volonté. On ne fait pas un petit sacrifice sans en recevoir la récompense par de nouvelles forces et de nouvelles grâces que le bon Dieu répand avec profusion sur les âmes généreuses. Courage donc et confiance, cela va bien, très bien et nous ne pouvons que vous assurer que le bon Dieu est content et qu'en Lui et pour Lui.

je suis toute vôtre.

CXXXVI.

Suivre le chemin de la vérité et de la vertu solide. – Difficultés.
Les satisfactions ne sont jamais sans peine.

Vous avez peur des yeux de mon âme, ma bonne petite, car vous n'avez pas lieu d'avoir peur des yeux de mon corps, puisque je suis si loin de vous ! Que voulez-vous ! plus j'ai d'affection pour quelqu'un et moins je la gâte ; je l'aime comme moi-même et je tâche de la prémunir contre les écueils qu'elle peut rencontrer sur le chemin qu'elle a à parcourir et contre lesquels j'ai si souvent moi-même échoué et heurté. Le chemin de la vérité et de la vertu solide, n'est pas très fréquenté et notre âme ne sait pas le trouver, sans une lumière et une grâce spéciales et encore, faut-il bien du temps; c'est le travail de toute la vie.

Le bon Dieu, mon enfant, vous donne une bonne volonté; soyez bien fidèle à cette grâce, c'est une grande faveur. Il vous a mise dans une position où vous pouvez satisfaire votre goût pour la prière et si, en échange, il vous demande quelques petits sacrifices de goûts, d'amour-propre, Oh! ne les lui refusez pas. Quand le bon Dieu nous accorde quelques faveurs, Il veut du retour; ainsi, il vous a accordé le plaisir de voir votre famille et il a voulu, en même temps, vous montrer que toutes les satisfactions naturelles traînent après elles, l'amertume, par la petite secousse du mal du pays que vous ressentiez. Tout est bon pour l'âme attentive et toutes les leçons que nous recevons, tendent à nous mettre dans la vérité, en nous faisant toucher au doigt, notre faiblesse et notre impuissance.

Adieu, chère petite, priez un peu pour moi et croyez bien à la tendresse de celle qui vous aime, pour le temps et pour l'éternité.

CXXXVII.

Condoléances – Mère Picard.

J'ai appris hier, la mort de notre vénérable Mère Picard et, je ne puis repartir, sans vous exprimer la part que je prends à la peine de nos bonnes Sœurs, qui l'aimaient tant et à si juste titre. Moi aussi, je la vénérais comme une Sainte et ne pouvais la regarder autrement, car elle était pour toutes, un lien qui nous unissait, un modèle de dévouement, d'esprit de sacrifice, dont j'ai été le témoin bien souvent.

Témoignez, s'il vous plaît, à nos Sœurs, mes affectueux sentiments et tout ce que mon cœur ressent de leur trop juste peine; dites le leur de ma part, de celle de Mère d'Oussière qui veut que je la nomme et de nos Sœurs qui, sans la connaître, la vénéraient.

Adieu, bonne Mère, je vais rentrer dans mon trou de St Ferjeux et là, comme ailleurs, je vous suis constamment dévouée.

CXXXVIII.

*Nécessité du silence intérieur:
De la vigilance sur les pensées.*

Vous voilà, ma bonne Sœur, bien renouvelée dans la retraite et disposée, mieux que jamais, à travailler votre âme. Je ne doute pas que le bon Dieu vous ait fait la grâce de comprendre l'importance et la nécessité du travail sur vos pensées. Si nous devons rendre compte des paroles inutiles, à plus forte raison des pensées, puisque la parole n'est que l'expression de la pensée.

Il ne peut y avoir de vie intérieure, de jugement juste, de vertus solide, sans le silence des pensées; quand nous ne les retenons pas, nous sommes comme une maison investie où les voleurs entrent et sortent, sans que personne s'oppose à leur rapine.

Fermons, bonne Sœur, fermons les portes de notre âme et prenons garde aux voleurs. Vous allez travailler pour Dieu seul; Ah! travaillez bien pour Dieu seul. Prenez garde que les rats ne vous mangent vos fleurs pendant que vous vous occuperiez des affaires d'autrui. Faites toujours brûler devant le Seigneur, l'encens des vertus qui lui plaisent tant ; mettez dans les bouquets que vous lui offrez, bien de la violette, de la pervenche, du muguet et surtout, de belles et bonnes pensées ; et puis, ne travaillez qu'à devenir la petite fille de Jésus et de Marie, en qui je suis bien tendrement

Toute vôtre.

CXL.

Supporter les épreuves et attendre les moments de la Providence.

C'est toujours... qui passe le premier dans ma correspondance, parceque vôtre position m'occupe et que je vous sens faible au milieu de l'épreuve. Il m'est revenu que, par suite de vôtre faiblesse, vous l'aviez laissée percer au dehors et que le bruit courait à.... comme à.... que vôtre position n'était pas tenable et que vous ne pourriez pas rester. Toutes les trois, vous avez fait les enfants et vous avez montré que vous ne saviez pas porter la Croix ; c'est une leçon qui en vaut bien une autre.

Quelle est, ma chère enfant, la fondation qui n'a pas été éprouvée ? On ne le peut pas trouver. Mon projet a toujours été que vous soyez chargée de la pharmacie ; je le dirai à votre Mère.

Vous avez bien fait de ne pas quitter toutes deux l'hôpital, pour aller voir Me L. ; mais, mon enfant, prenez garde à l'attachement à votre sens et que les observations que vous faites soient toujours religieuses, humbles et dépendantes ; tout ce qui est fait dans l'ordre, porte des fruits de paix, il n'y a que la nature qui apporte le trouble et l'inquiétude.

Je vous regarde encore, toutes les trois, comme des enfants, qui ne savez pas encore ce que c'est que le renoncement pratiqué et qui vous découragez à la moindre difficulté ; je voudrais bien sauter près de vous, pour vous aider. Quand j'entends dire que vous trouvez votre maison difficile à desservir, qu'on ne pourra jamais la surveiller ; cela me fait penser que vous ne

pouvez pas attendre, que vous ne savez
pas vous arranger et que vous voulez trop
fortement et avec trop d'empressement,
ce que vous voulez ; c'est le bon moyen de
faire des sottises et de ne rien avancer.

Je n'avais pas parlé à vos Messieurs
d'un temps plutôt que d'un autre, pour
faire la Chapelle, seulement, je les avais
priés de ne pas s'en occuper avant que
vous soyiez là ; et, comme votre Mère paraissait désirer ardemment que je lui envoyasse
le dessin d'un autel, je lui ai demandé :
la longueur, la largeur, la hauteur de la
chapelle, la forme des fenêtres, si elles sont
arrondies dans le dessus ou carrées ; elle
n'a pas encore répondu ; dites lui de le faire
le plus tôt possible et de me donner tous
les renseignements sur votre position.

J'ai reçu une lettre de Sœur.... elle va
bientôt vous retourner ; elle me dit qu'elle
a la clef de l'étude de l'allemand ; les leçons de Melle K. lui seront fort utiles ; je
vais lui répondre de retourner à ....

Adieu, mon enfant, dites à votre Mère
les choses les plus tendres, de ma part ;
à Mr K. et à Mr H. mes respectueux hommages.

et pour vous, mon enfant, croyez à ma tendre affection.

CXLI.

Soumission. Simplicité. Obéissance.

C'est avec peine, ma chère enfant, que je ne vous ai pas répondu plus tôt; mais, depuis quelque temps, nous avons été en retard pour tout; et, j'ai encore bien des choses à faire pour les deux mois qui me restent, avant ma déposition.

Je ne peux guère, ma chère enfant, que vous remettre le Saint Enfant Jésus, sous les yeux, dans ce St. temps de l'Avent; et je vous engage à méditer ces paroles de l'Évangile qui me ravissent : <u>Et il leur était soumis</u>; c'est tout ce que je trouve de plus beau, de plus grand, de plus digne, que la soumission de l'Enfant-Dieu à Joseph et à Marie. Quelle dépendance ! Quelle douceur ! Quel respect ! Quelle soumission !! Et tout cela, pour nous donner l'exemple, pour être notre modèle, pour nous dire : Faites comme moi, pour le salut du genre humain et pour nous apprendre que, si nous voulons que notre maison, notre Congrégation prospère, il faut que nous courbions nos têtes sous le joug de l'obéissance et de la dépendance. L'homme obéissant raconte des victoires, dit la Sᵗᵉ Écriture et notre règle nous prescrit la perfection de cette vertu ; je sais par cœur tout ce qu'elle nous enseigne et je veux bien m'efforcer de le pratiquer ; il n'y a que cela qui puisse nous donner la paix en ce monde et le bonheur éternel. On ne peut entrer dans le Ciel, que par la porte de l'obéissance et de la simplicité ; c'est N. S. qui nous dit que si nous ne devenons comme de petits enfants, nous n'entrerons pas dans le royaume des Cieux, et, le bon petit Jésus nous en donne l'exemple.

Faisons tout, ma chère enfant, par petitesse, par esprit de soumission, par dépendance ; humilions nos têtes, nos esprits, nos cœurs, sous le joug de l'obéissance et nous verrons tomber nos ennemis à droite et à gauche, nous verrons réussir autour de nous, nos désirs, nos vues, nos projets.

Petitesse donc, mon enfant, simplicité, obéissance, dépendance, voilà le chemin, le bon Maître y a passé ; c'est le chemin du Ciel, nous ne pouvons y entrer que par là. Allons à Jésus, dans le sein de sa Mère, dans la crèche, dans nos Tabernacles, qu'y a-t-il là de grand ? La plus petite d'entre nous, la plus dépendante, approchera le plus près de son berceau.

Je viens de faire la tournée du Jura et j'y ai été bien contente de toutes nos Sœurs ; elles sont bien simples, bien gaies et pleines de bonne volonté ; nous ne voulons point leur céder le pas et tout au moins, nous voulons les suivre pour nous réunir dans le Cœur du St Enfant Jésus, dans lequel je suis,

Toute vôtre.

CXLII.

Craindre de scandaliser.
Se soumettre quand on ne peut faire le bien.

Il y a long-temps, ma bonne enfant, que je vous dois une réponse, sans que j'aie pu vous la faire. Ne vous en prenez pas à mon cœur, mais au temps qui m'a manqué et aux difficultés qui me pèsent de tous côtés et qui m'absorbent entièrement. Vous avez une pauvre Mère qui sent tous vos besoins et ne peut y subvenir, bien malgré elle.

Je pense que vous êtes bien contente de votre petite compagne; nous avons, dans la plupart de nos jeunes Sœurs, un excellent esprit, bien de la souplesse et de l'amour pour le bon Dieu, qui leur donne du dévouement et une vraie ferveur; ces bonnes petites me confondent souvent. Prenons bien garde, mon enfant, de leur donner un exemple qui pourrait leur nuire; les demi-mots, les murmures, les mécontentements, leur seraient préjudiciables et blesseraient leurs cœurs à mort.

Nous venons d'avoir une inspection qui peut compter. Sœur E. n'est pas encore de retour, elle sert de compagne à Sœur G. qui est dans sa famille, elle ne doit revenir que samedi.

On part aujourd'hui pour la Grange, ce n'est pas le plus beau moment de l'année, il s'en faut bien. Il paraît que nous n'aurons pas les militaires de Saint Louis, cette année; et c'est une Providence, nous ne sommes guère en force pour les recevoir.

La seconde opération qu'on a faite à Sœur J. a aussi bien réussi que la première; elle va aussi bien que possible.

Vous ne pouvez pas faire votre retraite, mon enfant; quand c'est par une permission providentielle, ce n'est pas un mal, le bon Dieu sait mieux que nous, ce qu'il nous faut; vous pouvez, ma bonne et chère enfant, y suppléer par beaucoup d'actes de renoncement à votre volonté, à votre jugement; par une plus grande dépendance, par une grande exactitude à la règle, tant pour ce qui regarde l'extérieur que l'intérieur ; enfin, par une charité plus gracieuse et plus dévouée envers vos Sœurs. L'âme qui aime Dieu, le trouve partout et surtout dans la souffrance. Aimons, mon enfant, et soyons unies par le Cœur de Celui qui nous aime.

CXLIII.

Ne pas raisonner sur les ordres des Supérieurs. Se soumettre et obéir à l'exemple de N. S.

Je suis bien en retard avec vous, ma chère enfant ; le jour de l'an est un mois vent de disgrâce pour la correspondance, qui est toujours en retard, parce qu'elle est nombreuse et qu'on ne peut pas tout faire à la fois.

Vous êtes donc, ma chère enfant, toujours sur le théâtre de la guerre et en proie à la plus pénible lutte ; je le comprends, mais il me semble que vous ne prenez pas le chemin de la vraie paix. Vous la trouverez, cette paix, dans notre règle, qui nous recommande d'une manière si parfaite, l'obéissance prompte, aveugle, de volonté et de jugement ; lisez tous les jours ce passage pour vous en bien pénétrer ; attachez-vous à l'Enfant Jésus soumis et obéissant ; prenez pour devise, ces paroles de l'Évangile : Et il leur était soumis. Ne vous permettez pas de regarder si votre Mère a tort ou raison, ne voyez en elle, que l'organe des volontés de Dieu. Le Dieu Enfant ne voyait pas autre chose que la volonté de Dieu son Père, dans l'ordre de l'Empereur qui appelait la Ste Vierge et St Joseph à Bethléem ; dans le refus de les loger, que la volonté de son Père ; dans sa fuite en Égypte que la volonté de son Père ; dans la trahison de Judas, que la volonté de son Père ; dans le reniement de St Pierre et l'abandon de ses disciples, que la volonté de Dieu son Père.

Ayez les yeux sur le Modèle qui vous crie au fond du cœur : que l'homme obéissant racontera des victoires. Lisez la règle, ma chère enfant, et voyez si vous lui êtes bien fidèle et obéissante ; lisez le traité de l'obéissance de Rodriguez et voyez si vous êtes fidèle pour la dépendance, si vous demandez bien toutes les petites permissions que vous devez demander ; cherchez si vous ne vivez pas trop en vous-même et dans votre propre esprit et, si cela est, humiliez-vous et vous aurez la paix ; ne vous découragez pas, le royaume de Dieu souffre violence.

Je suis bien contente que l'Enfant Jésus vous ait fait quelques cadeaux ; cependant, estimez-vous heureuse de pratiquer la pauvreté qui est le soutien de la vie religieuse.

Priez pour moi, ma bien chère enfant et ne m'oubliez pas près de Sœur L.; mes respects à ces Messieurs ; puis, croyez-moi toujours,

Votre bien affectionnée.

CXLIV.

Ne pas compter sur soi ni sur ses œuvres.

Vous ne m'en voudrez pas, si je ne vous écris que quelques lignes. J'ai passé huit jours à A. fort occupée à y rétablir la comptabilité qu'on y avait laissé tomber depuis vous et qui a attiré de grandes plaintes de la part du Ministre ; puis, je me suis mise au lit pour dix jours et ma première action est de répondre à une trentaine de lettres ; je commence par vous. —

... J'en étais là le 11 et nous sommes au 16. J'ai été obligée de regagner le lit ; j'en suis sortie hier et le soir, je m'y suis remise pour des battements de cœur qui me fatiguent et m'ôtent toute énergie. Je ne vaux plus rien, de point de façon ; tous les jours, je reçois un fatras de lettres, mon cœur y répond, mais c'est tout. Par surcroît, toutes les Maîtresses de la Charité sont parties pour le Couvent, il ne reste plus que M.. et il faut que je reprenne le métier d'y former des Sœurs. La bonne Sœur E. si bonne d'ailleurs, ne peut convenir aux enfants; elle y reste chargée du linge et il faut refondre tout le reste et refaire tout ce que j'ai fait pendant vingt-quatre ans. Le bon Dieu me donne là, une belle leçon, pour m'apprendre à ne pas compter sur moi et mes œuvres.

Je ne vous parle que de moi, mon enfant;

et cela, pour vous faire voir que, partout, on a ses peines et ses disgrâces. Je voudrais que vous puissiez voir nos enfants que je travaille depuis si long-temps à civiliser; quel profit en ont-elles tiré? Vous vous trouveriez heureuse du défaut de politesse de vos.... qui, au moins, sont chrétiens. Eh! mon enfant, qu'est-ce que la politesse mondaine? Sinon le mensonge et la fourberie. Tenez, croyez-moi, ne suivons que la civilisation de l'Évangile et des Apôtres, laissons là tout le reste.

Je répondrai sous peu, si Dieu le veut, à Sœur H. et à Sœur R. de qui je viens de recevoir une lettre. Je voudrais bien que Sœur..... puisse aussi faire sa retraite sous la direction de Monseigneur et que vous lui écriviez pour l'en prévenir.

Il n'a jamais été question d'un voyage de Sœur E. que pour l'année prochaine.

Je vous disais bien, que le bon Dieu vous viendrait en aide, à proportion de votre résignation; Oh! il ne veut pas trop que nous nous mêlions de ses affaires, tout ce qu'il demande, c'est que nous nous comptions pour rien. Eh! bien, mon enfant, soyons bien *rien*, rien du tout et restons dans notre néant pour l'y adorer et nous aimer d'une charité *vraie* et *profonde*.

Adieu, ma chère enfant, c'est en Jésus que je suis toute vôtre.

CXLV.

L'amour de la solitude ne doit pas faire oublier les relations de charité.

Vous allez être bien étonnée, ma bonne Sœur, de voir reparaître mon écriture et je suis sûre que vous n'attendiez pas une réponse à votre bonne lettre. Oh! je ne suis pas tellement enfoncée dans la solitude, que je veuille n'avoir plus de relations avec nos Sœurs. J'ai cru devoir briser avec toutes, pour le moment de l'élection d'une nouvelle Mère; mais je n'ai jamais pensé à rompre, avec nos Sœurs, les relations qui sont permises à toutes et qui font le charme de la vie religieuse. Bien que j'aime la solitude, la solitude ne me fait pas perdre de vue que j'ai des Sœurs avec qui je suis liée par les liens de la plus étroite charité ; c'est dans la solitude que j'apprends cela et je regarderais avec raison, comme de l'illusion et de l'égoïsme, tout amour d'isolement qui exclurait la charité et l'amitié fraternelle.

Je vous remercie, ma chère enfant, des vœux que vous me chargez d'offrir à notre bonne Mère Faivre ; je la vois s'affaiblir avec beaucoup de peine et ma nature se révolte à l'approche du moment fatal qui doit me l'enlever.

Les malheurs de votre patrie, m'ont vivement affligée ; j'en ai été terrassée, je ne crois pas avoir jamais éprouvé de peine plus profonde et plus cuisante. Ah! ma bonne Sœur, prions! Que la foi est mise à une rude épreuve!

Adieu, ma bonne Sœur, je vais souhaiter une bonne fête à Mère Faivre et je vous renouvelle l'assurance de mon entier dévouement.

CXLVI.

Avis de direction à une religieuse Supérieure.

Avant de me séparer de vous, ma chère enfant, j'ai toujours eu le projet de vous donner par écrit, quelques unes de mes pensées sur la nouvelle position dans laquelle vous allez entrer.

Vous y aurez des devoirs difficiles à remplir, beaucoup de choses à apprendre, des dangers à éviter, et le principal obstacle que vous rencontrerez, ce sera vos défauts que vous emporterez avec vous et auxquels il faudra livrer une guerre continuelle.

En vous trouvant au dessus de vos Sœurs, vous leur devez l'exemple de toutes les vertus; de l'humilité, ne leur commandant point avec hauteur et avec empire; leur parlant et les reprenant sans humeur, sans chagrin ni dédain; vous souvenant que N. S. disait à ses disciples: que celui qui veut être le premier parmi vous, soit le serviteur de tous.

Ne confondez pas l'autorité qui vous est

confiée, de la part de Dieu, avec la susceptibilité d'un amour-propre trop délicat. Comme représentante de Dieu, vous ne devez pas compromettre votre autorité, par une humilité basse, qui pourrait vous rendre ridicule ; mais, étant faible et imparfaite, remplie de défauts et peu expérimentée, votre conduite habituelle doit être simple, modeste et pleine de cordialité.

Evitez de vous plaindre de votre charge, de vos peines et de tout ce qui peut vous fatiguer, soit dans le caractère de vos Sœurs, soit dans le caractère des habitants du pays et des pauvres que vous aurez à servir. Cherchez à connaître le caractère particulier de chacune de vos Sœurs et tenez-vous en garde contre les préventions. Travaillez à corriger leurs défauts, plutôt par vos exemples que par vos paroles ; dites-vous à vous-même, tout ce que vous leur diriez ; ayez soin d'être toujours avec elles, droite et franche et qu'elles ne puissent pas vous soupçonner d'une arrière-pensée.

Faites attention, surtout, aux rapports que vous aurez avec celles qui sont plus âgées et plus anciennes que vous, dans la

Congrégation, afin de leur adoucir, par vos manières, le poids de l'autorité. N'exigez pas d'elles une perfection dont elles ne sont pas capables ; pourvu qu'elles soient régulières et appliquées à leur devoir ; contentez-vous de ce que Dieu leur demande, supportant les défauts qu'elles n'ont pas la lumière de corriger. Ayez soin de toutes pour la santé, pour la nourriture et veillez à ce que rien ne leur manque ; cependant, prenez garde de laisser introduire des abus. Soyez large dans les permissions que vous donnez, sans manquer à la vigilance que vous impose le devoir de savoir tout ce qui se passe dans la maison.

Prenez garde d'être jalouse de la confiance, c'est le moyen de ne l'avoir jamais ; partagez avec vos Sœurs leurs travaux et faites en sorte d'être la première dans tout ce qu'il y a à faire de pénible et de laborieux.

Évitez autant que vous le pourrez, les relations trop fréquentes avec les personnes du dehors et faites en sorte que vos Sœurs en aient le moins possible ; pour y parvenir, cherchez à leur faire aimer la vie de communauté par votre gaieté et vos bons procédés envers elles.

Vous avez à vous former toute entière, au

gouvernement temporel de la maison; par conséquent, vous aurez à apprendre de toutes, quelquechose. Vous devez donc être tout œil et toute oreille, parcequ'il faut que vous dissimuliez votre ignorance. Il faut vous mettre au courant des poids et des mesures du pays; de la cuisine, de la tenue du jardin, de la cave, de la manière de soigner le blé et la farine; de la basse-cour, afin de veiller à ce que les domestiques donnent aux bêtes suffisamment à manger sans, cependant, prodiguer le fourage.

Le soin des malades et des salles, doit aussi être l'objet de votre vigilance. Voyez souvent faire le service; tenez à ce que tout ce qui leur est offert, soit préparé avec soin; parlez-leur avec bonté et intérêt et soyez la mère de tous. Veillez aussi sur les domestiques et ne leur accorder jamais une confiance sans bornes; ne leur laissez, ni les clefs de la cave, ni des greniers à blé, ni des fruitiers, de la lingerie, etc. Travaillez à gagner leur confiance et leur affection, pour les porter à Dieu et leur faire remplir leurs devoirs avec plus d'exactitude. Défiez-vous de la flatterie, et dans le moment où l'on paraîtra le plus content de vous, croyez qu'on vous reproche encore bien des choses qu'on n'ose pas vous dire.

Ne gênez pas vos Sœurs pour écrire à leurs Supérieurs ; quelqu'instance qu'on vous en fasse, ne lisez jamais leurs lettres, ni celles qu'on leur écrit, ni celles qu'elles reçoivent. Quant aux lettres qui viennent des parents de vos Sœurs, ouvrez celles des plus anciennes devant elles et rendez-leur sans les lire ; lisez celles des jeunes Sœurs, quand elles ne viennent pas de leur Père ou Mère, à moins qu'elles vous disent qu'elles ont une permission des premiers Supérieurs.

Sortez peu et laissez peu sortir ; faites en sorte que les personnes de la ville, ne sachent rien de ce qui se passe dans la Communauté. Avec Messieurs les Ecclésiastiques qui fréquentent l'hôpital, soyez bonne, simple, mais faites attention qu'il n'y ait ni rapport de direction, ni familiarité ou confidence inutile.

CXLVII.

Mère Faivre. – Ses infirmités.

C'est toujours à E.. que je peux donner le plus longuement, de mes nouvelles et vous écrire tranquillement. J'y ai retrouvé, l'autre jour, un billet que j'y avais écrit à Sœur D., je vous l'envoie, il lui prouvera par son ancienneté, que je ne l'oublie pas, ni elle ni vous, ni nos Sœurs de S. où mon cœur est profondément gravé.

Je suis venue ici, passer quinze jours, pendant que Sœur B. est à la Grange, et je peux m'y convaincre de ma nullité. Je souffre toujours un peu plus des reins et des genoux; et, quoique prétende notre Mère de ma jeunesse, elle ressemble bien à de la vieillesse; je ne puis aller depuis le dortoir à la charité, sans une extrême fatigue et des douleurs aigües; ici, je ne puis rien faire ni marcher, sans me faire suivre d'une chaise.

Je dois retourner à B. pour ma fête; je n'ai pu aller à Gray où je devais me rendre, il y a quinze jours. Nous avons ici Melle de C. avec sa femme de chambre; elle est venue habiter nos petites chambres de St Joseph, qui est son gardien et son plus proche voisin. J'ai fait en dehors, sur le four, une belle grotte en tuffe pour y placer ce bon Saint, qui est en terre cuite, fort bien fait et tenant un petit Jésus par la main.

Vous vous plaignez, ma bonne enfant, que votre entourage ne va pas assez vite, et moi, je pourrais dire que le mien va trop vite. Nous avons des Frères intrépides, ils ont aussitôt fait de démolir qu'on les a vus. Pour la fin des foins, ils étaient, eux et leurs enfants, tellement en train, que depuis mon lit où j'étais, je me disais que le soleil leur avait donné sur le cerveau; vous auriez de quoi satisfaire ici, le torchon de Samson; je vous souhaiterais tout notre monde pendant un mois et vous seriez contente. Il faut que chacun ait de quoi renoncer à soi-même, la lenteur de votre monde ne peut que vous être très utile. Le bon Dieu fait bien tout ce qu'il fait.

Je suis bien contente que Sœur D. soit à la cuisine et que vous la mettiez un peu au fait du jardin, des comptes, de la tenue du linge et de tout ce qui tient au bon ordre d'une maison. C'est un défaut chez nous, de ne pas former à tout faire, celles qui en sont susceptibles: on se prive d'une grande ressource et cela augmente beaucoup les embarras du gouvernement.

J'ai reçu hier, des nouvelles de Sœur E. qui va bien, elle est à Z. pendant que Sœur R. est à St Gall. avec Sœur S.; elle n'est pas sûre encore de revenir pour le dix-huit.

Vos petits vases vont parfaitement dans notre petite chapelle, on y met des fleurs des champs et, avec cela, elle est parée on ne peut mieux; je vous en remercie encore une fois.

Soyez assez bonne pour ne pas m'oublier près de vos Sœurs, toutes et chacune. Offrez s'il vous plaît, mes hommages à Mr le Curé; un souvenir à Mr L.; un bonjour aux filles et à vous, chère amie, toutes les tendresses d'un cœur qui ne vieillit pas.

Fin.

Table des Matières

	pages
1. Notice historique sur Mère Symphorose Faivre, Religieuse hospitalière	1
2. Avis sur la manière de se conduire et de combattre dans la vie spirituelle, pour avancer dans la perfection	52
3. Entretien sur la mortification, sa nécessité et ses pratiques	57
4. Explication de la Règle par M. Faivre . .	65
Chapitre 1er	70
Ch. 2. De la réception des malades . . .	78
Ch. 3. Du Chapelain	82
Ch. 4. De la Supérieure Générale . . .	84
Ch. 5. De la Maîtresse des Novices . . .	88
5. Manière de rendre compte de ses dispositions intérieures	90
6. Recommandations aux Novices de l'Hôpital	94
Ch. 6. Des Offices des Religieuses	96

Ch. 7ᵐᵉ Section 1ʳᵉ Des occupations extérieures pendant la journée 98

Section 2ᵐᵉ De la conduite intérieure des Religieuses 101

Section 3ᵐᵉ Des exercices de dévotion . . . 146

7. Conseils de M. Faivre à une jeune Professe, dans lesquels elle lui donne des règles à suivre pour ne pas manquer aux devoirs de politesse . . . . . 88 bis *(Les dix Numéros des pages ci-dessous sont répétés par erreur ; voir la petite note page 159)*

8. Conseils de M. Faivre aux jeunes Professes qui quittent Besançon pour aller aux petites Maisons . . . . 116 bis

9. Résumé de quelques paroles de M. Faivre, sur l'amour de la Congrégation et de sa Règle . . . . 118 bis

10. Examen de la Religieuse Hospitalière . . . 125 bis

11. Examen du soir . . . . 129 bis

12. Considérations sur les causes de nos imperfections et sur les remèdes que nous devons y apporter . . . 132 bis

13. Défauts à éviter . . . . 142 bis

14. Avis à une Religieuse . . . . 145 bis

15. Autres avis . . . . 155 bis

16. Sur la Vigilance . . . . 157 bis

17. Sur la Simplicité 161

18. Charité 163

19. Autorité 170

20. Pauvreté 174

21. Persévérance 178

Ch. 22. Sentiments pieux et pratiques 187

Avis et Lettres spirituelles de Mère Symphorose Faivre.

	pages
Réflexions sur les lettres de Me. Faivre	195
1re lettre. L'acquisition des mérites	199
2e — Porter la Croix	201
3e — Ne point se décourager	203
4e — Il est utile de voir et de sentir ses imperfections.	205
5e — Calme et patience dans les difficultés . .	207
6e — Confiance et abandon entre les mains de Dieu au milieu des tribulations	209
7e — Tout ce qui nous vient de la main de Dieu est une grâce. — Attendre avec patience. .	212
8e — Être charitable et compatissante, mais ferme	214
9e — Douceur, modération et prudence dans les observations	217
10e — Tout jugement trop sévère n'est pas de Dieu.	220
11e — Nos perfections sont mêlées d'imperfections.	222
12e — La nature et la grâce	226
13e — Le bien se fait lentement	230
14e — Attendre les moments de la Providence.	232
15e — Les défauts du prochain peuvent nous être utiles.	236
16e — Ne pas trop se réjouir. — S'attendre à des déceptions.	238

17e Lettre. Ne pas se glorifier de la confiance qu'on nous témoigne 239
18me — Modérer l'empressement. — Le plus bel ornement d'une maison, c'est l'union des cœurs. . 241
19me — S'humilier de ses fautes 244
20me — En quoi consiste la vie intérieure. — L'amour de la Croix 246
21me — Éviter l'empressement. — Considérer son incapacité personnelle 249
22me — Confiance et courage ! Ne pleurez donc plus ! . 253
23me — La plus grande folie de l'esprit humain, c'est d'enlever à Dieu ce qui lui appartient . . . 256
24e — Éviter la vaine gloire. — Il faut que nos chants puissent s'harmoniser avec le Magnificat . . 258
25e — Se faire tout à tous. — On critique par ignorance. — Règles de conduite 262
26e — Simplifier la besogne. — Régler les petites choses 268
27me — L'esprit de Dieu en tout. — Soin des petites choses. — Organisation de la Maison . . . 271
28me — Éviter la singularité. — Il est bon de ne pas être toujours applaudie 274
29me — Consolation sur la mort d'une Sœur. — Ce qu'il faut faire pour entrer en religion . 277
30me — Ce qu'il faut faire pour devenir bonne Religieuse 280
31me — Se connaître soi-même. Ce qui constitue une b.R. 282

32ᵐᵉ Lettre. Nous sommes dans la maison de Dieu, pour servir et non pour être servies 283

33ᵐᵉ — La vertu en théorie et en pratique. — Ne pas s'appuyer sur les hommes, mais sur Dieu seul. — Se résigner à souffrir. 285

34ᵐᵉ — La vertu est utile à tout; elle est supérieure au talent. — Être un lien de charité. Modérer ses paroles 288

35ᵐᵉ — En quoi consiste la vertu. 290

36ᵐᵉ — O Crux Ave ! Mourir au monde et à soi-même. 292

37ᵐᵉ — L'exactitude à observer la Règle est le chemin du Ciel. 293

38ᵐᵉ — S'appliquer à se connaître soi-même. — Difficultés et moyens. 294

39ᵐᵉ — Lire la Règle et la pratiquer. — S'appliquer à bien faire son office. 297

40ᵐᵉ — Ne pas écouter la nature. 299

41ᵐᵉ — Ne pas se replier sur soi-même et s'abandonner à la Providence. 301

42ᵐᵉ — Soyons bien humbles. — Ne craignons pas de nous voir telles que nous sommes. . . . 303

43ᵐᵉ — Il faut combattre sans se décourager. 305

44ᵐᵉ — Il n'est pas facile d'être fervente . . . 306

45ᵐᵉ — Les âmes ont, tôt ou tard, une épreuve; se confier en la bonté de Dieu 308

46ᵐᵉ — Respecter les usages et les pratiques d'une Communauté. — S'édifier de tout. . . 310

47ᵉ lettre. Dieu se sert de tout pour nous purifier . 312
48ᵉ ... Maître, je vous suivrai partout où vous irez . 315
49ᵉ ... Utilité d'une retraite. Se connaître soi-même. 316
50ᵉ ... La grâce qui humilie vaut mieux que celle qui console. — Nous ne pouvons pratiquer l'humilité sans le secours du prochain. 318
51ᵉ ... Mourir tous les jours à quelque chose. . 321
52ᵉ ... On édifie en reconnaissant ses manquements. 322
53ᵉ ... Agir avec l'esprit de Dieu, en toute simplicité et sans crainte 326
54ᵉ ... Obstacles à la paix du cœur 331
55ᵉ ... Moyens à employer pour avoir la paix de l'âme 332
56ᵉ ... Se bien convaincre de ses imperfections. . 334
57ᵉ ... S'appliquer à la pratique de la charité. Consentir à être reprises et averties. . . . 335
58ᵉ ... Ne pas craindre de faire connaître les misères de son âme 339
59ᵉ ... Craindre de faire des confidences inutiles. Moyens qui soutiennent au milieu des difficultés. 341
60ᵉ ... Profiter du temps et de la position pour se former au bien. — Vaincre son caractère. . 344
61ᵉ ... Eviter les préventions. Agir dans les vues de foi 347
62ᵉ ... Ne point s'affliger d'être jugée. Ne pas se séparer de la Communauté pour vaquer même à la prière. Ne pas trop parler ni dire ses impressions. 351

63.ᵉ Lettre. Prendre garde de s'endormir dans la lutte des petites tentations. – Ouvrir son âme aux Supérieurs. 354
64.ᵉ... Les peines de famille sont utiles aux Religieuses. 356
65.ᵉ... Quelle est la meilleure des retraites. – Ouvrir son cœur aux Supérieurs 357
66.ᵉ... Souffrir les ennuis et les tentations . . . 359
67.ᵉ... Renoncer à ses goûts et à ses répugnances.- S'attacher à faire la volonté de Dieu . . . 361
68.ᵉ... Dieu bénit l'obéissance 362
69.ᵉ... Union, renoncement et charité . . . 363
70.ᵉ... Renoncer à ses propres idées pour accomplir la volonté du Seigneur 366
71.ᵉ... Supporter les caractères et prier . . . 368
72.ᵉ... Tout ce qui souffre n'est pas mort . . . 371
73.ᵉ... Se résigner pour la santé, le temps et la manière 373
74.ᵉ... Faire jour par jour ce que l'on doit faire. 374
75.ᵉ... Être résignée dans l'infirmité et l'impuis.ᶜᵉ 377
76.ᵉ... Grande utilité des peines et des afflictions. 380
77.ᵉ... Ne pas regarder ce qui plaît ou déplaît . . 383
78.ᵉ... La solitude et l'observation unies à la simplicité, nous instruisent 385
79.ᵉ... S'appliquer à l'étude d'une langue, pour être utile aux âmes 387
80.ᵉ... On ne peut servir deux maîtres . . . 388
81.ᵉ... La croix est la clef du Ciel 389

82ᵉ lettre. Le travail vient à bout de tout. . . . 391
83ᵉ... Vaincre les difficultés par la constance. . 392
84ᵉ... Combien souvent nous avons tort ; se le dire
        souvent. 394
85ᵉ... Respecter les Supérieurs 397
86ᵉ... Fidélité dans les petites choses. . . . 398
87ᵉ... Ne pas se décourager. Se supporter s-même. 399
88ᵉ... Pour faire le bien, il faut souffrir. . . . 401
89ᵉ... Devenir enfant à l'exemple de Jésus. . 403
90ᵉ... Détachem.ᵗ du monde, s'attacher à Dieu s. 404
91ᵉ... Consolation sur la mort d'un Père. . . 406
92ᵉ... La vertu se perfectionne dans les infirmités. 407
93ᵉ... Simplicité et humilité de cœur. . . . 409
94ᵉ... Dévotion à S.ᵗ Joseph. 411
95ᵉ... Nous appartenons à Dieu. — Ce qui
        plaît à Dieu, je le fais toujours. . . . 412
96ᵉ... Parler peu, agir avec foi et simplicité. 415
97ᵉ... Comment il faut être utile à sa famille. 417
98ᵉ... Nos fautes sont utiles par l'humiliation &. 419
99ᵉ... Supporter cordialem.ᵗ les défauts d'autrui. 420
100ᵉ... Ne désirons rien et nous souffrirons peu. 423
101ᵉ... Consolation sur la mort d'un Père. —
        Accepter la croix avec confiance. . . . 425
102ᵉ... On n'a pas besoin d'être en chef pour
        entrer en paradis. 427
103ᵉ... Se condamner s-même ; dire : j'ai tort. 429

104.ᵐᵉ Lettre. Découvrir avec simplicité ses ennuis, ses peines. 432
105... Bien faire ses exercices de piété, l'oraison. 434
106... Voir ses propres misères, se regarder comme rien, c'est le moyen de faire le bien. 436
107... Réprimer le trop grand empressement naturel. — Ne pas toujours penser à ce qui manque. Savoir attendre. Ne pas se laisser aller à la délicat.ᵉ 439
108... Ne pas s'écouter s-même. Ne pas gémir sur des riens. Savoir se passer de ce que l'on n'a pas. 445
109... Confiance au milieu des embarras. . . 450
110... Il y a deux sortes de confiance. Voir des yeux de la foi.. 453
111... La charité ne doit pas être confondue avec un bon cœur. 456
112... Se tenir dans l'humilité. Ne pas trop exiger. 458
113... Ce qu'il faut faire quand on est malade. 463
114... La Croix est le chemin du Ciel. . . . 464
115... Tout arrive p.ʳ le bien de ceux qui aim.ᵗ Dieu. 466
116... L'amour p.ʳ confondu et brisé, ses maux et d.ʳ 468
117... Heureuses les âmes qui pensent souv.ᵗ : j'ai tort. 470
118... Craindre l'orgueil. &c. Dispositions à la S.ᵗᵉ Com.ⁿ 471
119... Sur la Communion. 475
120... D. bénit l'obéis.ᶜᵉ — L'éloig.ᵗ des pers.ⁿᵉˢ chères rap.ᵈᵗ de D. 476
121... Indif.ᶜᵉ pour les offices et la demeure. . . . 479
122... Garder son âme d.ˢ le recueil.ᵗ &c. Éviter de se créer des n.ᵉ 480
123... Utilité de la régularité dans une maison . . . 482

124ᵉ.. Ne pas compt.ʳ sur l.ˢ moyens hum.ˢ mais sur le sec. de D. 484
125ᵉ.. Consulter Dieu par la prière 486
126ᵉ.. Le sacrifice donne la paix 487
127ᵉ.. Là où est la croix, là est la patrie 489
128ᵉ.. Retraite. Ouvert.ᵉ de cœur. Aider le prochain. 490
129ᵉ.. Se réunir par la prière, au pied de l'Autel . 492
130ᵉ.. Mort édifiante. Consolation et confiance . 494
131ᵉ.. Être indulg.ᵗ p.ʳ le prochain; raison de cette indul.ᶜᵉ 496
133ᵉ.. L'amour p.ʳ est subtil, etc. Plus on est parfait, plus on
    voit ses déf.ᵗˢ – Se regarder s-même et regar.ᵈʳ Jésus n. Modèle. 502
132ᵉ.. Obéir malgré les répug.ᶜᵉˢ Faire ses excuses. Rester où l'obéi.ᶜᵉ 498
134ᵉ.. Ne pas exag.ʳ le dev.ʳ de la corr.ⁿ frat.ˡˡᵉ Respecter les pl.ˢ anc. 504
135ᵉ.. Offrir ses larmes à Jésus. S'armer de courage . 506
136ᵉ.. Suivre le chemin de la vérité etc. Difficultés.–Les satisfact.ⁿˢ 508
137ᵉ.. Condoléance. Mère Picard 510
138ᵉ.. Nécés.ᵗᵉ du silence int.ʳ – Vigilance sur les pensées . 511
139ᵉ.. Supporter les épr.ᵛᵉˢ et attendre les mom.ᵗˢ de la Provid.ᶜᵉ 512
140ᵉ.. Soumission. Simplicité. Obéissance 515
141ᵉ.. Craindre de scand.ˡⁱˢᵉʳ. Se soumet.ʳᵉ quand on ne p.ᵗ faire ... 518
142ᵉ.. Ne pas raisonner, etc. Obéir à l'exemple de N. S. . 520
143ᵉ.. Ne pas compter sur soi ni sur ses œuvres . . . 522
144ᵉ.. L'amour de la solitude ne doit pas faire oublier
    les relations de charité 525
145ᵉ.. Avis de direction à une Religieuse Supérieure. 527
146ᵉ.. Mère Faivre. Ses infirmités.

Fin de la Table.

Autog. Jacquin, Besançon.

Recommandations

aux

Supérieures locales

pour le Spirituel.

Article 1er. Dans les établissements où la Communauté est peu nombreuse, où les secours spirituels sont peu multipliés, où rien ne parle aux sens et ne porte à une piété qui nourrit l'âme, où l'exemple d'une grande Communauté n'entraîne pas ; il est extrêmement utile à la Supérieure, de nourrir ses Sœurs et elle-même, de tout ce qui peut alimenter la ferveur et soutenir la foi. Le cœur religieux a besoin de pratiques religieuses, ou sans elles, la nature prend le dessus ou recherche au dehors des consolations qu'il ne trouve pas dans l'intérieur de sa Communauté ; alors, on tombe dans le vague, le cœur est mal à l'aise, il souffre sans savoir se rendre compte de cette souffrance.

Pour obvier à cet inconvénient, il serait à désirer que les Supérieures comprissent bien ce qu'elles se doivent à elles-mêmes et à leurs Sœurs. Si elles sont simplement Supérieures maîtresses de maison, elles s'occuperont seulement du matériel, seront sèches envers leurs Sœurs, supporteront difficilement celles qui leur seront à charge, soit par leur âge, soit par leur caractère, soit par leur défaut de capacité et de moyens; elles ne comprendront pas les égards qu'elles doivent aux anciennes; elles ne sauront pas dissimuler et attendre le moment de la grâce; pour celles qui auront des caractères difficiles, elles n'auront pas la lumière pour leur montrer les moyens de se corriger; elles ne sauront pas discerner une tentation d'un défaut réel et profond; elles feront sentir à celles qui ont peu de moyen leur incapacité et, par là, les paralyseront davantage; elles ne sauront pas attendre le moment opportun pour faire une observation et la feront souvent, de manière à blesser, soit avec un ton mordant et trop de vivacité, soit avec quelque chose d'impérieux qui blesse et resserre le cœur. Si, au contraire, elles comprennent que leur position est une charge, qu'elles sont dépositaires de l'autorité de Dieu, qu'elles sont les canaux par lesquels doivent découler dans leurs Sœurs, les grâces de Dieu ; qu'elles sont leur mère et non leur maîtresse, qu'elles doivent se travailler pour leurs Sœurs et non travailler leurs Sœurs pour elles ; qu'elles doivent être pour leurs Sœurs, ce que N. S. était pour ses disciples ; par conséquent, faire au lieu d'enseigner, se persuadant que l'exemple vaut mieux que les beaux discours, que l'on ne peut pas donner ce que l'on n'a pas ; et, qu'elles ne peuvent leur être utile qu'à proportion de leur affection et de leur dévouement à leur égard. Alors, elles regarderont leurs Sœurs comme un dépôt que Dieu leur a confié ; elles entretiendront dans leurs âmes, l'esprit de foi et de piété, par des pratiques variées et religieuses, suivant les temps, les fêtes et les dispositions qu'elles remarqueront en elles. Elles comprendront aussi que l'ouverture de cœur est un besoin impérieux pour toute âme religieuse et que, ne devant pas rechercher leur confiance d'une manière naturelle, elles doivent la mériter par leur charité, leur prudence, leur patience, leur fermeté et le support de leurs misères et tentations. Une des tentations les plus communes, et, sans contredit, la plus utile à mettre au jour, est celle qui regarde la Supérieure.

2º Il serait donc à désirer que les Supérieures fussent assez dépouillées d'elles-mêmes, pour que les Sœurs pussent leur dire tout ce qu'elles ont à combattre sur ce sujet, sans qu'elles en conçoivent moins d'estime pour celles qui leur font cet aveu; il faudrait qu'elles regardassent cela, comme un avertissement de la Providence; car, si elles sont de bonne foi avec elles-mêmes, elles reconnaîtront que ce n'est pas sans sujet, que ces bonnes Sœurs éprouvent ces tentations, que c'est un acte de vertu de leur part, d'en faire l'aveu et qu'elles aussi à leur tour, doivent en pratiquer un, en le recevant; car, N. S. doit toujours se trouver au milieu de ces sortes de pratiques.

3º Il serait à désirer que les Supérieures favorisassent le chant des cantiques, pour celles qui ont de la voix. Les petites chapelles, les petites dévotions, les petites pratiques d'humilité en les appuyant toujours sur la Règle, sur les recommandations des Supérieurs, sur l'observance du coutumier, sur l'esprit de l'Église dans les différents temps de l'année, savoir: Pendant le temps de Noël, la dévotion au Saint Enfant Jésus.

Pendant le Carême, à la Passion de N.S.

Pendant le temps Pascal, à la vie glorieuse de N.S. sur la terre.

Dans le mois de Mai, à la dévotion à la Ste Vierge.

À l'approche de la Pentecôte, à se préparer à la descente du Saint Esprit.

Pendant l'octave du St Sacrement, la dévotion à la Ste Eucharistie.

Pendant le mois de Juin, la dévotion au S-Cœur.

Pendant le mois de Mars, la dévotion à St Joseph.

Pendant le mois d'8bre, la dévotion aux SS. Anges. &

4° Il me semble que l'on ferait bien de faire la retraite du mois, toutes le même jour, que ce jour là, on tint chapitre, suivant la méthode qu'enseigne le Père de Chaffoy, dans son troisième volume ; qu'on choisit un patron dans les Saints du mois et qu'on prit une pratique, dont on rendrait compte chaque semaine, dans une petite conférence qui serait précédée d'une lecture ; que cette pratique ait toujours pour but, ou la correction d'un défaut, ou l'acquisition d'une vertu et une plus grande perfection dans l'accomplissement des devoirs de notre état, de notre vocation.

5º Il serait à désirer que les Supérieures fissent bien comprendre à leurs Sœurs, la nécessité de donner le bon exemple aux domestiques, aux malades et aux personnes séculières qui ont des relations avec elles; par conséquent, qu'elles les forment à la vigilance et à la prudence sur leurs paroles, évitant la dissipation, les éclats de voix, les plaisanteries sur le compte du prochain, la critique, la curiosité, l'inconsidération dans les paroles et le reste.

La Règle donne à la Supérieure le droit de reprendre et de punir; mais je crois que pour le faire avec fruit, elle doit se conformer aux avis suivants: La correction est, peut-être, la partie des devoirs d'une Supérieure, qui demande le plus de prudence, de discernement, de charité, de douceur et de fermeté, tout à la fois, et où, en même temps, il est le plus difficile d'allier ensemble toutes ces qualités. Oui, rien n'est si difficile à bien faire que la correction, comme il n'est rien de si difficile à bien recevoir; on peut dire que si elle est bien faite, elle sera bien reçue des personnes auxquelles on la fera. Je vais entrer dans quelques détails sur ce sujet.

Je dis d'abord que, pour que la correction

soit bien faite, on doit faire attention aux fautes pour lesquelles on la fait. Que rien ne rebute dans l'exercice de cet emploi, ni la stupidité ou la défectuosité des esprits, ni la petitesse ou la puérilité des choses qu'on doive punir. Il ne faut pas être trop surprise des fautes même les plus capables de surprendre; qui connait bien le cœur de l'homme, rien ne l'étonne, ou ne l'étonne que très peu; il se trouve quelquefois de si petites misères, qu'il est à propos de n'en reprendre que par le mépris; mais il faut que ce mépris que l'on témoigne, soit accompagné d'un air et d'un ton de douceur qui engage à rougir de sa faiblesse. Ce que je viens de dire du support, n'empêche pas les répréhensions, puisqu'une Supérieure doit veiller au maintien du bon ordre, de la régularité, etc. etc. et par conséquent, en reprendre et corriger les transgressions.

Il faut prendre garde que la nonchalance, l'amour propre, que l'affection qu'on peut porter à quelques unes, que la crainte de perdre l'estime de quelques autres, que le besoin que l'on a des services de celles-ci, que l'appréhension où l'on est des murmures de celles-là; en un mot, que le respect humain, la timidité naturelle ou quelqu'autre principe également défectueux ne fassent garder le silence, quand il s'agit de parler, de reprendre, de corriger. D'un autre côté, lorsqu'on est obligé de reprendre, de corriger, il faut beaucoup veiller à ce que la correction ne se sente, ni de l'antipathie naturelle, ni de l'humeur, ni de l'impatience ni de la vivacité ou de la brusquerie, ni du mécontentement personnel, ni de la circonstance du moment où l'on serait peiné par divers sujets de chagrin, etc. Si donc, par l'effet du caractère ou de la circonstance, on se sentait le cœur ému, il faudrait remettre la correction à un moment où l'on serait plus calme, à moins que la chose ne puisse souffrir de délai. Il est plus d'une occasion où l'on a besoin de ménagements pour des esprits difficiles, altiers, indociles; mais il faut cependant, agir de manière à ne donner aucun lieu de penser qu'on les craint, ce serait entretenir leur fierté, leur indocilité et les enhardir à l'indépendance.

Il faut être en garde contre le découragement, l'impatience, l'abattement quand, après bien des corrections et malgré tous les ménagements, nos soins semblent inutiles.

S'il est des génies plus intraitables.

ordinairement aussi, il leur en coûte plus qu'à d'autres de se réformer; il faut dans ce cas là, patienter, prier beaucoup, faire prier, ne désespérer de rien, mais attendre tout de Dieu, de sa Sainte Mère à qui il faut spécialement les recommander.

Il faut aussi, faire attention aux différents caractères et aux dispositions particulières des Sujets. Il est nécessaire d'avoir égard à la disposition actuelle de la personne à qui l'on veut faire la correction et prendre toujours la plus favorable, si on veut réussir, car, en la prenant dans un moment d'humeur de contrariété, on ne fait qu'augmenter sa peine et l'on fait soi-même une faute, en se rendant responsable de toutes celles qu'on l'expose à commettre. Il faut donc toujours différer la correction, dans les circonstances où l'on prévoit que les esprits pourront en être révoltés, puis y revenir peu à peu, à mesure qu'on trouvera le moment plus opportun, afin de ne pas laisser insensiblement prévaloir le relâchement.

On doit avoir la même attention pour la disposition du corps ou de l'esprit; ainsi, une personne qui souffre de quelqu'infirmité, est déjà assez peinée du corps, sans qu'on afflige encore son esprit ; la première douleur la rend bien plus sensible à la seconde et bien moins capable de la bien recevoir et d'en faire un bon usage. Il faut alors agir à son égard, comme nous avons dit plus haut et comme nous le dirons après, à l'occasion des sujets difficiles ; celles-là ayant par leurs infirmités actuelles, quelque chose de ce que celles-ci ont par caractère.

Il est de la sagesse et en même temps de la charité, de faire des réprimandes modérées à celles qui conviennent de bonne foi et humblement de leurs fautes ; si parmi celles-là, il s'en trouvait de découragées et d'abattues pour quelques fautes commises, il serait bon de relever leur courage et de ranimer leur confiance, lors même que la faute, à raison du scandale qui y serait joint, exigerait quelque réparation, adoucir dans ce cas, cette réparation, le plus qu'il est possible et comme de concert avec les coupables.

Il faut user des mêmes ménagements et de plus grands encore, envers celles qui seraient affligées de quelques tentations, car, loin de les surcharger, il faut, après un petit moment de répréhension douce, si elle est né-cessaire, n'es appliquer qu'à adoucir leurs plaies et à les consoler.

En général, il convient de n'être pas trop difficile à recevoir les excuses qu'on nous fait avec humilité et promesse de se corriger; se contentant alors, d'une légère réprimande, sans en venir aux pénitences. Mais, comme il est des sujets auxquels il en coûte peu de faire des excuses et des promesses; si après bien des pro-messes, on ne voit aucun amendement, il faut alors employer, avec la discrétion et la prudence convenables, les voies de rigueur. Quant à celles qui ne viennent pas s'excuser, il est des fautes qu'il ne faut pas laisser passer sans leur en faire réprimande; cependant, comme il est des sujets tellement difficiles qu'on ne pour-rait être exact à les reprendre, sans leur parler tout le jour, ce qui n'aurait d'autre effet que de les fatiguer et de les rendre insensibles à la répréhension; mieux vaut donc dissimuler celles de leurs fautes qui ont le moins de con-séquence, pour reprendre avec d'autant plus de force, celles qui pourraient donner du scandale.

Par rapport aux caractères difficiles, voici ce que j'ai à en dire: D'abord, il en est certains si pénibles à conduire, si sensibles aux plus douces remontrances, si faciles à s'en affliger, à s'en offenser, à s'en plaindre, même avec éclat et si difficiles à en revenir, qu'il est souvent plus dangereux qu'utile, de les reprendre, de quelque manière qu'on s'y prenne; il ne faut cependant pas y manquer, surtout à l'égard de leurs fautes les plus essentielles et quand il y a sujet de craindre qu'ils ne se prévalent de notre silence. Si la correction qu'on est alors obligé de leur faire, ne leur sert de rien en particulier, elle sera toujours très utile pour empêcher les autres de les imiter; si au contraire, on manque de faire ces corrections, par la crainte des suites fâcheuses qu'elles pourraient avoir pour quelques particulières, peu à peu les devoirs tomberont en désuétude et l'Établissement tombera lui-même, par la licence que chacune prendra et à laquelle il est bien difficile de remédier; car il est plus facile de conserver dans le devoir, que d'y rétablir lorsqu'on en est sorti; puis, l'on connait ce grand axiôme et principe de morale : que le bien général doit être préféré au bien particulier.

 La correction doit être plus ou moins

sévère, selon le caractère des personnes auxquelles elle est faite. Les unes en seront affligées à l'excès, il faut donc la tempérer beaucoup pour elles, bien qu'on n'ait pas à craindre les écarts dont nous venons de parler.

Il faut agir de même avec celles qui sont naturellement douces ; la douceur les gagne et les fait consentir aisément à tout ce qu'on est obligé d'exiger d'elles. De sages représentations, de bonnes raisons, des instances, des prières, soumettront et détermineront ces caractères doux et trop sensibles, lorsque toutefois, la sensibilité n'est pas l'effet d'une fierté et d'un orgueil démesuré.

Il en est pour qui il faut employer plus de fermeté, soit afin d'imprimer plus fortement dans leur esprit léger, les choses que, sans cela, elles auraient aussitôt oubliées qu'entendues, soit afin de leur faire sentir l'importance des choses dont elles tiendraient peu de compte, sans cette légère blessure de la sévérité, qui leur fait prendre garde à ne pas s'y exposer de nouveau.

Il est certains génies arrêtés dans leur sens, entichés de leurs prétendues capacités, raides, impliables de leur naturel ou accidentellement par la révolte de quelques passions qui, pour le moment, offusquent leur raison; si c'est accidentellement qu'ils sont dans cette disposition, il faut leur laisser le temps de se calmer; mais si c'est habituellement, ils rompront plutôt que de plier. On ne les soumettra qu'en leur cédant d'abord et en entrant, autant que possible, dans leurs raisons, afin de pouvoir ensuite, leur faire goûter les nôtres. Il faut agir de même à l'égard des personnes vives et impétueuses et ne les pousser jamais à bout; pour cela, il ne faut pas insister long-temps avec elles, leur parler de toute autre chose qui les intéresse et leur fasse plaisir; pendant cette diversion, la mauvaise humeur, la contrariété, la première sensibilité, la pétulance de la vivacité, se calmeront; puis en revenant doucement à la charge, on les trouvera de plus facile composition et par là, on les amènera insensiblement à son but.

 Il en est encore d'autres qui, sans avoir toute la raideur des précédentes, sont néanmoins, assez pleines de suffisance, d'orgueil et de hauteur, pour qu'on ne puisse guère les abattre ou les réprimer qu'en les humiliant ou en s'humiliant soi-même devant elles; ce dernier parti est le plus efficace, la confusion qu'elles en reçoivent, les terrasse et les oblige à se rendre, en accordant à la fin, ce qu'on exige d'elles. Au reste, cette humiliation de notre part, ne doit point être basse, faible, rempante, mais sage, noble et généreuse, incapable d'avilir celle qui la pratique, ni de favoriser l'orgueil de celle devant qui elle est pratiquée.

On doit avoir égard au principe des fautes, pour y proportionner les corrections; celles qui sont commises par ignorance, par oubli ou par pure faiblesse, demandent plus d'indulgence que celles qui sont faites volontairement, par malice, contrariété, et, par conséquent, ces dernières doivent être reprises avec plus de sévérité que les autres, où il n'y a que peu ou point de mauvaise volonté et qui n'ont ordinairement besoin, que de quelques avis charitables, pour prévenir les récidives, méritant par elles-mêmes, plus de compassion que de sévérité; pourvu qu'on les avoue franchement et qu'on soit dans la volonté de s'en corriger. Dans les fautes même où il se trouve de la malice et de la mauvaise volonté,

(il y en a toujours plus ou moins), nécessité donc d'y proportionner la correction ; agir autrement, ce serait annoncer un défaut de jugement et de raison qui décréditerait absolument l'autorité. Il faut avoir pour maxime, et qu'elle soit bien connue de toutes, que les fautes avouées de bonne foi par les coupables, seront aussitôt pardonnées, sans qu'il en soit jamais parlé et qu'au contraire, on aura toujours plus de sévérité pour celles qui seront apprises par autrui plutôt que par celles qui ont failli, lorsque celles-ci auront eu un temps suffisant pour en donner connaissance à qui de droit ; de cette sorte, on s'empressera d'en venir faire l'aveu, dans la crainte d'être prévenue par l'accusation des autres.
Mais si on use de sévérité quand les coupables viennent s'accuser elles-mêmes, on leur ferme la porte de son cœur ; elles n'y viendront plus ou si elles y viennent encore, ce ne sera plus de la même manière, elles y viendront avec plus de crainte que de confiance, avec plus de répugnance que d'affection, ou ce ne sera que dans l'inévitable nécessité et avec beaucoup moins de fruits. Il importe donc de recevoir les coupables avec un abord facile, un air

gracieux, des paroles douces et obligeantes qui, loin de les affliger, les consolent, les encouragent, les obligent à s'applaudir de humble démarche, par la paix et la satisfaction qu'elles en retireront.

Nous avons déjà dit qu'il fallait proportionner les réprimandes aux caractères des personnes auxquelles on les fait. Un mot de louange joint à un mot d'avis, gagne les unes; un air de froideur et de sérieux est nécessaire pour faire impression sur les autres; mais, dans le doute sur la manière dont la correction sera prise, il est à propos de commencer toujours par la douceur et la bonté, n'allant que par degré à la sévérité et tâtant, pour ainsi parler, la disposition de celle qui a failli, en sorte que, si son mal demande qu'on lui fasse quelques plaies profondes, on l'y prépare insensiblement par de légères incisions, adoucies autant que possible, suivant la faiblesse et la sensibilité du sujet.

Dans les circonstances mêmes où l'on doit employer plus de fermeté et de sévérité, il faut que les réprehensions n'aient rien d'aigre, de dur, d'offensant, ni dans l'air, ni dans le ton, ni dans les expressions ; rien qui ressente l'humeur, la passion, le mépris ou la raillerie ; mais, qu'à la manière dont on reprend, on reconnaisse qu'on n'agit que par zèle, par devoir, que pour le maintien du bon ordre et de la régularité.

Recommandations

pour le Matériel.

Article 1er. Tenir la comptabilité telle qu'elle a été établie.

2º. Revêtir l'inventaire tous les ans ; le faire s'il n'est pas fait, y marquer les entrées et les sorties.

3º. S'assurer des poids et mesures des balances qui sont dans la maison, afin de n'être pas pris en contravention par les vérificateurs des poids et mesures.

4º. Ne mettre jamais, ni permettre qu'une Sœur insère des lettres dans les malles et paquets envoyés par les chemins de fer, les diligences et les messagers.

5º. Ne jamais se charger dans les voyages, ni permettre que les Sœurs se chargent de choses sujettes à payer des droits, soit à l'Octroi, soit à la douane, sans les déclarer.

6º. Ne pas changer le linge que les parents donnent pour l'ensevelissement des morts, pour en substituer du plus mauvais, ce qui est une économie mal entendue et qui peut occasionner l'offense de Dieu et donner lieu à faire des mensonges.

7º Ne vendre ni lait ni œufs récoltés à la maison, que dans des cas exceptionnels, où ils ne pourraient être employés pour les malades, se rappelant que le bien matériel des hôpitaux doit servir aux pauvres et n'est accordé qu'à cette fin.

8º Pour la nourriture de la Communauté, il y aura les jours gras, à dîner : le bœuf, une entrée et un plat de légumes. Le soir, à souper, trois fois par semaine, savoir, le dimanche, le Mardi et le Jeudi, il y aura du rôti, de la salade et un plat de légumes. Le Lundi et le Mercredi, il y aura un plat de viande et un de légumes. Les jours maigres, deux portions à dîner et à souper, à l'exception du Vendredi où il n'y en aura qu'une à souper. Les jours de jeûne, il y aura trois portions à dîner. Il y aura du café à déjeûner, les Dimanches et les jours de fêtes de la Sᵗᵉ Vierge. Le déjeûner de celles qui ne prennent pas de café sera, comme à Besançon, de la soupe ou du potage au lait.

9º La Supérieure aura soin de veiller à ce que

la cuisine soit bien soignée et qu'on n'en fasse pas une trop grande quantité, afin de n'avoir pas à réchauffer, ce qui est toujours moins bon, soit pour les malades, soit pour les domestiques ou la Communauté. Elle surveillera en outre, la manière dont se fait le service dans les salles, si c'est proprement et de manière à contenter les malades. Elle fera comprendre à la cuisinière, qu'elle ne doit pas regarder comme une peine et une fatigue, les demandes qu'on peut lui faire pour le service des malades, telles que du lait, des œufs, des potages et autres choses semblables dont ils pourraient avoir besoin.

10°. Elle veillera d'une manière très particulière, à ce que la pharmacie soit soignée, que les tisanes et les remèdes soient faits selon les formulaires et préparés aussitôt après la visite du Médecin ; qu'on ne se serve pas de drogues ou de plantes avariées et que sur cet article, on n'ait pas une parcimonie qui pourrait être nuisible aux malades, en remplaçant une drogue par une autre. Elle aura soin que, tous les ans, les plantes soient rechangées ; pour cela, elle ne demandera pas en trop grande quantité, les approvisionne-

de la pharmacie et ne craindra pas d'y faire du feu, pour éviter l'humidité qui pourrait nuire aux drogues qui y sont renfermées.

11º La Supérieure ne travaillera pas, ni ne fera travailler ses Sœurs au jardin, si ce n'est pour y cueillir les herbes et les fleurs servant à la pharmacie, pour y récolter les fruits et surveiller les malades qui pourraient y rendre service.

12º Dans les réparations qu'elle demandera ou qu'elle fera faire, elle s'attachera plutôt à procurer des aisances dans les offices pour en faciliter le service, qu'à l'embellissement de la maison; c'est à cela qu'elle emploiera de préférence, les aumônes et les ressources qu'elle pourrait avoir, le plus grand objet de sa sollicitude devant être le bien des malades.

Elle prendra un soin particulier des fournitures de lit, du linge servant à l'usage des malades, de manière à ce qu'il y en ait en assez grande quantité, pour les rechanger suffisamment; que les draps soient assez longs, qu'ils ne soient pas faits avec de la toile écrue; enfin, que tout le linge qui est à l'usage des malades, n'ait rien qui ressente une économie ridicule.

13º Dans les Etablissements où il y a une maison de campagne, la Supérieure est priée de ne pas y aller accompagnée d'une fille, de ne pas y laisser aller ses Sœurs seules aussi, quand la Communauté est assez nombreuse pour s'en détacher deux.

14º Elle aura soin que le pain que l'on donne aux malades et aux domestiques, n'ait pas plus de trois jours.

Fin.

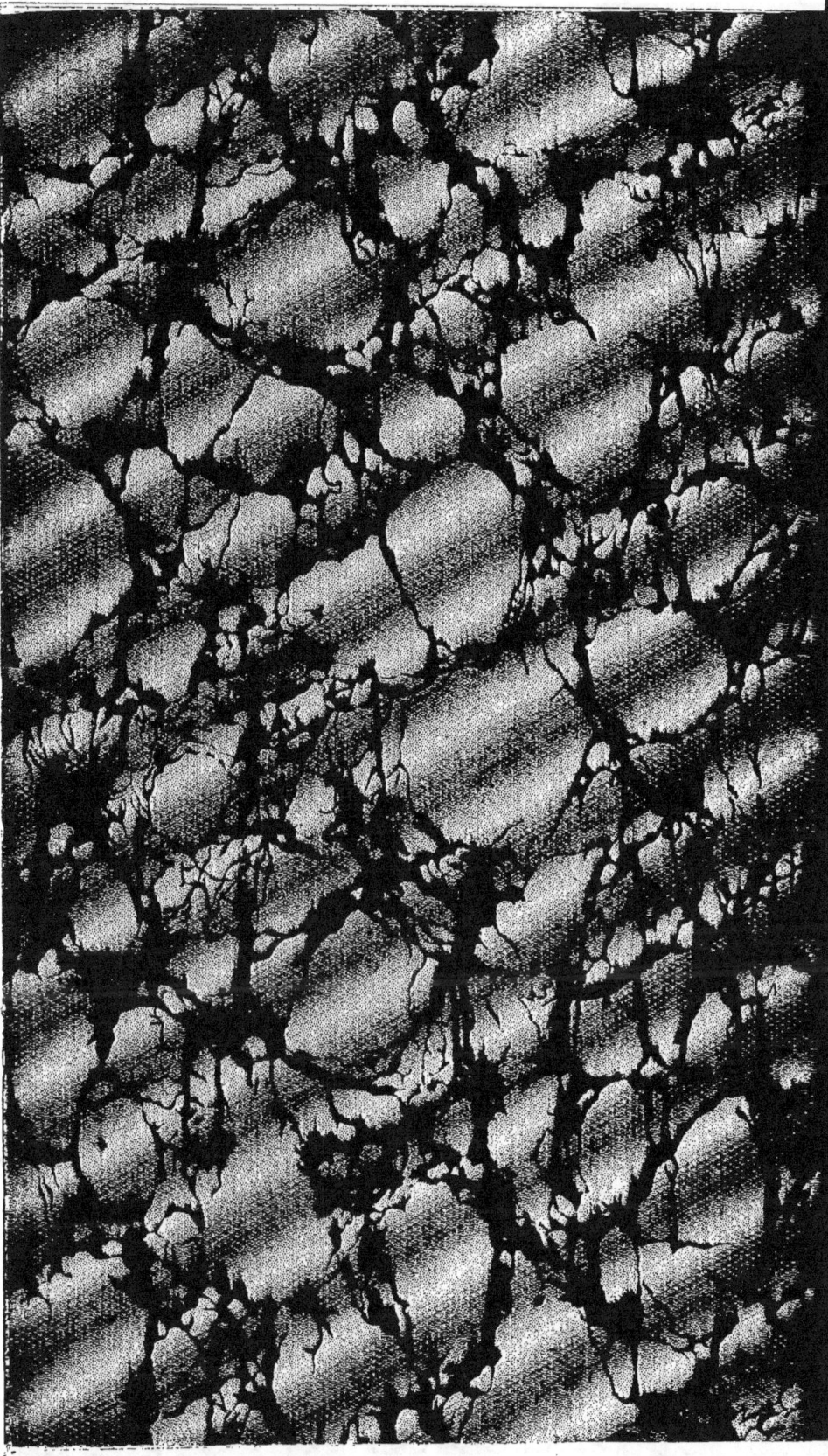

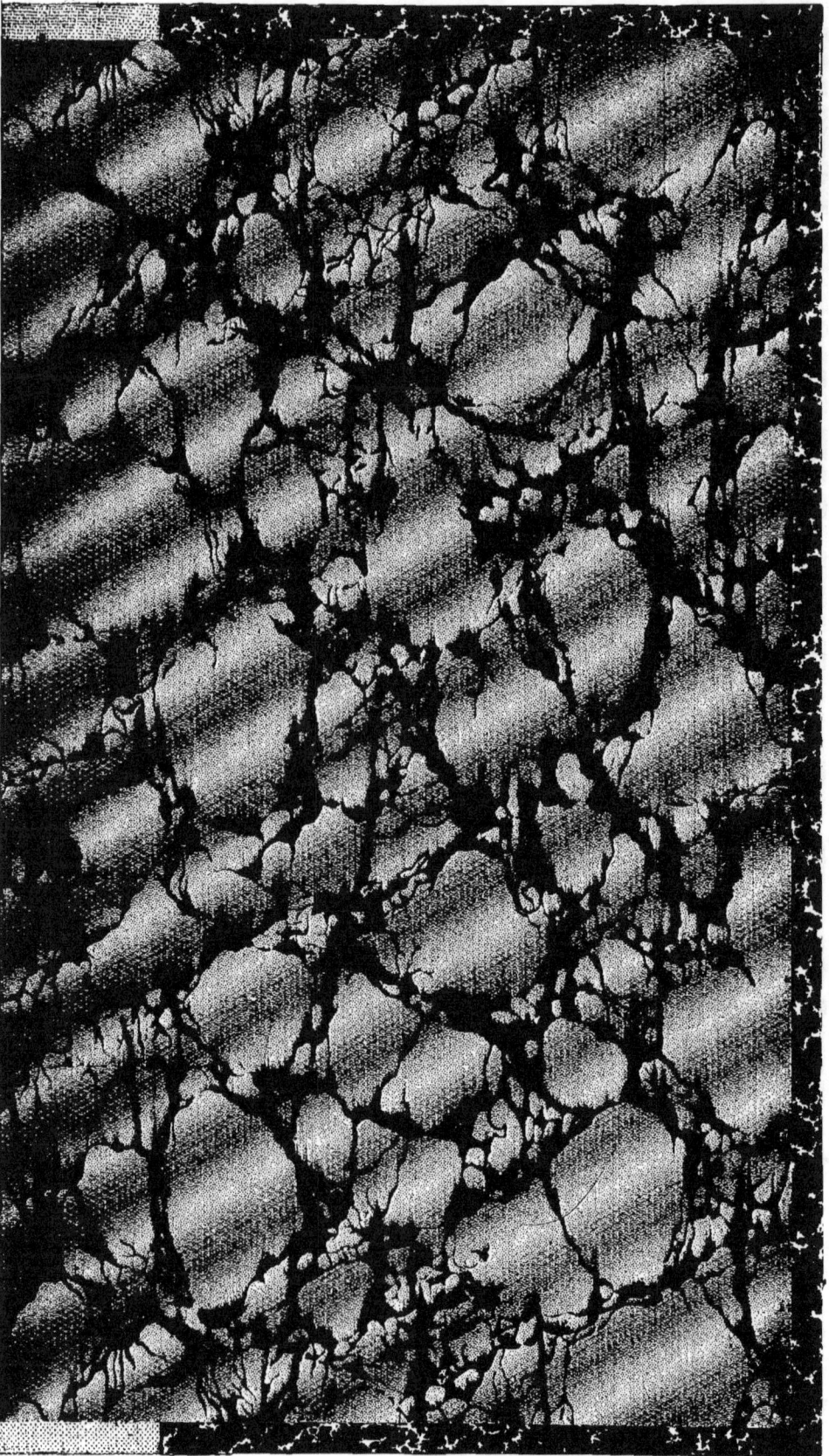

www.ingramcontent.com/pod-product-compliance
Lightning Source LLC
Chambersburg PA
CBHW050127240426
43673CB00043B/1583